变与不变

数字金融的
势·道·术

朱江 王欣 ◎ 编著

清华大学出版社
北京

内容提要

数字金融，千人千表，莫衷一是；

数字金融，非海市蜃楼，实践已先于理论；

数字金融，不会横空出世，将从历史走向未来。

毫无疑问，数字金融将在这纷繁杂乱中发展成型。这其中，有变化的部分，亦有延续不变的地方。本书将从大处着眼，具象于现实场景，用"势""道""术"三部分，娓娓道来"变"与"不变"，意图与从政者论新知，与治学者讨思路，与从业者探经验。

书中回溯历史，用白描的技法，以拨开历史的迷雾，勾勒经济形态演进的脉络，总结不变的底层逻辑，让新经济的曙光成为前行之"势"。

书中立足当下，从事实出发，描绘变化之形态，归纳变化之规律，展望数字金融变之"道"。

书中聚焦实践，分享案例与方案，讲述具体的实践做法，用点滴行动，寻求数字金融的点金之"术"。

我们相信，能回望多远的过去，就能预见多远的未来。

本书封面贴有清华大学出版社防伪标签，无标签者不得销售。

版权所有，侵权必究。举报：010-62782989，beiqinquan@tup.tsinghua.edu.cn。

图书在版编目(CIP)数据

变与不变：数字金融的势·道·术 / 朱江，王欣编著. —北京：清华大学出版社，2021.5

ISBN 978-7-302-57016-5

Ⅰ.①变… Ⅱ.①朱…②王… Ⅲ.①数字技术—应用—金融业—研究 Ⅳ.①F83-39

中国版本图书馆CIP数据核字(2020)第238065号

责任编辑：魏　莹
封面设计：杨玉兰
责任校对：吴春华
责任印制：沈　露

出版发行：清华大学出版社
网　　址：http://www.tup.com.cn，http://www.wqbook.com
地　　址：北京清华大学学研大厦A座　　邮　编：100084
社 总 机：010-62770175　　邮　购：010-62786544
投稿与读者服务：010-62776969，c-service@tup.tsinghua.edu.cn
质量反馈：010-62772015，zhiliang@tup.tsinghua.edu.cn

印 装 者：大厂回族自治县彩虹印刷有限公司
经　　销：全国新华书店
开　　本：170mm×240mm　　印　张：21.5　插　页：1　字　数：321千字
版　　次：2021年5月第1版　　印　次：2021年5月第1次印刷
定　　价：79.00元

产品编号：088373-01

推荐序

很高兴看到《变与不变——数字金融的势·道·术》这部著作的面世，以及在此分享与创作团队在此领域交流合作中的认知、思考和展望。

这是一个由科技推进人类社会发展进入到数字文明的崭新时代。纵观数百年来三次工业革命推进的全球文明发展大局，每个时代都有其核心的科技变革、产业链网和货币金融之驱动逻辑，经济学范式、政策论逻辑和社会治理方式，都在如生态体系优胜劣汰式地发展迭代和创新演变。

如今，全球正在进入第四次工业革命的全面深化发展期，在历经三十多年的互联网和移动互联网时代的信息技术革命所构建的产业发展基础，世界新一代信息技术整体由移动互联网时代全面迈入产业互联网之大数据云时代。这意味着第四次工业革命正在引领世界迈入全面数字化的文明发展时期，与之对应的是数字文明时代社会经济如多米诺效应般在信仰、思想、学术、技术等多维度层面产生定义变革、功能重构、创新驱动与演化发展。

在货币金融维度，以金融科技在互联网和移动互联网的多阶段自适应发展为线索，我们在社会经济参与活动中已然切身体验了融合多维度信息技术带来的全新体验。众所周知，平台垄断的变革却悄然发生，与其说是货币金融实践（如 DCEP）让金融科技发展看到了可持续发展的曙光，不如说是产业互联网之大数据云时代让数字金融时代的来临更有保障。本书正是顺应这个时代趋势和潮流，从"变"之金融科技发展前沿融合"不变"之货币金融本质属性，以"势、道、术"为维度分析了数字金融发展的特征和逻辑。

所谓"势"，对应数字经济时代已然开始的全新数字金融和数字货币发展趋势，以及由此引致的国际金融维度的国家战略层面赛道竞争逻辑；所谓"道"，对应数字经济多维度数字产业发展中的要素、资产和金融之数字金融发展变化逻辑，以及由此引致的与产业数字化和数字产业化融合发展至行业数字场景相匹配的数字金融；所谓"术"，对应数字金融时代的功能化、产品化和交易性等之金融生态，以及一个全新金融时代中的运行机制和参与方式之发展逻辑。"势、道、术"的多维度融合,形成了我们作为数字场景科技研发和产业实践的参与者,迄今所能理解和感知到的数字金融和数字货币之基于顶层设计和底座根基的新金融发展路径、创新逻辑和优化方式。

数字文明时代的数字经济、数字产业和数字金融等全新发展赛道,是中华民族历经百年探索、奋斗和发展历程中面临的一个国运级别的战略发展机遇,党中央和国务院明确提出"数字中国"之建设发展战略,以在全球产业从工业化向数字化升级的关键时期,全面引领国家打造全球数字文明产业科技赛道的战略高地。各行业和各区域为贯彻落实党中央、国务院关于建设网络强国、数字中国、智慧社会的战略部署,纷纷确立了"加快数字化发展"的战略定位,把握数字经济时代的发展机遇,深入推进政府管理、公共服务、产业发展和社会治理能力的现代化进程。

数字金融及其与生态体系化共生匹配的各行业各区域数字化发展,融合上升至国家战略层面的数字货币金融体系,将为国家实现产业能力、公共服务、治理体系和治理能力现代化发展,提供核心的要素功能、循环逻辑和激励机制。

在数字金融(数字货币)之前的传统货币金融体系,历经数次基于货币定义变化的体系化发展演变,都是在外生性货币维度上的货币定义范畴下的货币金融体系,难以从内在机制维度上持续维持良性循环。

在当下正在进入的数字化时代,由于产业互联网之全息数字化特征,数字货币得以从技术上和功能上进入内生性货币维度,从而货币金融体系将全面进入信息对称性和功能融合性特征的精准金融时代。产业互联网利用数字技术把产业各要素、各环节全部数字化、网络化,推动业务流程生产方式重组变革,进而形成新的产业协作、资源配置、价值创造体系和价值链重塑。在产业互联网构建过程中,将形成大数据、人工智能、移动互联网、云计算、区块链等一系列数字化技术组成的数字综合体(数字化平台),从而在产业互联网中形成了全空域、全流程、全场景、全解析和全价值的"五全信息特征"的数字场景。[①]在这样的数字场景下的数字金融中,货币回归到了其信任(信仰)本质之终极融合归一状态,这样状态的货币是功能充分的内生性货币,交易即计量、计量即支付、支付即流通、流通即评价。

---

① 资料来源:《黄奇帆:数字化经济的底层逻辑》;刊登媒体《混沌大学》微信公众号。

由此，当我们回归到"货币的本质是什么"的初始奇点般问题[②]，并把该问题延伸至货币的形态、货币的功能、货币的运动、货币的归宿等事关货币金融体系功能形态循环归宿核心问题时，我们可以意识到数字金融（数字货币）在引导时空资源配置上，克服了外生货币天然导致的时空和主体的信息和信任之不对称性，以及由此产生的传统金融体系之系列内生化"熵增"状态问题。从而，数字金融（数字货币）功能形态下的经济体系，宏观循环、中观部署和微观激励都将可以精准实施并持续优化，一切都可以重新开始，一切都可以功能重塑，传统货币金融体系获得系统性地救赎和基因般地重生，数字金融（数字货币）引导进行存量、流量结构的新旧动能转换，在更精彩的未来引领和推动经济体系实体化高质量发展和系统性高品质循环。

在这个数字文明时代，我们迎来的是数字化科技信仰和传统金融货币信仰之融合，在数字科技支撑的产业互联网全数字场景的数字空间中，形成了全新的数字金融和数字货币时代。在这一时代，货币信仰得以（有必要）重新定义和诠释，货币回归到信任和支付之纯粹初心，金融回归到功能和效率之体系使命，经济循环、政策情怀、行为激励、金融普惠和社会治理等时空当下之多维度存在、功能和使命，都将在数字文明全新的数字金融场景（数字场景金融）中得以滋润、激励和循环。从而，我们不难理解，这是一个货币金融理论重构和国家战略实践能力重塑的全新时代。

结合以上对数字金融的思考和感悟，我们在中电数字场景科技研究院的筹备及规划发展过程中，就"如何助力各行业各地区加快数字化发展"之命题，进行了深度的体系化思考，以及整体性解决方案的准备。我们意识到，一场基于数字科技时代的顶天（科技金融）立地（普惠金融）的资源配置和治理结构转型，大幕已启，号角已响，潮流已奔，风口已来。我们正在积极参与，以数字场景设计能力、工程方案解决能力和数据要素体系构建能力，助力并赋能各行业各区域的数据要素化、数据要素资产化和数字资产证券化[③]，在加快数字

---

② 货币的本质是什么？一种在信息不对称前提下，基于信任需要的一种"符号信仰"，该信仰符号是基于一般等价、支付及（即）流通三个维度同时成立的前提下所被接受的。由此，货币金融体系基于这样的逻辑在演变。

③ 各行业和各区域之加快数字化发展路径，在于产业数字化 vs. 数字产业化、数据要素化 vs. 要素数据化、数据要素资产化 vs. 数字资产证券化之综合维度发展。

化发展的征程中以全面导入的数字金融体系,帮助行业和地方政府打造新动能、新增长、新循环和新金融。

斗转星移,一转身,已是千年;蓦然回首,一刹那,沧海桑田。在这个崭新的数字文明时代,历史积蓄了千年的力量被点燃,赋予了我们共同参与经世济国之前所未有的创造力和实施力,以数字化培育新动能,用新动能推动新发展,以新发展创造新辉煌。

"经天纬地曰文,照临四方曰明;数据要素为基,产融智创未来"。在国家倡导的"数字中国"和"数字一带一路"之战略发展方向上,祝愿"道运循环,欣欣向荣;坤德载物,润泽天下!"

蒋 冠 博士

深圳前海坤润股权投资基金管理公司创始人、董事长
曾任云南大学经济学院（会计学院）金融学教授、博士生导师
中国注册资产评估师、证券分析师（曾任），复旦大学金融学博士
加拿大 Waterloo 大学、Brock 大学商学院、剑桥大学 Judge 商学院访问学者

2021 年 5 月 4 日

序

2019年，编者参与了由央行数字货币研究所牵头的某区域数字金融平台规划和建设工作，让我们实现了从探索者向实践者的真正转变。在此实践中，心中逐渐形成了一幅数字金融的图景。

2020年1月14日，编者出席了在香港举行的第十三届亚洲金融论坛（Asia Financial Forum），在行业专家踊跃探讨Libra的监管挑战与发展趋势，以及"私人部门是否可以发行数字货币"等热门话题时，我们明确地指出"数字金融的发展一定要围绕数字法币和数字资产有序开展全新的数字金融活动"，要弄清这一点就要了解加密货币以及区块链技术的发展历史。

众所周知，加密货币（Crypto Currency）由来已久，2008年11月1日，一位化名中本聪（Satoshi Nakamoto）的人在metzdowd.com网站发表了一篇名为《比特币：一种点对点式的电子现金系统》（*Bitcoin: A Peer-to-Peer Electronic Cash System*）的论文。论文中详细描述了一套不需要建立在交易双方互信基础上的去中心化电子现金系统，引出了一项影响至今的组合式创新技术——区块链，并发展成为一个新兴行业。当然，此文并未直接提出"区块链"（Blockchain）概念。事实上，区块链的定义是后来人逐渐完善的。这一年，更大的事件是"金融海啸"。

也许是对传统金融存疑的星星之火，点燃了比特币热炒的燎原之火。比特币的价格在随后几年快速上涨。特别是2013年，暴涨100倍。也是这一年，央视的《经济半小时》节目第一次比较客观地向中国观众介绍了比特币，让这个神秘的"新技术"第一次走进了大众视野。面对火热的比特币市场，各国监管当局不得不出手干预。在中国，2013年12月，人行联合五部委发文提示比特币的金融风险。随后不久，淘宝网宣布禁售比特币为代表的虚拟币以及挖矿机。这些举措，多少给"比特币热"降了降温。

这个时期还有一个更大的"黑天鹅"是2014年初发生的Mt.Gox交易所黑客盗币事件。此事直接导致了交易所的倒闭和投资者的巨额损失，也动摇了部分参与者对比特币的信心。此时，部分比特币的早期探索者开始转向思考比特币的底层技术区块链的应用问题。人们将这个时代定义成"区块链 1.0"。

随着以太坊（Ethereum）的出现与崛起，区块链技术实现了图灵完备①，是技术发展上的一次质的飞跃。区块链可以从加密货币应用中独立出来，开始以一种独立的技术领域出现在世人面前。正因区块链是一种不受任意特定主体控制的可信计算范式，从根本上解决了计算过程被单方控制的问题，达到了计算过程让参与方可信赖的目的。区块链技术受到越来越多的外部人士和传统机构的关注，纷纷加入探索行列。2015 年到 2016 年之间，出现了超级账本（Hyperledger）、R3 联盟等一系列联盟链（Consortium Blockchain）项目。演进出"公链"和"联盟链"两种不同应用落地方案，客观上促成了"币圈"和"链圈"两种生态理念。"币圈"坚守比特币"原教义"，推动去中心化的加密货币，主张区块链技术应用要自带生产关系，要自带原生币与激励。"链圈"淡化加密货币属性，从企业和行业需求出发，以区块链技术赋能业务。此时，区块链技术得到了国家的支持。2016 年底，区块链技术首次被列入了《国家信息化规划》。人们将这个时代定义成"区块链 2.0"。

任何的新生事物在探索应用中，都不可避免的会出现不和谐的音符。心术不正之徒乘着人们对新事物一知半解之机，借新事物之名，行非法之事。区块链也不例外，以此为名的各种金融乱象时有发生。这些金融乱象从根本上违背了区块链的初衷，不但损害了区块链的声誉，还扭曲了探索的方向。2017 年 9 月 4 日，人行等七部委发布了《关于防范代币发行融资风险的公告》，全面禁止了境内所有代币融资项目。但区块链技术的探索与研究从未止步，其应用已延伸到数字金融、物联网、智能制造、供应链管理、数字资产交易等多个领域。国家在此方面也一直是给予大力支持，特别是 2019 年 10 月 24 日的中央政治局集体学习区块链，以及 2020 年推出的"新基建"，更是将区块链上升到国家战略层面。

回首二十年前，党的十五届五中全会把信息化提到了国家战略的高度。中国的互联网产业在探索中前行，当时全国上网计算机 350 万台，用户约 890 万②，互联网的主要用户依然是高校与科研机构，大型企业，以及政府部门，应用基本上以信息发布与传递为主。当时的普通民众对互联网更多的是困惑，互联网能做什么？我们为什么要上网？这一幕，又发生在今天，发生在区块链上。区块链能做什么？我们为什么要用区块链？

---

① 一切可计算的问题都能计算，这样的虚拟机或者编程语言就叫图灵完备的。

② 中国互联网络信息中心 (CNNIC) 发布第五次《中国互联网络发展状况统计报告》。

今天我们在解释这些问题，在思考区块链和它的应用的时候，还是要回归最基本的经济学逻辑。归根结底，区块链改进了人类记账技术，以此建立一种高效的分工协作组织体系，最终构建一套全新的生产关系。

纵观人类社会的发展史，社会生产的组织方式大致经历了三个经济形态，采集经济、种植经济和产业经济。最初的经济形态是采集经济。人类完全依赖于从自然界中直接获取可用于消费的物质资源。之后，随着人类对自然认知的深入，大规模动植物被驯化，出现了对自然资源加工再利用的种植经济。种植经济与采集经济一样，都是受到地理环境和自然节律约束的自然经济形态，产出有限、供给不足始终是自然经济形态的主要矛盾。欧洲的文艺复兴与大航海的出现促成了地理大发现，引发了物种的全球大交换，拓展了人类的生产能力，促成了人类经济活动的全球化。17世纪变量数学的出现，产生了解析几何，进而发展了微积分，人类科技至此突飞猛进。瓦特改良了蒸汽机技术后，蒸汽动力逐步取代了水力、畜力，推动了工业革命。生产不再受到自然条件的约束，产出不足的矛盾逐渐被机械化大生产所解决。人类社会逐步过渡到工业文明时代，进入产业经济。

在工业文明中，生产效率成为了经济活动的核心目标。扩大规模获取效率成为了主要发展手段。规模的扩张和收缩，出现了经济周期。经济衰退期的国际间矛盾，爆发了两次世界大战。战争使得人类对科技的需求达到了空前的地步，由此推动了科技以数倍于和平年代的速度发展。特别是第二次世界大战以及后来的"冷战"出现的计算机及信息科技，解决了人类的信息存储和高效计算难题。之后诞生的互联网系统，解决了人类的信息交换效率的难题。至此，人类打开信息科技新时代。那么，经历了三百多年的产业经济模式会不会再次发生改变？答案是肯定的。"数字经济"时代已然来临。

今天，我们已经享受到经济活动的数字化带来的便利性，感受到经济活动随着数字化浪潮发生的变化。经济活动的一个个部门、一个个环节被拉"上线"。线上的经济活动存在一个绕不过去的问题：我们该信任谁？线上的经济活动离不开计算设备，而大部分计算设备都受到了特定的主体控制。我们又该如何信赖这些计算设备的计算过程，进而信赖计算结果呢？在经济活动各方力量不均等时，弱势方会让渡自己信任的，相信一个强中心化的计算设备。最为典型的例子，莫过于移动支付了。个人将法币存入移动支付企业的账户中，换取用于移动的支付的虚拟货币。更多的经济活动在对等主体之间运行，这时就需要有一种不被任意主体控制的可信计算设备。这就是区块链。区块链协同了经济运行各个主体间的关系，成为了经济活动的"润滑剂"，实现了金融的作用，叩响了数字金融的大门。

数字经济是继农业经济、工业经济之后全新的新型经济形态，也是世界经济创新发展的主流模式。数字金融是适应数字经济发展的全新的金融模式，是经济数字化浪潮的必由之路。数字金融就在我们身边，正在从底层逻辑悄然改变着金融形态。数字金融必将调整，改变，重构金融基础设施，大量适应数字金融发展的新观点，新理论，新模型将不断涌现。今天，我们已经站在数字金融的大门口，正在推开数字金融的大门，一道曙光从门缝中迸发出来。我们记录发生的事实，思考事实背后的逻辑，分享我们的实践成果，写了这本书，旨在分享我们对数字金融的实践认知。本书从大处着眼，实处入手，以"需求"作为线索，分不变之"势"、变化之"道"和善变之"术"三个部进行叙述，最终以定义数字金融收尾。

这些实践经验与系统认知，不只是一段奋斗与成长的记忆，更会成为数字金融时代的一份宝贵财富。为此，我和王欣老师一拍即合，推动完成了这部作品。本书在写作过程中得到了以下人员的大力支持，他们不但提供了丰富的写作素材，还参与了写作讨论和内容编排。特别感谢聂二保博士的专业建议和丰厚产出，基于他本人多年的互联网金融和企业征信方面的经验，阐述了数字资产风险的新变化和数字征信相关问题，提出了数字资产信用评级方法，分享了案例的实施方案。感谢李崇纲、贾小婧、刁晓涛、王德军共同阐释了数字金融监管的新变化，整理归纳了全球监管沙盒的相关内容，描述了数字金融的监管范式，分享了落地方案。感谢王森在总结数字账户的实现方案基础上，开创性地将区块链共识机制分为技术共识与业务共识，为探索区块链应用提供了思考工具。感谢陈义君、韩鹏梳理了金融科技与区块链的发展脉络，富有建设性地划分了区块链在传统金融的应用和数字金融的探索两个方向。感谢常青在数字账户实现方式方面提供技术落地参考，让我们清晰地看到账户的实现方式可以基于不同的场景有不同的设计方案，并给出业内主流的技术实践方案。感谢吕晓蒂提炼并总结了三式记账法的核心原理及记账方法，让我们厘清记账的演进历程并思考与区块链之间的关系。在此，向他们表示由衷的谢意。也欢迎读者朋友不吝赐教，我们定会虚心接受建设性的批评和指正，可以让此书更加完善，并有可能成为下一次出版的重要参考。

不用怀疑！十年之后，我们就会像今天讨论互联网、大数据一样，讨论区块链。

目　录

第一章　繁荣下的隐忧 ·· **3**
　　我们正处于一个巨变的时代 ·· 4
　　大航海开启经济形态的变革之门 ····································· 7
　　产业经济的兴起 ·· 17
　　从"大生产"到"大萧条" ··· 25

第二章　数字网络的产业化之路 ······································ **37**
　　通信的进化与数字网络的诞生 ······································· 38
　　数字网络衍生出一个庞大的产业 ···································· 46
　　数字产业化进程的两点思考 ··· 61

第三章　数字经济就在"明天" ·· **65**
　　飞奔在产业数字化的路上 ·· 66
　　"数字红利"推动产业数字化的发展 ································ 74
　　数字经济离不开数字治理 ·· 83
　　数字经济的画卷徐徐展开 ·· 88

第四章　数字金融萌发在经济数字化中 ······························ **93**
　　钱是什么 ·· 94
　　现代货币是银行账户货币 ··· 105
　　经济数字化需要新的金融形态 ······································ 116

第五章　记账方式的变化 ·· **127**
　　记账活动实现了权益流动 ··· 128
　　网络账户改进了记账方式 ··· 138

数字账户开启数字金融之门 ·············· 151

第六章　资产的数字化之路 ·············· **161**
　　资产的灵魂 ·············· 162
　　资产形态的变化 ·············· 168
　　数字资产将成为新的资产形式 ·············· 173

第七章　数字资产风险与监管 ·············· **181**
　　数字资产风险的新变化 ·············· 182
　　数字金融呼唤数字征信 ·············· 193
　　不以规矩，不能成方圆 ·············· 197
　　创新监管的试验田——"监管沙箱" ·············· 204

第八章　改进记账方式的实践 ·············· **221**
　　让底层资产更为透明的传统记账方式 ·············· 222
　　数字账户的共识特点 ·············· 232
　　数字账户的实现方式 ·············· 238

第九章　数字资产信用评级与实践案例 ·············· **247**
　　信用评级的一般方法 ·············· 248
　　数字资产配套的信用评级方法 ·············· 258
　　市场舆情在信用风险分析的应用 ·············· 266

第十章　数字金融的监管范式 ·············· **275**
　　数字监管技术体系概述 ·············· 276
　　大数据监测预警非法金融活动的实践 ·············· 283
　　数字金融监管的其他实践方式 ·············· 291
　　数字监管漫漫长路 ·············· 296

第十一章　区块链在数字金融中将大放异彩 ················· **301**
　　金融科技与区块链 ····························· 302
　　区块链在数字金融的探索 ························ 311

第十二章　数字金融的新认知 ······················· **317**
　　金融科技只是阶段性认识 ························ 318
　　数字金融的概念重构 ··························· 321

参考文献 ······································ **325**

未来的种子深埋在过去的土壤之中。每一次历史性的变革,都是"随风潜入夜,润物细无声"的发生,总是后来人发现其伟大之处。而处于变革中的人,并不都能察觉到自己正在从事一项伟大的变革。

数字经济是继农业经济、工业经济之后的新型经济形态,也是世界经济创新发展的主流模式。

一段时间稳定的部分,这就是"势"。

第一章
繁荣下的隐忧

我们正处于一个巨变的时代

● **我们为什么要读历史**

　　2020年，庚子新年前夕，一场突如其来的疫情打破了整个地球村原有的宁静，打乱了民众的基本生活秩序。为防止疫情进一步扩散，世界各地社会生活先后按下了"暂停键"，民众开始陆续被要求减少外出、居家生活工作。工业生产大幅减少，大量店铺停止营业，全球商业航班陆续暂停，实体经济渐冻。各国紧急推出各种货币政策及财政政策，拼尽全力以应对不断蔓延的恐慌情绪。但这次似乎有点失灵了，金融市场掀起了惊涛骇浪。轻质原油价格从2020年年初每桶60美元左右，一路跌至20美元左右，创下了18年以来的新低。大家还没来得及为低油价感到惊喜时，又目睹了美股空前动荡的一个月。美股10天内四次"熔断"（盘中交易暂停）。美股熔断机制于1988年10月开始实施后，仅在1997年10月27日触发过一次，躲过了席卷全球的金融海啸。四次熔断之后，美股3天强力反弹20%，但距高点，道指依然下跌了近三成。中国A股市场也不乐观，2月份好不容易消除了疫情带来的恐慌，又迎来了3月份的下跌行情，整个3月A股市值蒸发31529亿元[1]。动荡的还有黄金市场。纽约金价格从每盎司1580美元开始先是猛涨到1700美元，后又断崖式跌至1450美元。在政策刺激下，又拉回到了1600美元。作为整个金融市场估值的参考点和基础，十年期美国国债收益率也一路暴跌，最低触及0.4%，创百年新低。美联储前主席伯南克发出了"比起大萧条，当前状况更像是一场大暴风雪"的论断。

---

① 来源：证券交易所及中国证券登记结算有限公司公开数据。

接下来的较长一段时间内，这场疫情引发的新状况会让我们经历一段特殊时期。这个时期是我们大多数人在人生中未曾面对过的，会颠覆我们对世界的已有认知。身处其中的我们也许会感到困惑，世界怎么了？感到迷茫，世界将走向何方？是这样的，我们的人生不过短短数十年，经历的人和事是非常有限的。我们对世界的认知大多建立在经历过的人和事上。从某种意义上说，我们就是社会蜂巢中的一只只忙忙碌碌的工蜂，用我们短暂的生命飞来飞去地寻找花蜜，采集花蜜，酿造蜂蜜。而驱动这些的，仅仅是我们在社会中的本能活动。我们难以用全局的眼光去观察历史上曾经发生过的事情，曾经经历过的时期，去审视我们所处时期的历史位置，感知未来变化的方向。当我们放下忙忙碌碌的工作，把视野转到整个人类的发展史上时，我们就会发现今天所经历的时期，在历史的长河中曾以不同形式多次重演。事实上，人类认识世界的方式也是从不断经历的具体事物中寻找相对稳定的规律，然后抽象概括成一个个理论。这些理论有的以数学表达式的形式存在，有的以语言文字表述的形式存在。因此，我们很有必要研究这些已经发生的事例，洞悉事件背后的逻辑关系，借助前人的理论工具抽象出来，汇聚成一条时代变迁的脉络。沿着这条脉络，探寻那些在相当长的时期内保持稳定的部分。这就是事物的本质，也是我们对世界的新认知，让我们在这巨变的时代，有一点安稳与平静。

●― 历史由必然的趋势和偶然的事件共同谱写

　　初读史书，特别是教科书般的历史书籍时，映入眼帘的是一个个标志性的事件。这些标志性的事件，有的是开启了一个新时代，有的是成为一个时代的标志，还有的是代表了旧时代的终结。这些事件似乎都是偶然发生的。仿佛历史是由一个个离散的点构成。1492年8月，哥伦布踏上探索前往东方富饶土地的航海路线的征程，开启大航海时代。1769年，瓦特改进蒸汽机，成为工业革命的标志。1971年8月15日尼克松政府宣告布雷顿森林体系结束，标志着贵金属作为货币的时代彻底结束。

如果视野再开阔一点，多找几本来读，就会发现，把这些标志性的事件前后发生的事情串联起来后，我们就能看到人类社会的变化过程，这个过程不再是由"0"跳变到"1"，而是由不同细微的变化累积出来的变迁。单独观察每个事件，大多数都是微不足道的，至少说当时的人们未必能感受到这样的变化。因为这些事件大多源于社会的底层，来自最微小的社会单位，而且每时每刻都在发生，大多数泯灭于历史的长河中。但这些细微的事件，犹如星星之火，汇聚了社会活动中的人们，形成了时代更迭的力量。这些力量顺应时代的趋势不断发展壮大，最终形成标志性事件，改变了一个时代。事实上，有不少标志性事件是后人加上的，也许是为了方便记忆时代，或是为了纪念为时代变革做出巨大贡献的人。

历史是由必然的趋势和偶然的事件共同谱写的。我们关注标志性事件时，也要关注事件的变化形态。遗憾的是，当我们注意标志性事件时，往往忽略了全局的变化；而当我们关注全局变化时，又看不到标志性事件起到的关键作用。我们只能将自己置身于当时的情景中去感受正在发生的变化，再从繁杂的事件与变化的噪声中跳出来，以更高的位置，更广阔的视野和更基础的层级，更全面的视角来审视熟知的历史，了解变化背后的力量。

作为作者，我们只是历史的解释者，而不是历史的"先知"。我们只是一方面尽其所能挖掘史实背后的逻辑脉络，另一方面从前辈的经典中汲取知识，用"由下至上"的观察与思考，阐述历史进程中不同力量的均衡以及变化的趋势，而非采用"由上至下"的设计与概论，说明我们对变化趋势的判断。我们的认知不在于改造世界，引导潮流，而在于更多地解释世界。我们只能用尽可能通俗流畅的语言将自己的想法公开地表达出来，传达给读者。人的认知是有限度的，我的问题一定比答案多，我所不知道的一定比我所知道的多得多。读者可以自行判断书中观点的对错与价值。

大航海开启经济形态的变革之门

● **大航海前夜的经济形态**

　　大约从距今 250 万年起，出现了大部分成员以血缘相连，群体规模一般在 100 人以内，主要使用经过简单加工的石制工具，兼有骨制、木制、陶土制器具的史前人类流动式群居活动。这可能是人类最初的群居方式。考古发现了这个时期人类活动留存的季节性栖居营地和一些小型的专门用途遗址（如狩猎遗址、猎物分割遗址等）。族群内部成员平等地参与群体活动，一般没有正式的领袖，没有明显的经济差别或地位差别，出现了以萨满巫师为代表的原始自然崇拜的宗教形态[①]。史前人类可以依据自然节律和生物活动规律进行季节性的流动采集与渔猎活动，形成了人类最初的经济形态和社会形态。今天称这样的经济模式为"采集经济"。

　　在采集经济模式下，旧石器时代的人类通过采集（或渔猎）获取自然资源，人类活动区域内的自然资源大部分时间能够满足人类的生存与繁衍需求，史前人类大部分时间是处于资源富足状态。族群间的经济活动的成果大致相似，又缺乏有效的食物贮藏手段，大规模交换活动没有形成，因而尚未形成个体的所有权意识。经济活动的主要问题是决策问题。在族群内部，可能是一种"去中心化"的决策过程。长期的共同决策，共同承担决策失败的后果，实现了族群内部成员间的信息充分交换和透明，形成了良好的族群意识，获得了群体智慧。

---
① 科林·伦福儒，保罗·G. 巴恩. 考古学：理论、方法与实践 [M]. 3 版. 中国社会科学院考古研究所译. 北京：文物出版社，2004：176.

群体智慧让早期人类安然度过了第四纪,在冰期–间冰期交替的气候变化中顽强地生存下来,并进化出人类文明。采集经济延续了数以万年计的时间,表现出极大的稳定性和生命力。

距今1万年到8000年前,气候发生了变化,处于一个降温过程。自然界的资源出产量出现了较大波动,仅依靠自然界的采集、狩猎难以满足当时人类的生存需求,主要史前人类聚集区域开始陆续出现原始农业,社会经济活动由流动式采集渔猎向相对固定的农耕和游牧方式过渡。农耕畜牧相比于采集渔猎狩猎,可以在单位面积资源供养更多人口。人类由此向以种植畜牧为主要经济活动的农业经济模式更迭。大约距今五六千年前,采集狩猎活动在人类生活中的比重日渐减少,种植、畜牧日渐成为主要的食物来源,农业成为人类重要的经济活动内容。

不同的农作生产,有着不同的产出。产出的差异使交换成为日常行为。经常性的交换唤醒了占有意识,催生出了私有制。农作物产出的贮藏又进一步强化了私有制和财富意识。可储存的农作物产出,很有可能就是最初的财富形式。以部落占有财富可能是一种财富占有形式。在一个区域内,部落农作能力高低、财富的多寡形成了部落间的不平等,部落间的互动也不可能仅仅是交换,也有可能是掠夺,甚至是征服。部落间的冲突,最终催生出新的社会组织形式——酋邦。酋邦确立了群落成员间的不平等。酋长成为酋邦的固定领袖。祭祀形成的礼制成为酋长管理成员的重要手段。酋长无须农作和采集,依靠成员农作剩余的定期贡献养活自己和他的随从,也可以利用这些剩余进行成员间的再分配。酋邦影响范围的不断扩大,使社会组织方式不再依赖于血缘关系,而趋于复杂化。成员的贡献由自愿方式转向强制,产生了固定的社会分工与社会阶层。社会分工推动了耕作技术的发展,特别是畜力的使用、精细化的农业生产工具的出现、精耕细作技术的发展,提升了单位地理空间的农牧产出,减少了对采集渔猎的食品依赖,更好地满足了人口生存需求。进而增加了人口数量,推动着社会结构的变革和成员间关系的变化。随着时间的推移,社会阶层的不断巩固,形成了一种能够大规模开展人力和物质资源动员的新社会组织技术与制度,这就是"国家"。

大约在公元前 2000 年（距今四千年前），亚洲和欧洲两块大陆上的文明逐渐转向农业经济形态。在亚洲，"大禹三让天下而不能成"而传位于子启，世袭制取代禅让制，开创夏王朝，成为华夏文明的发端，也是东方文明的开始。在欧洲，巴尔干地区也出现了一个君主制政权。"国家"成为经济活动的一个重要部门，登上了历史舞台。帝王通过分封赐福以及庞大的官僚体系，动员治下的人口与土地资源，推动农业生产，获得丰富的食物。人们用于食物获取的活动时间逐渐减少，其他活动的时间增加，增加了对自然规律的认知，推动了生产工具的革新，进一步促进了农业经济形态下生产力的发展。特别是金属的发明与使用，以及铁器被用于制作生产工具，标志着农业经济的确立，人类进入了农业经济形态。然而在大洋洲，独立的大陆板块，在大航海时代之前，原住民没有被其他大陆的人类侵袭。丰富的野生动植物资源和稀疏的人口密度，使 1788 年英国建立新南威尔士殖民地之前，澳洲原住民仍处于石器时代，以采集渔猎为主要的经济活动，没有农业和畜牧业[1]。

为适应生产力的发展，出现了分封建国的封建制国家治理形式和农奴制庄园的农业经济组织形式。在国家治理上，进化出世袭的君王和世袭的次级统治者，构建出权力的共享机制。最上层的君王是神灵的化身，贵为天子，赐福四方。逐级诸侯（或贵族等）效忠与遵从天子意志，以此获得天子的赐福，从而世袭权力、土地和人口。这些权力的确认与背书，是通过庄严的祭祀礼仪来完成的。在经济组织上，由领主直接管理农奴进行庄园生产，对成员间的劳作进行分工与调配，并分配大部分产出。受当时信息传递效率和农奴劳作积极性的约束，领主所能组织的庄园达到一定规模后难以进一步扩张。因此，这样的经济组织形式，供给与需求的互动发生在庄园内部，领主承担着平衡供给与需求的责任。主要的物品交换可能发生在庄园内部和进献封赏中。在风调雨顺的时期，大体上可以实现供给与需求的平衡，甚至略有盈余。短期气候异常，余缺部分可能是通过庄园领主与君王的进献封赏活动，获得弥补而形成新的平衡。长期的气候异常，这样的活动可能因缺乏实物而无法维持，最终导致经济组织形式的瓦解。

---

[1] 张天. 澳洲史[M]. 北京：社会科学文献出版社，1996：8–16.

中国历史上的西周时期，处于第一温暖期之后的第一个寒冷期（公元前1100—前850年）。长期的气候异常，导致统一封建王权之下的庄园经济逐渐瓦解，推动中华文明进入了春秋战国时代。此后，国家治理逐渐转向了官僚体制。经济组织形式开始转向家族式的小农自耕模式。在小农自耕经济组织形式形成之后，家庭作为一种小型的经济活动主体，其农作或手工产出不能满足全部家庭生活需求的时候，开始通过交换获取生活资源。产品的交换因此变得更为普遍。

然而，受限于自然规律的认识，在自然条件、节律以及气候的综合影响下，土地的单位产量很快达到阶段性峰值后，难以突破。战国时粮食亩产已达到百斤左右，到了唐宋时期，每季粮食亩产量也不过百余斤[1]。商人在社会上被视为"出则从利"的纯粹食利者，还被认为"商人于国，非用人也"（《管子·侈靡》），社会地位并不高。中国统治者缺乏与商人互动的技术工具，难以从商人处获得税赋。例如1849年晚清政府财政收入中土地税（雍正时期实施的"摊丁入亩"将丁银并入田赋征收，两税合一）为3280万两白银，占总收入的77%，"厘金"（清至民初的一种商业税）与海关收入可以忽略不计。帝国统治者更为担心的是商人商业活动获得成功之后，富可敌国，养虎为患。徽商汪直由商变盗，后成倭寇，便是一例。加之，商业增加了帝国人口的流动性，让统治者无法通过静态的调查获得帝国的运行情况。中国的统治者将"重农抑商"奉为上策。"抑商"政策限制了商业的发展，无法建立起有效的市场机制。物流与信息流被压缩在一个有限的地理空间内。当供给与需求在这个空间内获得平衡后，生产很难继续发展。抑制手工业和商品化农业的发展，进而限制了通过社会分工的精细化提高生产效率的可能性，反过来又抑制了需求的扩张。

由此，"自给自足，盈余交换"的小农经济成为中国封建社会主要的经济组织形态。这样的经济组织形态，形成了相对稳定的村落与城镇居住方式，固化了封建社会的交流方式和信息流动，减少了陌生人之间的互动，从客观上减少了契约精神的建立。人与人之间的信任关系是靠血缘，或者虚构血缘形成的宗族观念维持。宗族观念形成的信任关系是封建社会的主要信任方式，一直

---

[1] 谭光万. 中国古代农业商品化研究[D]. 西北农林科技大学，2013.

延续到近代。例如清末民初的钱庄，主要以宗族关系进行金融活动。同时，"抑商"还限制了产业经济的萌芽。早在 10 世纪，中华大地上便开始使用纸币，13 世纪，中国的货币被当时的统治者统一为纸币，并被广泛流通使用。但统治者没有处理好中央财政与稳定纸币发行的关系，也没诞生出现代银行体系。货币发展的滞后和中央银行体系的缺失，缺失有效的价格信息，又限制了商业的发展，进而限制商业性生产的扩张。因此，虽然明永乐、宣德年间中国进行了声势浩大的海上远航活动，但是未能成为一场开拓全球经济的"大航海"活动。

在欧洲，农奴制庄园经济贯穿于整个农业经济时代，但却萌生出商业的气息。欧洲的国家治理是"共和"与"王权"的交织。王权的传承也并非严格依靠家族血统，有的继承者甚至只是帝国统治者信任的朋友。深耕于地中海板块的罗马人构建了强大的帝国，拥有当时最先进的文明。面对阿尔卑斯山的阻隔，又缺乏严苛的礼法与纲常的罗马统治者对中欧、西欧等地的控制能力有限，只能赋予地方官员更多的自治权力。这为罗马帝国的分裂埋下了种子。公元 476 年，随着西罗马最后一个皇帝被废黜，西罗马帝国灭亡。西欧从此进入一个由基督信仰构成的共同体——基督教世界，并在极力完成一项欧洲大团结的伟大计划。8 世纪至 13 世纪不寻常的温暖气候（中世纪暖期），给欧洲带来了千年的中世纪的稳定。民众普遍认为自己生活在一个大同世界里。

产业经济之前的农业经济和采集经济都是自然经济形态。人类通过自身的活动，从固定的地理空间中获取当季的自然资源。以土地为基本生产资料的生产组织，以畜力为主的能源利用方式，限制了人类的活动范围，也限制了不同文明间的交流，更限制了人类探索自然，认识自然，改造自然的好奇心。一切都是那么习以为常，一切似乎都能在宗教或者政权塑造出的"先知"下稳定运转着。供给与需求分散在不同经济活动体中，或是庄园，或者村落，也有的是城市。美好的平衡下面，掩盖着最为严重的经济问题，即供给不足的问题。自然经济的供给全面受限于自然节律和自然气候，一旦气候不利于农业生产，供给短缺的问题马上暴露出来。供给无法满足需求，经济因失衡就会动荡，进而引发社会的动荡，朝代的更迭。最终自然经济走向了瓦解，迎来了产业经济的时代。

● 伟大的航行

14世纪初的气候变冷，欧洲饥荒、瘟疫，以及战争，引发了人口的大幅度减少。当代历史学家佛罗埃萨特（Froissart）认为"瘟疫流行，1/3的人都死于该病"。《马可波罗游记》给痛苦挣扎中的欧洲人带来的一个广阔、富饶、文明的东方世界，也激发了他们冲破传统观念，摒弃宗教旧论的欲望。乔万尼·薄伽丘（Giovanni Boccaccio）以1348年意大利佛罗伦萨瘟疫流行为背景，写出了批判宗教守旧思想，主张"幸福在人间"的《十日谈》，撕开了基督教世界思维的一个口子。随着大批古希腊和罗马的艺术珍品和文学、历史、哲学等书籍流入意大利，并向欧洲各地扩散，人们逐渐意识到自己不是"神"的附属品，也不必完全依附于领主，开始探索"人"的价值。欧洲的庄园经济开始瓦解。领主开始放弃传统的庄园式组织形式，释放农奴。他们出租大部分土地给佃农，自己则远离乡村，进入城市。与中国不同，欧洲的庄园领主拥有土地的所有权，他们可以顺畅地交易所有权。土地的远离和交易的频繁，使领主的财产由他们熟悉的农产品，变成了账本上的数字，或是名字。

欧洲人对东方富饶的向往被阻隔在通往东方的传统商路上。15世纪末之前，从欧洲通往东方的商路有两条，分别是"丝绸之路"与"海上丝绸之路"。"丝绸之路"是陆路，是由数个分支路线构成，在很长一段时间占东西方交流的主导地位，但其经济意义有限。这一路不仅要跨越高山险阻、荒野沙漠，还要通过形形色色的大小邦国与游牧部落，其运输成本高昂，且不稳定。"海上丝绸之路"实际上是由亚洲东部航段、印度洋航段和地中海航段构成。来自东方的商品，由阿拉伯、波斯商人经红海运至地中海，出售给意大利商人，再流通到欧洲各地。然而，这两条商路物流效率十分低下，也没有建立起有效的市场机制，并没有改变农业经济形态下的供给与需求的平衡方式，对于农业经济形态影响甚微。但却激发了欧洲人对于东方世界富饶的渴望，有了到广阔的大西洋中探索通往东方的海上航线的梦想。

在地中海沿岸，航海是一种主要的交通手段。航海科技的进步在13世纪中期已经发生，最终的突破是欧洲的航海磁罗盘技术取得了重大进步，水平方向连续测量误差在 3° 之内。到了 15 世纪，欧洲出现了吨位超过 500 吨、适合远洋航行的三桅多帆的大型"卡拉克"船，以及一种吨位更小、更为轻快的"卡拉维尔"大三角帆船[①]。1492 年 8 月，哥伦布在西班牙国王支持下，带着给印度君主和中国皇帝的国书，率领三艘大三角帆船，踏上了前往东方的航路。经七十昼夜的艰苦航行，哥伦布发现了一块被认为是印度的土地。事实上，这是欧洲未知的大陆，就是后来被称为"美洲"的土地。这个消息迅速在欧洲的大地上传播。葡萄牙王室显然不愿意看到西班牙独霸航路，派出了具有贵族血统的达·伽马，探索绕开红海通往印度的新航路。达·伽马发现了绕过好望角通往亚洲的航路，于 1498 年 5 月 20 日抵达了印度西南海岸重要的港口城市卡利卡特。这些伟大的航海活动，在 16、17 世纪得到进一步发展，开辟了欧洲通往美洲和通往亚洲的海上通道，气势恢宏的大航海时代展示在世人面前。欧洲大航海活动的初衷是经济利益，结果却是改变了世界的经济形态，成为产业经济兴起的原因。

● 一 大航海开启新的经济形态

　　大航海改变了欧洲人的认知。随着欧洲人活动范围在地理上的扩张，人们开始意识到在这个世界上有着比基督世界地理更为广阔，文明更为发达，国家更为成熟的民族与国家，大同的基督世界认识开始松动。进而，文艺复兴得到进一步传播和发展，欧洲人逐渐从宗教中解放自己的思想，开始强调个人信仰。1517 年，神父马丁·路德抛出《九十五条论纲》公开质疑罗马天主教会，"大同世界"内的不安力量被激发出来，掀起了一场影响整个欧洲，乃至全球的宗教改革。欧洲民众的基督共识开始动摇，人文精神得到发展，自我意识快速觉醒，个人贪欲不断膨胀。在对自然界的认知上，欧洲人开始怀疑自然秩序

---

① 李伯重. 火枪与账簿 [M]. 上海：生活·读书·新知三联书店，2017：49.

是神圣意志的体现，怀疑自然异象是上帝之怒。在好奇心的驱使下，人们开始用实验来探索世界，寻找总结自然规律，形成了更为实用，更为可靠的科学和技术。正如中国科学院外籍院士李约瑟在其所著的《中国的科学与文明》一书中指出的那样"欧洲在16世纪以后，就诞生出现代科学，这种科学已被证明是形成近代世界基本因素之一"。欧洲人用数学概括现实世界的能力越来越强。人类用数学来预测未来的可靠性越来越高。科技之光开始替代"神"的旨意引领生产力的进步。

大航海活动加快了各大洲之间的物种大交换。欧洲人带回了新世界发现的玉米、马铃薯、木薯、甘薯等粮食作物，西红柿、菠萝、南瓜、辣椒等蔬菜水果，火鸡、番鸭、美洲驼、羊驼等畜禽，欧洲的农作动植物资源得到爆发性的增长。这些作物和畜禽在欧洲得到广泛的种养，成为欧洲重要的农产品。哥伦布首次美洲航行带回了玉米，并在1494年出版的读物中描述了这种植物。17世纪，玉米传播到西班牙的西北部和葡萄牙北部，取代了当地已有的主食作物，彻底改变了当地的农业与膳食[①]。欧洲人带回新世界的动植物资源的同时，还带去了欧洲甚至是东南亚的农业作物与家养动物，将他们发现并占领的肥沃土地，开发成庄园牧场。于是，小米、小麦、燕麦、大麦扎根于新世界的农场，奶牛、绵羊开始漫步于新世界的牧场。可以说，全球生物大交换提高了欧洲大陆的粮食产量，使其得以养活更为庞大的人口。人口的增长既为随后发生"工业革命"奠定了人口基础，又提供了强大的消费需求。没有生物大交换引进的新农作物资源，欧洲已有农作物资源难以实现人口的快速增长，欧洲大陆的发展有可能仍与中世纪一样缓慢。没有生物大交换向美洲大陆输出欧洲的牲畜，特别是主要畜力马和骡，美洲大陆的开发速度会大大减缓。我们可以认为大航海形成的生物大交换为新经济的兴起提供了物资保障。

大航海开辟的稳定航路，降低了商业的运输成本。参与大航海的商人们获得了商业上的成功，财富开始聚集，人数不断增加，逐渐形成了新的贵族阶层。

---

① M.M. 波斯坦. 剑桥欧洲经济史（第四卷）[M]. 王春法译. 北京：经济科学出版社，1967: 249.

同时，为了适应航海贸易的发展，为交易而生产的商品经济组织方式开始逐渐取代自给自足的自然经济组织方式。新的贵族阶层一方面要求打破封建庄园式的人身依附关系，另一方面要求宗教改革，结束宗教对人的禁锢，解除教会的政治、经济特权。传统政治力量对富裕的新贵族则在政治上进行限制，经济上进行盘剥。西班牙统治下的尼德兰地区[①]，在大航海中成为国际贸易中心和经济中心，成为当时的经济发达地区。新兴贵族阶层与传统政治力量矛盾的不断累积，最终触发第一次成功的资产阶级革命，史称"尼德兰革命"。这场革命从1566年8月11日的"破坏圣像运动"起，到1576年11月8日签订《根特协定》获得阶段性胜利。直至1609年，《十二年休战协定》的签订，在事实上承认了荷兰共和国的独立，革命才在北方获得完全的胜利。尼德兰革命影响了此后在英国发生的资产阶级革命。大航海推动了封建领主制生产关系的瓦解，并不断发展一种更为开放、更为自由，更适合于商品生产组织方式的新生产关系。

兴起的市场需求与高额的商品利润，促进了航海的发展和全球范围内商品贸易的增长。然而，一个普遍事实是大航海的风险巨大。且不说航海过程中的风暴、海盗以及与竞争者的作战造成的航行失败，单是数以年计的航行时间，其间的商品价格变化就令商人们承受着巨大的商业风险。让更多人加入航海的事业中，共享收益，共担风险，这只是一个朴素而美好的想法。但这个想法的实现并不简单，一是每个人的利益诉求并不完全相同，难以协调统一行动；二是个人信用尚未建立，投资陌生人风险巨大；三是缺乏收益与风险的分担机制。大航海的不断扩张，以国家信誉作为担保的股份有限公司制度逐渐形成。这时一种新的动员资源与人力的制度和技术诞生了。1600年，有125个持股人的"伦敦商人在东印度贸易的公司"成立，并获得了英国皇家授予的对东印度15年的贸易专营许可。令人惊奇的是，公司首次远航就筹措到72000英镑（相当于今天的3500万美元）的资金。从尼德兰革命独立出来的荷兰，进一步完善了这个制度。他们将六家做香料生意的小公司改组成有国家背景的"荷兰东印度

[①] 相当于今天的荷兰、比利时、卢森堡和法国东北地区。

公司"。这家大型股份有限公司与众不同之处在于面向所有市民公开发行股票，成为世界上第一家实际上的上市公司。公司的持股者不再局限于特定的人群，不再局限于商人，而是扩大到普通水手、技工。这个制度极大地促进了货币的资本化和信用化。公开发行股票，使荷兰东印度公司资金规模远远超过了其英国对手。大航海改变了经济组织方式，为新经济形态的兴起提供了全新的生产组织形式。企业作为一个独立的经济部门参与经济活动，产业经济形态日渐形成。然而，这样的生产组织形式构筑的企业间的关系是敌对的。航线上的企业亦商亦匪，更谈不上互相协作。为了打破了葡萄牙人对肉桂贸易的垄断，荷属东印度公司使用暴力将葡萄牙人从斯里兰卡的加勒（Galle）赶走。到1669年，荷属东印度公司拥有战舰40条，武装人员近万名。但这是一种暂时性的制度安排。随后而来的工业革命，鲜有此类公司的身影。

　　大航海加深了欧洲与亚洲、美洲、非洲的经济联系。这个联系始于货物贸易，兴于经济"白银化"。大规模的长途商品贸易需要一种具有普遍共识且相对稳定的通货。在东方，蒙元时期，色目人成为元朝的经济官僚，完成了中国的货币统一，建立起以白银为记账单位的"纸币"发行体系。此后，得益于海上贸易的大量白银输入，帝国的统治者逐渐放松了用银禁令，官府与百姓开始都能使用实银，中国才进入真正白银货币时代。此时，经济体量更为庞大，人口更为繁盛的东亚已经确立了白银经济体系，直接扩张了白银的世界性需求[①]。在西方，以1545年和1548年先后在秘鲁（今玻利维亚）到波托西和墨西哥到萨卡特卡斯发现银矿为标志，美洲白银开始涌入世界金银市场。白银也由此成为世界贸易的通货。1581—1600年，位于南美洲的波多西银矿，每年生产254吨白银，占世界产量的六成。在强劲的需求刺激下，商品连接起广阔的世界市场，白银连接起了全球的经济，构成了一个完整的经济循环系统，为购买者而生产的商品经济形态逐渐形成。

　　大航海不仅仅是地理的大发现，更是产业经济的开端，是新社会阶层兴起的成因，是经济全球化的开始。

---

① 周子衡. 蒙元货币统一与世界经济的诞生 [J]. 金融评论，2016，8(05).

产业经济的兴起

● 生产的蓬勃发展

如果说大航海是产业经济的开端,那么发生于18世纪下半叶的"工业革命"就可以被认为是产业经济的确立。正如埃里克·霍布斯鲍姆（Eric Hobsbawm)在《革命的年代》(*The Age of Revolution*) 一书中提到的："它意味着在18世纪80年代的某个时候,人类社会的生产力有史以来第一次摆脱了枷锁,从此以后,生产力持久迅速地发展,而且——直至目前为止——人员、商品和服务都处于无限度增长之中……经济起飞了。"事实也是如此。

在工业革命时期的生产力的发展中,我们首先注意到在英国出现的两个重要的钢铁技术的创新。铁器的出现可以上溯到距今4500年前,是整个农业经济时代的重要材料。其生产与加工过程是将木炭与铁矿石在高温中反应生成"生铁",生铁进一步加工,减少碳的含量,获得韧性更好的铸造生铁。铁器的生产直接受限于木材资源,受限于自然生长节律。煤炭作为一种矿物资源,储量丰富但含有挥发分和硫分,冶铁过程中会释放硫化物使铁矿石发生变化,冶炼出的铁器品质低下,无法在实际生活中使用。1709年,亚伯·拉罕达比(Abraham Darby)发明的焦炭炼铁法成为英国制铁业的一项重要的技术创新。焦炭是由煤在高温下干馏制得,其主要成分是固定碳,其次要成分为灰分,所含挥发分和硫分均甚少,因此是替代木炭的理想材料。焦炭结构强度比木炭更大,可以堆叠更多的铁矿石。用焦炭冶炼钢铁,工匠们可以制造更大的冶炼炉,以提高产量。在当时看来,煤炭资源在当时几乎是取之不尽的资源,铁器的生产开始不受限于自然生长节律,呈现出蓬勃发展的态势。另一项制铁业的创新发明也是令人瞩目的。1784 年，亨利·科特（Henry Cort）发明了除去熔融生铁中的杂质的"搅炼"工艺。这项发明的主要创新是在反射炉内搅拌熔融的生铁，以此让流通的气体除去生铁中的碳和其他杂质，获得更有韧性的精炼铁，既提高了生产效率，又可以方便地制造出标准化的粗胚。这两项发明为大规模工业化生产铁奠定了技术基础，极大地促进了英国制铁业的发展。从 1740 年到 1852 年，英国的生铁产量由 1.7 万吨增长到 270 万吨[①]，这个数量超过了世界其他地区的总和。钢铁也成为一种质地优良，价格合适，供给充裕的优质原材料并被普遍使用，出现在日常的生产生活中。

工业革命时期的生产力发展的标志是蒸汽动力的成熟与规模化应用。蒸汽动力是人类第一次拥有不受地域和时间限制的动力来源。人类的生产开始摆脱自然条件的约束，经济模式由此发生了翻天覆地的变化。从历史事件看，是渐进式的革新，从结果影响来看，是飞跃性的发展。手工业的蓬勃发展，不断扩张了对燃料的需求，木材被大量砍伐，植物燃料资源供给紧张。煤炭作为矿物燃料，开始替代植物燃料。16 世纪甚至出现了因为燃煤，露天煤矿减少，煤矿开始往深层开采。用于排水的水泵则成为煤矿的标配。畜力是水泵动力的最初来源，一般而言是马匹。1698 年，托马斯·萨弗里（Thomas Savery）利用真空吸水的简单原理，发明了通过冷凝密闭金属容器中的蒸汽而产生吸力的无活塞式蒸汽抽水机。这被认为是蒸汽动力的最初形态。可惜这部装置加热与冷却金属容器的过程缓慢，运行效率低下，且温度与压力的反复变化容易损坏金属容器，因此这部机器几乎没有得到应用。1705 年，托马斯·纽科门（Thomas Newcomen）在无活塞式蒸汽抽水机的基础上，增加了活塞装置，开发出通过冷却汽缸凝结水蒸气形成压力差来移动汽缸内活塞形成动力的机器，成为实用蒸汽机的鼻祖。这种蒸汽机在短短数年时间内遍布大不列颠的大型矿山。由于冷却汽缸的过程中浪费了大量热能，这种蒸汽的热效率[②]极低，据估计只有 1%。故而，这种蒸汽机仅在不考虑燃煤成本的煤矿上普遍使用，并未对外推广开来。

---

① M.M. 波斯坦. 剑桥欧洲史（第六卷）[M]. 王春法译. 北京：经济科学出版社，1965：307.
② 热效率：热力学名词，是指有效输出能量与消耗燃料的总热值比。

显而易见的是，生产使用蒸汽动力出于经济性和便利性的考虑。自然动力来源的优势是免费的，问题是受自然节律和自然环境影响较大，能源供给受到了制约。蒸汽动力的优势相对可靠，不受自然的影响，使用成本是约束使用范围的主要因素。因此，蒸汽机的改良重点在于提高效率。对效率和动力的不断追求，出现了众多不为人知的改良技术，例如更好的材料、更精密的部件、引进安全阀和量规等。尽管单看这些技术改良的意义有限，但是这些技术改良的综合影响推动着蒸汽动力的商业应用。商业应用的不断扩大，形成需求，进而促进技术的进一步改良，最终形成了关键性的技术突破，出现了蒸汽动力大规模商业应用的技术创新标志。詹姆斯·瓦特 (James Wat) 在纽科门活塞式蒸汽机的基础上，打通汽缸和排气管之间的联系，让蒸汽进入排气管冷凝，形成独立的冷凝装置，从而解决了汽缸冷却产生的蒸汽浪费问题。1769 年，以瓦特取得"一种减少火机的蒸汽与燃料消耗量的新方法"的专利为标志，一种不仅可以应用于煤矿，还可以应用于其他各类生产领域的实用蒸汽机被发明出来。此后，瓦特继续完善了蒸汽机的设计，发明了双向蒸汽机，进一步提高了热效率。据后人估计，瓦特蒸汽机的热效率可以达到 3%，较之前提高了 3 倍。由此，蒸汽动力走出煤矿，成为其他各类生产动力。蒸汽动力的技术革新一直伴随着工业文明的发展。人类对蒸汽动力效率与经济性追求的脚步从未停止。19 世纪中叶，蒸汽动力的热效率可以达到 8%，成为普遍的动力源。20 世纪初，蒸汽机的热效率已经超过 20%。目前，在最先进的燃煤发电站内，蒸汽动力的热效率已经高达 45%。时至今日，蒸汽动力依然是人类的重要能源利用方式之一。因此，1769 年被许多历史学家认为是一个真正划时代的时刻。

技术的进步与生产的发展相辅相成，互相促进。需求推动了技术创新，技术创新推动了生产的发展。生产的发展改变着既有行业生产，催生出新的行业。新的行业出现又形成了新的需求，推动技术的进步。如此反复，螺旋式地上升，渐进式地前行。

● "工业革命"确立产业经济形态

冶铁、煤炭和蒸汽动力飞速发展与扩张都不足以支撑工业革命这样的概念，更谈不上产业经济。一是应用范围并不普遍，1800 年，自然动力（风能、水力）提供的能源依然大于蒸汽动力。二是没有真正改变生产的面貌，技术重大发展本身并不构成工业革命，这仅仅是生产效率的提高，并不会天然地改变既有的经济形态。我们现在观察到的是革命性的变化，但不能忽略渐进式发展的客观存在。产业的变革不都是从无到有的创新，更多的是对现有行业的继承与改进。这些细微的变化，不断改变着产业的面貌，并成为产业变革的内生动力。当变化积累到一定规模之后，就会爆发出变革的力量，进而诞生新的经济形态。这个产业就是英国的棉纺织业。

棉花是一种具有吸引力的植物纤维。棉纤维具有中腔断面，自然卷曲，纤维较长，相对同质的优点，结合了舒适、强度和耐用性，是理想的着装纤维。但棉织物的生产需要耗费大量的人工，属于劳动密集型行业。亨利·霍布豪斯（Henry Hobhouse)所著的《变革的种子》(Seeds of Change) 是这样描述棉布的"难怪棉布是 1784 年的奢侈布料"。到了 1800 年，细纱的生产成本已经降到 1/4。直观地看，这是纺织机械技术发展的结果。1733 年翰·凯（John Kay）发明了"飞梭"装置；1738 年，刘易斯·保罗 (Lewi Paul) 和约翰·怀亚特 (John Wyatt) 发明了滚筒纺纱机；1764 年，詹姆斯·哈格里夫斯（James Hargreaves）发明了珍妮纺织机；1769 年，理查德·阿克莱特 (Richard Arkwright) 发明了水力纺纱机；1779 年，塞缪尔·克朗普顿 (Samuel Crompton) 发明了结合珍妮机与水力机功能的"骡机"。机器进入棉纺织业后，生产效率大幅度提高，纱线成本急剧下降。精美、舒适、可洗涤、价格亲民的棉织品激发出新的着装需求。棉花播种面积的扩张速度比增加绵羊数量要快得多，棉纺业的原料供给更为充裕。随着棉纺织业在英国的不断扩张，劳动力成本也水涨船高。高工资刺激了对纺织机械的需求，加快了创新与技术进步。棉纺织业成为机械化、标准化生产发展最快的行业。

农奴制的结束，庄园经济的解体，不但释放了追踪自由与利益的探险精神，更释放了大量的个人需求与自由劳动者。棉纺业很快在欧洲大陆上扩散开来。在蒸汽动力的加持下，棉纺业成为英国工业革命传播最为迅速，分布最为广泛的产业。

棉纺业的机械化促成了生产与组织的转变，形成了适合大生产的工厂制度企业。这既是集中大量工人在同一个地方进行受工头监督和纪律约束完成指定工作的生产组织方式，又是一种有效的资源集中与人力动员的方式。依此建立起了与特许公司制不同的工厂企业。水力纺纱机的发明人阿克莱特在1771年建立了工厂制的纺织工厂，被认为是世界上第一家现代意义上的工厂。棉纺业的生产精确性与规范性，成为其他生产部门的效仿对象和发展方向。手工业的机械化进程不断加深，成为新的工业部门。随着工业的不断扩张，企业的数量与规模都在增长，社会生产的工业化进程不断，生产要素的相对重要性从劳动力向资本转移。工厂制的另一个影响是打破了家庭的多功能性，劳动力更加专业化。家庭日常的生活需求不再首先考虑自给自足，而是转向交易获得。厨师、屠夫、裁缝、工匠、销售等一系列新职业相应出现或者扩大。为了更加便利地交换，人们越来越倾向于集中居住。城市化进程不断加深。城市建设形成了新的需求，吸引了更多的资本和劳动力。资本与人口的流动，推动了交通与物流的发展，特别是铁路的建设浪潮。从1825年英国开通第一条定期客运铁路线开始，铁路的建设就以势不可当的浪潮推进。1847年英国的铁路消费了英国18%的钢铁产量和25万劳动力。"铁路热"迅速在欧洲大陆上传播开来，遍布欧洲的铁路网逐渐建立起来。铁路网更为紧密地连接了欧洲各国乃至全球的经济，促进了工业繁荣。铁路又促进了电报技术的诞生与发展。电报起初应用于铁路通信，之后发展到商业、报业，甚至军事。如此这般，工业革命改造了一个又一个旧行业，兴起了一个又一个新业态。越来越多的民族、国家、人民被拉入工业文明中，无论愿意还是不愿意。

生产方式与组织方式的转变在历史上时有发生。此前的转变总能在政治或者经济上形成一个新的均衡点，达到稳定而结束，转变的范围与持续的时间都是有限的。这次由棉纺业引起的变革却与众不同，不仅持续时间不断，一刻也未停止，还逐渐扩散到各个经济部门和经济区域。事实上，英国人并不欢迎这样的变革。他们认为工业化打破了乡村的安宁，破坏了生存的环境。就本质而言，工业带来的不是财富和幸福，而是贪婪和物欲，不断吞噬着人类的良知。因工业革命兴起的资产阶级是冷酷、势利、毫无同情心的剥削者。这样的反工业化思潮在19世纪中期达到顶峰，成为英国精英阶层的一种主流思想，并渗透到社会的各个阶层。即使如此，工业化的脚步也未停止，并扩散到整个欧洲大陆，甚至影响到了东方的中国。中国开始一场轰轰烈烈的"洋务运动"，大规模引进技术兴办工业，深深地动摇了延续几千年的"重农抑商"的观念，促成了中国近代产业经济的形成与发展。"工业革命"成为一种势不可当的历史浪潮，推动着全球的经济形态由农耕、采集等自然经济转向全新的产业经济。

　　工业革命之后，产业经济形态蓬勃发展，人类获得丰富的物质资源，驾驭自然的能力不断增强。人类的触角不断向自然界延伸，按照自己的意志改变自然界的面貌。人们排干沼泽地的水建立起新的农田；人们开垦原野，驱逐野兽，建造城镇，修筑铁路；人们疏导河流，造船架桥，建立起新的水运交通设施；科学家们在实验室寻求战胜疾病的方法，探索增加食品来源的方式；工程师开发利用新的能源利用方式，从蒸汽到电力，从蒸汽机到内燃机。人类开始可以从容地面对饥饿、疾病和自然灾害。产业经济展现出惊人的资产创造能力，人类97%的资产是在近250年里创造的，也就是在人类诞生以来的0.01%的时间里创造的。产业经济改变了人们的日常生活方式，大部分现代生活习惯都开始于工业革命时期。产业经济开创了一种新的社会稳定方式。产业经济下，追逐利润成为在宗教、民族、国家、政府和家族之外的一个全新的信仰。共同经济利益构成的相对稳定的契约关系成为社会成员之间的新纽带，成为一种新的社会稳定方式。产业经济开创了一个全新的全球文明世界。

● 英国人何以占得产业经济先机

英国由一系列岛屿组成，处于大西洋、北海、爱尔兰海、凯尔特海以及英吉利海峡包围之中，是个天然的海洋国家。英国大航海的脚步落后于西班牙和葡萄牙，是新加入的竞争者，却率先爆发工业革命，占得先机，成为大航海的最终赢家。这是一个复杂的问题，单一原因都难以去解释。从经济发展条件上看，英国很难找到一项特征是独有的。从靠近海洋，有优良的港口与便利的交通上看，荷兰共和国完全可以和英国打个平手。从工业革命的基础材料与能源变革来看，比利时和德意志中西部若干地区拥有和英国相似的铁矿和煤矿资源。如果从金融的发展程度来看，荷兰共和国并不比英国差。荷兰的阿姆斯特丹银行的业务是储蓄与汇兑结算。1614年成立的阿姆斯特丹信贷银行的业务是信贷。这样的制度安排，实现了存储汇兑与信贷分离，使荷兰的银行具有良好信誉和抗风险能力。荷兰的阿姆斯特丹成为当时的世界金融中心，荷兰货币被广泛接受并成为国际支付货币。直到工业革命之后，伦敦才逐渐确立了世界金融中心的地位。从贸易的发达程度来看，荷兰共和国优于英国，17世纪的荷兰，被誉为"海上马车夫"。以1670年商船总吨位为例，荷兰的总吨位就超过了法国、英国、苏格兰、神圣罗马帝国、西班牙和葡萄牙的总和。从资产阶级发展与宗教改革进程上看，荷兰共和国更是走在前列。尼德兰革命既是第一次成功的资产阶级革命，又是一次宗教改革运动。那么把全部优势特征综合起来，是否能达到临界点，出现巨变呢？答案是否定的。荷兰共和国地处欧洲大陆，缺乏工业革命原材料的短板很容易通过国际贸易得到解决。在供给侧的研究，似乎很难找出一个令人信服的答案。

在需求侧上，英国有着自己的独到之处。与工业革命同步，英国人的消费变革也在同步进行。英国学者尼尔·麦肯德里克在《消费社会的诞生：18世纪英国的商业化》认为"18世纪的英格兰出现了一场消费革命"。事实确实如此，18世纪的英国人无论是与过去相比，还是与他国相较，基本处于生活相对较好的状态。曾经的奢侈品开始以空前的规模被英国人消费，成为维持体面的东西,而过去维持体面的消费品成为生活必需品。这些转变形成了强劲而持久的商品需求。到1764年,英国人在制作日常主食的面包材料中,口感上佳的小麦占谷物的总体比例由38%上升至62.5%[①]。在经济发达的伦敦和东南部地区,九成居民以小麦面包为主食。糖的消费量变化更是惊人,从18世纪初的人均每年4磅上升到18世纪末的人均每年13磅[②]。茶叶从贵族饮品,变成阶级分布更为广泛的普通饮品。人们开始注重自己的着装和家居,精美华贵的衣着和复杂多样的室内装饰,消费了大量的织物。消费革命不只是英国人的实际消费行动,更是经济思想上的一次变革,消费的声音越来越响。1776年,亚当·斯密发表的《国富论》指出"消费是一切生产的唯一目的,而生产者的利益,只有在消费者的利益需要其保证的情况下才应当加以注意"。这本成为经济学开山之作的著作清楚地阐明了消费在新经济形态下的重要性。"积极消费是成功资产阶级社会的核心"成为共识。尊重消费,引导需求,不分阶级平等对待客户的观念深入人心。与传统手工业行会对消费者漠不关心的做法不同,工厂制的企业管理者密切关注消费者购买的渴望,研究满足他们需求的方式。另外,英国领先的工业进程与建立的全球帝国为工业革命的不断深入,带来了源源不断的需求。欧洲大陆的工业化进程向英国敞开了设备与技术需求的大门。全球帝国庞大的人口数量向英国本土敞开了工业制成品需求的大门。需求的不断变化、升级,形成了经济长期增长和需求相互反馈的激励效应,推动产业经济持续发展,出现了经济的繁荣。

正如经济学家熊彼特所言"光是制造出令人满意的肥皂还不够,还必须诱导大家洗澡"。英国人的工业革命形成强劲需求,推动工业革命向前发展。数量庞大且信心十足的英国消费者也成为有别于其他欧洲国家和城市中心的发展因素,使英国抢占了产业经济发展的先机,成为欧洲诸国效仿的对象。工业革命在整个欧洲蓬勃发展,19世纪中期,英国又进一步发展成世界的生产中心和贸易中心。

---

① 奇波拉. 欧洲经济史(第二卷)[M]. 北京:商务印书馆, 1989:102-103.
② Peter Mathias. The Transformation of England: Essays in the Economic and Social History of England in the Eighteenth-century[M]. New York, 1979:99–162.

从"大生产"到"大萧条"

● 生产的繁荣

工业革命形成的技术革新,让人类的生产开始彻底摆脱自然节律的影响。生产力从自然界解放出来,生产效率爆炸式增长。这也许就是产业经济与采集、农业等自然经济形态的最为显著的差异。在农业生产领域,人们从异地运输肥料,补充土壤肥力,打破休耕的魔咒,提高农业产量。19世纪上半叶主要的肥料来源是秘鲁沿海的钦查群岛上堆积如山的干燥鸟粪。这些鸟粪富含的硝酸盐,是理想的氮肥。随着农业化学与化工工业的发展,19世纪70年代之后,人造化肥取代了鸟粪。虽然欧洲农民很大程度上还是过着自给自足的生活,但是他们已经开始挣脱为维持生计而生产的局面,转向为远方素不相识的购买者而生产。工业上,蒸汽机替代了水力,成为工业生产的主要动力能源之后,工厂的设立不再局限于水力环境的影响。1831年,电力的先驱者,英国人迈克尔·法拉第(Michael Faraday)发现了电磁感应定律,并制造了首台通过旋转产生电流的装置。发明家兼商人美国人托马斯·爱迪生(Thomas Edison)将这个装置进行大规模商业应用,生产、生活的动力来源与能源利用方式又有了新的发展,人类迅速进入了电气化时代。电力时代的基础物理发现源于欧洲,特别是英国,而大规模商业应用却发生在美国,成就了美国的飞速发展。这个现象在一个世纪之后再次发生,大部分基础发明和初期应用在美国出现,而大规模的影响社会经济活动却发生在大洋彼岸的中国。

生产的蓬勃发展，离不开交易的扩张，交易的扩张离不开两个条件，一是物流，二是通信。这两个条件出现，开始于大航海时代。大航海开辟了稳定的全球贸易航路。随着航海技术的进步与造船业的发展，船只的吨位大幅度提升，航行的速度得到改善，航海的风险显著降低，运输成本逐渐下降，更多的商品得以在全球流动。在欧洲大陆上，运河的不断规划、开挖，逐渐形成了一个连接港口与内陆的内河运输网络。陆路运输也在改善中，新的道路开始修建，连接起各个城市。大航海改变了欧洲人的生活方式和信息传递的方式，旅行、邮递、印刷三个互相独立又紧密联系的行业以及新闻和报纸业与贸易和金融的繁荣同步发展起来，信息的来源与传播方式比之前大为改善。16世纪末期起，欧洲主要贸易中心城市的报纸开始定期通报大宗商品的价格与汇率，来自各个方面的消息成为商业决策依据，减小了贸易风险。这两个条件的真正革命性的改善始于铁路的大规模使用。一是铁路线彻底改变了内陆运输方式。从此，大陆上有了一种几乎可以全天候运行，更为准点，更为经济的客货运输方式。相比于内河水运，铁路线的建设工程量远小于运河的开挖，受自然条件的制约也相对较小，可以延伸到更多内陆地区。1825年，英国开通了连接斯托克波特与达灵顿的客运线路，成为第一条定期客运铁路线路，1830年9月，利物浦到曼彻斯特的线路通车。1832年，法国开通了用蒸汽机车驱动的载客铁路。1835年，比利时开通了第一条铁路。1837年，俄国人修通了第一条铁路。1839年荷兰人开通了自己的铁路。1847年，丹麦与瑞士的第一条铁路开通。一张铁路网迅速在欧洲铺开，内陆的运输成本也随之下降。据估计，1850年的工业品运输成本仅有1800年的1/4。二是铁路推动了通信方式的变革。为了提高运输能力，铁路线上会同时开行数列机车，用"臂板信号系统"进行列车调度。1837年，究竟是美国人塞缪尔·莫尔斯（Samuel Morse），还是英国人查尔斯·惠斯通（Charles Wheastone）和威廉·库克（William Cooke）发明了电磁电报，现在已无关紧要。电磁电报开始取代"臂板信号"在铁路线上得到应用。电报在铁路上的成功应用，使越来越多的人意识到了电报的潜在用途。1846年，英国电报公司成立，电报开始服务商业。1851年，保罗·朱利斯·路透（Paul

Julius Reuter）成立了第一个使用电报传递商业、金融以及时政信息的国际新闻机构。19世纪50年代初，人们首次在英吉利海峡铺设了海底电缆。1865年，横跨大西洋的海底电缆成功铺设，电报的影响力已经大大超出了国家疆域。一个新的独立通信体系建立起来，开启了信息的迅速传播的大门。电报先驱者对此评论道"时间和空间距离荡然无存。年变成了天，天变成了秒。英里变成了一英寸的一个零头"。

在19世纪的最后十年，诺贝尔奖获得者伽利尔摩·马可尼（Guglielmo Marconi）发明了实用无线电报通信，又让通信方式前进了一大步。电报通信传播方式得以摆脱线缆的束缚，而更加灵活。电报技术的发展，不仅改善了通信条件，还促使了现代时间观念的建立。在跨洋的电报通信过程中，人们发现在同一时刻，有人是早上，有人是中午，有人是晚上，按照所处位置日出日落的时间观念形成了新的混乱。1884年，世界上20多个国家的天文工作者在美国华盛顿通过会议，正式确立了世界计算时间的起点，形成了格林尼治时间体系。物流与通信条件的改善，加速了交易扩张的脚步，商品能以更快的速度运到更远的地方去，广阔的国内市场和世界市场被开辟，更准确的商品价格信息被传递，更多的生产能力被释放出来。

生产的繁荣不仅源于技术的进步，更是制度改善的结果。在"工业革命"的生产者的名单中，并未出现国家特许的"股份有限公司"的身影，而是成千上万自由注册成立的合伙制公司。正如亚当·斯密所言，每个人"只想得到自己的利益"的逐利行为，"被一只无形的手牵着去实现一种他根本无意要实现的目的""他们促进社会的利益，其效果往往比他们真正想要实现的还要好"。这些以合伙人的名字命名，规模不大的合伙制企业，推动了新技术的发明与应用，推动了现代工厂制生产组织的完善，击垮了零散分布在各地的作坊式的手工场，击散了传统的专业行会。生产由此被解放出来，手工劳动不断地被机器取代。企业主们很快发现机器生产的产量越大，产品的单位成本就越低，越容易增加利润。这就是规模扩大带来的系统性节约的规模经济效应。越来越多的机器设备被投入生产，企业生产的规模也越来越大。随之而来的是资本投入不断增加。然而，企业没有独立"法人"地位，合伙人对公司债务负有无限责任，而有限责任股份制是国家特许公司的特权。这样的制度安排阻碍了更多的资本投入，他们强烈主张国家不得干预经济活动。这一次，美国人走在了前面。1811年，纽约针对制造业公司引进一般有限责任法，引发了大量的资本流入纽约。不久后，美国各州也纷纷效仿。1854年，英国也开始实施类似的制度安排。1862年英国通过了《公司法》，正式确立了公司的法人地位和有限责任制，并赋予了公民自由成立公司的权利。独立法人的法律安排，企业可以"拟人化"独立支配自身财产，企业的行为可以有别于所有者的行为。企业的经营者在承担一定责任的前提下，可以独立支配企业的财产。企业的所有权和经营权实现了分离，解放了企业所有者的束缚。企业间的关系变得和谐起来，更利于进行生产协作。

另一项伟大的制度改善是会计制度的成熟。无论是国家、投资人还是其他利益相关者，要了解一个企业的运营状况都是一件比较困难的事情。企业每时每刻都存在着资金的流动，企业也没有天然公开自己经济信息的动力。这个问题的解决，从一项发明于1494年的平衡式的记账方法开始（见图1–1）。阅读者可以从流水账式的单式记账法的账户变动中，了解到资本的流动方向；从平衡式的复式记账法的账户变动中，了解到资本的流动结果。这个发明，为账本的阅读者了解账本主体的资本流动情况，提供了极大便利。（第五章有对这种记账方式的详细解释）

工业革命之后，这项始于意大利的复式记账方式出现了显著的变化，诞生了折旧思想，划分了资本与收益，实现了成本核算，形成了财务报表审计制度，传统的簿记转成了现代的会计。1854年，苏格兰成立了世界上第一家特许会计师协会，会计原理、方法以及制度逐渐完善起来，解决了洞悉公司的经营状况的难题。会计制度的完善与规范，明晰了企业经济业务，明确了企业经济责任，使企业经营数据更为标准，企业的资本流动情况可以公允地反映在会计账户上。在最大限度保护企业经营秘密的前提下，财务会计制度可以公开透明地反映企业的经营状况。这种改善不但吸引了更多资源流入企业部门，还融洽了国家与企业的关系。大卫·李嘉图在1817年发表的《政治经济学及赋税原理》一书中，清晰地阐述了税收来源的两个方面，即资本和收入。公允财务会计报表成为国家了解企业资本和收入的工具，成为国家税收的依据。

图1-1 意大利佛罗伦萨图书馆保存的最早的复式记账法账簿

企业生产的不断扩张和产品的大量输出需要吞噬了大量的生产资源。生产资源流动的背后需要资本流动的配合。资本流动依靠大航海时期发展而来的银行业务和信用票据的支撑。为了满足支付的需求，各式各样的类金融机构发行了汇付票据，形成了银行的雏形。尽管此类金融票据因信用问题，流通的地域范围有限，但支付的需求还是推动了银行业的发展，成立了经营汇付业务的银行。为了满足企业扩张的融资需求，也为了满足国家战争的融资需求，银行从汇付业务转向存贷业务。既有出于商业利益的考虑，又有国家无节制融资，银行普遍存在兑付危机，声名狼藉的原因。银行发行的票据信用低下，流通范围非常有限。随着银行业的迅速发展，问题愈演愈烈。为了解决这个问题，阿姆斯特丹出现了汇付业务与存贷业务分离的银行组织。这些银行组织的进一步发展，成为现代中央银行的雏形。1694年成立的英格兰银行起初是一家国家特许发行银行券的私人股份制银行。1833年，英国国会通过法案，将英格兰银行发行的银行券确定为全国唯一的法偿货币。1844年，英国国会通过《皮尔条例》，将英格兰银行货币发行业务和银行业务分离，奠定了现代中央银行的组织基础。1854年，英格兰银行成为英国的票据中心，对其他各银行之间清算的差额进行结算。1872年，英格兰银行开始扮演最后贷款人角色，成为事实上的现代中央银行，英格兰银行也被认为是现代中央银行体制的鼻祖。在欧洲的其他地方，现代中央银行的建立时间也相差无几。1897年，瑞典银行独占货币发行权。1848年，法兰西银行垄断货币发行权，19世纪70年代完成向中央银行的过渡。随着中央银行制度的确立与强化，既解决了银行券发行信用与流通的地域问题，又确定了最后贷款人，消除了银行业发展的障碍。银行业进入快速发展阶段，不仅为企业提供了资本流动的基础设施，还成为企业资本的源泉之一，企业与银行的关系开始缓和。

企业间关系的和谐、企业与银行关系的缓和、企业与国家关系的融洽，使企业在产业经济中快速发展，建立了以企业为经济活动基本单位的生产方式。"大生产"快速扩张，企业规模急速放大。先是规模较小的企业开始联合起来，生产联系紧密的企业逐渐合并到一个法人企业，分散的生产机构被整合到一起，接受同一个制造部门的控制。合并后的企业进行企业内部再分工，形成不同功能的内部机构，生产能力得到进一步释放，生产规模更大的企业开始出现。企业间的协作与联合，还掀起了第一次并购浪潮。1897—1905年，美国一共发生了2864起以同行业之间企业并购为主的兼并案例，诞生了一批制造业巨头，同时近3000家企业消失。其中，最为著名的案例当属收购卡内基钢铁公司及其他公司诞生的钢铁制造巨人美国钢铁集团。毫无疑问，规模化的生产，能有效地降低产品的生产成本，一大批曾经昂贵的商品变得廉价而被普及开来。美国近40%的炼油产量集中到三个石油炼化巨型企业中，单位生产成本也降低到原来的1/3。卡内基钢铁公司仅用20年时间就把钢价从每吨100美元降至12美元，让钢材成为一种用途广泛、廉价可靠的材料。并购浪潮并未就此止步，随着美国反垄断法逐步严厉，同行业的横向并购无法顺利进行，产业链的纵向并购成为主流并购方式，美国又掀起了第二次并购浪潮。在1926—1930年达到高潮，发生了4600起并购案。伴随着第三次科技革命的兴起，在20世纪60年代，美国掀起了以混合并购为主的第三次并购浪潮。其间大约发生了6000次并购案例，造成约25000家公司的消失。企业规模进一步扩张，形成了以GE为代表的混业经营的巨无霸企业。金融理论的发展与金融服务业的成熟，大量的创新金融产品被设计出来，赋予企业并购的利器。1981—1989年，掀起了第四次并购浪潮。强强联合，杠杆并购形成了行业的巨无霸。经历了短暂的停歇之后，第五次并购浪潮席卷全球。在经济全球化与一体化进程中，企业并购的触角伸向世界各地，出现了不少巨无霸企业间的跨国并购案例。生产集中度在全球范围内大幅度提高。

销售端集中形成的"大销售"较"大生产"更为容易。当物流与通信条件改善后，直接从农场主或制造商处购买商品，销售给远方的加工者或零售商的模式较零散经营依靠佣金营利的中间商人模式，更显示出成本优势。这样的销售模式的变革，在19世纪后半叶引发了美国销售革命，出现了大型现代销售企业，形成了大型批发商。大型批发企业取代了中间商人，垄断了销售链条。与此同时，大型零售商也在兴起，发展出百货商店、连锁店等大规模销售业态，诞生出新的零售业巨头。成立于1858年的"梅西百货"（Macy's）便是其中的巨头之一。大型批发商和大型零售商倚仗高库存周转率带来的单位销售成本优势，击败了无数的中间商人和小店主，促成了销售的集中，形成"大销售"。

从"蒸汽时代"到"电气时代"，以及目前所处的"信息时代"，产业经济波浪式地向前发展。不但制造出海量的物理性财富，还创造了大量的权益性财富。人类世界中的一切似乎都在产业经济中，被改造，被创造，被制造。伴随着生产的扩张，主要生产者从小型、个人、单一经营的合伙制企业，演进到巨型、公众、混业经营的全球股份有限公司。以企业为中心，以生产为中心，形成了产业经济的基本特点。"大生产"与"大销售"确立了供给侧的基本形态。国家、企业、个人，构成了产业经济活动的三个部门。

☞ "生产过剩"吗

挣脱了自然界的束缚，人类生产从温带开始向热带和亚热带扩张，遍布全球；从地表向地下扩张，乃至整个生存的立体空间，从宏观世界向微观世界扩张，直至撕裂了原子核而迸发出惊人的力量，一切短缺问题似乎都应该被解决，但事与愿违，"生产过剩"形成的经济萧条，进而导致生产秩序被全面破坏，供给的严重不足，一直是产业经济的梦魇。1825 年英国发生了第一次波及几乎全部主要工业部门，震撼整个社会的"生产过剩"经济危机，经济进入全面萧条。随后在 1836 年、1847 年、1857 年、1866 年、1873 年、1882 年、1890 年和 1900 年都发生了类似的全面经济危机进入经济萧条。其中，1857 年的经济危机成为历史上第一次世界性"生产过剩"危机。这次经济危机源于美国的铁路建设热潮带来的"生产过剩"。其影响范围不仅是美国的银行、金融公司和工业企业大量倒闭，还蔓延到英国和欧洲大陆，引发了一阵又一阵的破产浪潮。更有甚者认为这次经济危机是美国南北战争的主要原因之一。19 世纪几乎每隔十年一次的经济危机，带来了周期性的经济萧条。经济周期性的失衡阴霾无情地抽打着"市场至上"的脸。进入 20 世纪后，经济危机的阴霾非但没有散去，而且还不断加强。1929—1933 年从美国开始的大萧条，再次波及整个世界的主要经济体，间接引发了第二次世界大战。

这是生产的问题吗？显然不是。19 世纪著名经济学家、古典经济学的创始人之一詹姆斯·穆勒（James Mill）曾这样说过"生产，分配，交换只是手段。谁也不为生产而生产。所有这一切都是中间，中介的活动。目的是消费"。消费是经济主体的根本需求，是经济活动的出发点。毫无疑问，个人是经济活动的最终消费者。企业的消费服务于生产，可以认为是生产的一个组成部分，进入了生产循环中。企业的消费形成了产业链，产品不断往下游流动，直至个人消费端止。企业消费的终点依旧是个人消费，国家的消费与之类似，很多情况下是为了向国民提供公共产品，满足个人的公共需求。从理论上说，个人充分表达自己的消费需求，可以按照自己的意愿进行经济活动，包括生产与消费。

但在产业经济中，企业是经济活动的主角。个人的生产活动大部分发生在企业组织内部，个人的生产意愿受到企业的管理与制约，个人的生产行为必须按照一定规则依据企业的意愿进行。个人的消费意愿受限于个人的收入来源，个人的主要收入来源于企业部门，准确地说是企业的分配环节，个人的经济决策是被排斥在产业经济之外的。企业的经济决策决定了产业基本，决定了产业经济的生产形态。企业的经济决策出发点在于盈利，包括短期和长期。产业经济中，利益来源于企业规模的不断扩大形成的各种类型的"垄断"。这就形成生产与消费的分离，这种分离不仅是地域和时间的分离，更是经济活动利益主体的分离。生产者与消费者形成了互相独立的利益主体。生产者与消费者之间通过分配、交换两个经济活动环节联系起来。因此，生产过剩的问题，既是分配问题，也是交换问题。终归是生产与消费的互动问题。

生产与消费的互动有两种方式，一是市场调节，二是政府调控。市场调节由来已久，与产业经济相伴相随。市场调节的核心思想是用分配、交换环节中形成的价格信息和生产者的盈亏来自动形成供给与需求的均衡。市场调节形成了市场经济模式，"市场经济"一度成为"产业经济"的代名词。从18世纪亚当·斯密提出市场这只"看不见的手"，认为"市场机制本身驱使近代社会的经济不断发展"起，市场调节一直被英美奉为经济发展的"圣经"。19世纪古典经济学思想发展到了巅峰。以"供给创造其自身的需求"的萨伊定律提出为标志，普遍认为充分发挥市场机制，一般不会发生任何生产过剩的危机，更不可能出现就业不足。这些放任市场自由调节的经济政策，还有一个大家更为熟知的名词是"右翼"经济政策。然而，一轮又一轮的经济危机，一次又一次挑战"市场"的普适性。"大萧条"之后，基本宣告了"完全由市场调节达到均衡"的失败。

"大萧条"之后，全面兴起了"政府调控"的"左翼"经济政策。有别于市场调节机制依赖市场价格信息，国家调控完全依赖于国家的行政手段间接或者直接干预市场或者企业。极端"左翼"经济政策采取政府直接控制企业的经济活动的方式，生产、分配乃至消费均在事先安排好的计划下进行。国家调节的初期，因国家动员经济资源能力远超任何一家企业，均取得了显著的经济增长。经济繁荣之后，均出现了不同程度的生产不足而造成的供给短缺。"二战"后，东亚国家采取了一种温和的极权主义与市场原则相结合的"国家调控"机制，取得了巨大成功。这种模式被称为"东亚模式"。这是一种对内采取强有力的政府公营经济与民营经济相互合作，政府同企业界密切联系与协调的机制。不可否认的是，这样的经济模式导致了1997年的亚洲金融危机，造成了这些国家的经济全面萧条，影响至今。"东亚模式"依然没有解决互动问题。

事实上，为了应对大萧条，奉行市场调节机制的英美也采取了"国家调控"方式。这是一种在维护市场经济和自由民主的前提下，通过国家行政方式改变局部生产关系，而部分放弃完全依靠市场机制自我调整的政策。其代表政策是著名的"罗斯福新政"。1936年，英国经济学家凯恩斯通过《就业、利息、货币通论》一书，将国家调节的反危机政策措施理论化，进而形成了"凯恩斯主义"，成为20世纪西方经济思潮中最大的一个流派，影响了世界主要经济体的经济政策。凯恩斯主张采取赤字政策，通过国家投资拉动经济增长，缓解危机。在军事产业、经济全球化、扩张金融交易等具体做法下，凯恩斯主义取得了显著效果。然而，凯恩斯主义的经济扩张形成需求扩张也不是无限的。一方面，当政府部门的税收难以覆盖公共债务时，凯恩斯主义的经济扩张达到极限，需求扩张也随之停止，经济增长趋于停滞，失业率开始上升。另一方面，凯恩斯主义的经济扩张，特别是金融交易的扩张，刺激了货币的供给，出现了货币的供给大于货币需求的现象。其表现为商品与资产价格的上涨。高失业率与高通货膨胀率并存，形成了"滞胀"的局面，最终爆发了20世纪80年代初世界性的经济危机，经济再次萧条。之后，经济全球化启动，旨在全球范围内寻求供给与需求的均衡。在制造业的不断迁移中，世界各地产业化进程不断深化，新的需求被产业化本身制造出来。同时，以电子信息技术、新材料技术、核能技术、空间技术、生物技术构成的新一轮科技革命的开始，促使产业经济形成了新的一轮经济繁荣。同时，老牌工业国的制造"空心化"，引发国际收支失衡。

多余的产业资本在金融体系过度交易，空转形成了千禧年的互联网泡沫，2006年的"次贷危机"，最终酿成全球的金融海啸，使全球经济再次衰退，也基本宣告了凯恩斯主义的失败。凯恩斯主义依然不是放之四海而皆准的解决方案。

在产业经济繁荣的同时，经济萧条的阴霾依旧没有散去。各种经济学理论"你方唱罢，我登场"，也没有找出一个完整的解。产业经济繁荣背后的隐忧依然没有解决。

● 期待数字经济的解

大航海开拓了全球贸易的疆域，也带来了一个新经济形态的曙光。两个多世纪之后的"工业革命"，使人类摆脱了自然节律的约束，生产力得到极大发展。以企业为中心的产业经济形态确立。生产效率成为经济决策的根本选择。通信技术和物流技术的发展，将"大生产"与"大销售"推向新的巅峰。全球贸易的主要货物由最终商品转向了原材料、中间品和各种服务。大航海时代建立的全球商品贸易，逐渐转向工业革命建立的全球价值链的贸易。金融业在产业的推动下，竭尽全力将各种生产要素资本化。资本化的生产要素在全球市场流动速度有了质的飞跃。跨国企业巨头得以通过价值链贸易建立起全球化的分布式生产体系，出现了生产形式上的全球网格分布，以及消费品的总体趋同和有限度的地域差异。虽然生产要素可以在全球快速流动，但是受到习俗、宗教、政治等各方面影响，人口的居住是相对固定的。作为最终消费者的个人或家庭，购买与消费需求依然散布在不同的时空中，供给与需求的分离越来越明显。

架起供给与需求的是由来已久的市场机制。然而，"看不见的手"的有效性是滞后的，是有限的，出现了"生产过剩"，造成了经济萧条，形成经济周期。国家调控成为解决市场有限性的一条路径。凯恩斯、马克思、恩格斯不厌其烦地阐述国家宏观干预经济的重要性。美利坚成功地用国家调控缓和了经济危机，但是纳粹德国用国家机器造就了新一次全球战争灾难。苏共赢得了战争,却败在计划经济体制上。中共虽然走出了计划经济体制,用改革开放引入了市场机制,造就了全球瞩目的经济奇迹,但在经历长期高速增长之后,中国经济也日益显现出区域发展的不平衡、可持续发展动力不足、经济增速持续放缓等困难。

当全球产业经济发展遇到一个新瓶颈时,中国提出了"数字经济"发展战略,认为数字经济将是人类社会发展的一个新的历史阶段。眼前,数字经济已成为引领科技革命和产业变革的核心力量,人类社会正在进入以数字化生产力为主要标志的新阶段。数字经济不仅在生产力层面推动着劳动工具数字化、劳动对象服务化、劳动机会大众化,而且在生产关系层面促进了资源共享化、组织平台化等。未来,数字经济将带动人类社会发展方式的变革、生产关系的再造、经济结构的重组和生活方式的巨变。数字经济将成为继农业经济、工业经济之后人类历史发展的一个新的历史阶段。

与产业经济的确立过程近似,"数字经济"的形成也不是一蹴而就的,是孕育在产业经济形态下的渐进式革新。这种变革,也许先从数字网络开始。

第二章
数字网络的产业化之路

通信的进化与数字网络的诞生

● 通信的电子化

沟通是人类的天性，自古有之。沟通是人类社会协作的基础，伴随人类社会的发展而发展。人类的沟通也许始于声音在空气中的传递，进化出语言；成型于形状在光线中传递，进化出文字。语言与文字共同构成了人类的文明。社会协作的复杂以及群体间冲突的加剧进一步推动了沟通方式的改进，出现了烽火狼烟、飞鸽传书、虎符、邮驿等一系列远距离沟通方式。这种将信息可靠地从一点传递到另一点的方法与措施，被称为"通信"。通信由信源（发射端）、信宿（接收端）和信道（传输媒介）三个要素组成。在自然经济时期，通信三要素始终依赖于人类的听觉、视觉等原始的自然条件，做出极为有限的改进。人类的通信方式维持千年，未发生明显变化。

"工业革命"后，经济发展形成了对通信强烈而持久的需求，既有交易扩张的需求，又有军事战争的需求，更有政治影响的需求，促使科学的新发现不断应用于通信。19世纪，当电学发现并应用于实用性通信后，通信的面貌开始发生翻天覆地的变化，迎来了现代通信时代，逐渐发展形成今天的通信行业。这一切由一连串相关又独立的发明事件组成。发明的历史总是充满争议的。但谁是技术的发明者的重要性，有时候不如技术的应用人，正是他们将技术应用于需求，推动了产业的形成。

先是文字信息与电学原理碰撞出新的视觉通信方式——电报。1838年，美国画家塞缪尔·莫尔斯（Samuel Finley Breese Morse）根据电流通断动作产生的电火花有无两种信号，发明了由点和线组成的"莫尔斯电码"。1843年，他使用国会赞助的资金，建立了从华盛顿到巴尔的摩之间的电报线路。次年，莫尔斯在华盛顿的国会大厦，用他自己发明并改进的电报机，向巴尔的摩发送了世界上的第一封电报。电文内容取自《圣经》中一句富有深意的话："上帝啊，你创造了何等的奇迹！"电报成为最早采用电学原理进行信息传递的方式，是一项较之前更为迅速、完整和可靠的远距离通信技术，极大地满足了当时人们的通信需求。此后，电报通信方式迅速发展，巨大的电报通信网络被建立起来。电报不只是一种通信技术，更发展成为一项产业。通信产业由此确立。前文已述，此处就不赘述了。随着其他通信方式的兴起，现在电报已经淡出人们的日常生活，仅在一些行业内使用。

接着是声音与电学原理碰撞出新听觉通信方式——电话。2002 年，美国法院重新审理电话发明这桩百年悬案。同年 6 月 15 日，美国国会通过 269 号决议，确认安东尼奥·梅乌奇（Antonio Meucci，又译"安东尼奥·穆齐"）是电话的发明人。梅乌奇终于迎来了属于他的荣誉，虽然这距他在 1860 年首次向公众展示自己的发明，已过去 140 余年。这个结果并没有改变亚历山大·格拉汉姆·贝尔（Alexander Graham Bell）是实用电话通信发明的关键人物，是真正的"电话之父"的事实。据说，1875 年 6 月 2 日，贝尔对着话筒情不自禁地喊出一句话"沃森先生，请过来，我有事找你！"标志着世界上第一部实用电话机的诞生。这是一套被一对导线（媒介）连接的两个结构完全相同的送话器（信源）和受话器（信宿），关键装置是安装在电磁铁上的振动膜片。1876 年 3 月 7 日，贝尔获得电话的发明专利，专利证号码 NO.174655。1877 年，在美国波士顿开通了第一条电话线路。同年，电话被用于向《波士顿环球报》发送新闻消息。1878 年，贝尔电话公司正式成立，标志着电话通信产业的形成。至今，电话依然在日常生活中扮演着重要角色。

最后发生的事件是将"导线"拔除。文字与语音被电子化之后，信息的传播速度有了质的变化，即时通信成为一种习惯。但是导线形成了新的束缚。随时随地的即时通信需求，促使人类去探索空间中的"电"。早在 19 世纪 60 年代，詹姆斯·克拉克·麦克斯韦（James Clerk Maxwell）就在数学理论上推导出电磁波的存在。1887年，29岁的德国人海因里希·鲁道夫·赫兹（Heinrich Rudolf Hertz）用实验证实了电磁波的存在。1895年，年仅20岁的伽利尔摩·马可尼（Guglielmo Marconi）在赫兹实验的基础上，发明了一种采用电磁波进行信息传递的装置。1896年，他用他的演示装置在英国首次获得发明专利。次年，他成立了"无线电报及电信有限公司"（Wireless Telegraph & Signal Co., Ltd.）。1899年，他发送的无线电信号穿越英吉利海峡，建立起了英法之间的无线电通信装置。1900年，马可尼的"调谐式无线电报"获得了著名的第7777号专利，但他依然不断改进完善自己的发明，此后又获得了多项重要的专利权。1901年，无线电信号穿越大西洋，从英格兰传到加拿大的纽芬兰省。从此无线电技术成为现代通信产业的一项重要基础技术。

通信的电子化，不单是人类通信技术上的变革，解决了信息传递的速度问题，初步实现了非面对面的远距离即时通信，成为现代通信的开端，更是开启了通信技术与商业结合的进程。这个进程花费的时间越来越短。电报用了5年，电话用了3年，无线电仅用2年。这个进程不断地满足了产业经济下的"大生产""大销售"对通信条件改善的需求。这个进程让技术的发明者获得经济利益，成就了一批延续至今的伟大企业。这个进程更是推动了技术的不断迭代与完善。这个进程就是通信的产业化进程。

● 通信的信息化

通信的电子化后，接触不再是通信的先决条件，通信打破了物理的空间界限，也开始摆脱了自然条件的束缚。信息已经在人类社会中大规模传播。随着社会发展与经济活动的需求，每日都有海量的文字、声音和图像，或是通过电波，或是通过电缆，还有的是通过邮局被传递。随手截取一段《美国统计摘要》的数据：1948年的美国拥有约2.22亿千米的电话通信电缆，约3100万台电话终端，约15000家报社，3186家无线电广播电台。平均每日发生1.25亿次通话，每年约发出4000亿封邮件。在非接触的通信过程中，信息被干扰的问题一直困扰着技术人员。他们开始不断改进通信技术。电报、电话和无线电方面的技术创新不断涌现。不久后，他们就发现无论如何努力工作，硬件设备的创新始终无法突破干扰的问题。面对干扰问题，当时的科技人员一直无法从变化中的电信号中，真正分辨出信息与干扰。

要解决通信中的干扰问题，就要从通信的各种变化的信号中分离出信息来。要完成这项工作，首先要认识信息，抽象定义信息，将信息作为一门学科来研究。人类需要像认识空间、热量、力量一样认识信息。事实上，三个世纪前物理学发展遇到了类似的瓶颈问题。牛顿开创性地重新定义了一些含糊不清的传统概念，抽象概括并量化定义了力、时间、质量等一系列物理名词。这不但开启了物理学的新纪元，还开创了科技研究的新方式。这一切随着数学、物理学等基础科学在通信中的应用，而变得清晰起来。1927年，贝尔电话实验室的工程师哈利·奈奎斯特（Harry Nyquist）提出了著名的奈奎斯特采样定律[1]，为连续信号采样与恢复提供奠定了理论基础。1928年，哈特利（Ralph Hartley）研究了用多幅度电平信号传输数据，发现了在给定电信号强度和可容忍的误差下有个通信量的上限。1939—1942年，最佳线性滤波器（Kolmogorov–Wiener）被提出，线性噪声与信号的分离问题在数学上得到解决。1947年，弗拉基米尔·亚历山德罗维奇·科捷利尼科夫（B. A. Kotelnikov）提出了基于几何方法的各种相干解调[2]，又向解决非接触通信干扰问题迈进了一大步。克劳德·艾尔伍德·香农（Claude Elwood Shannon）站在巨人的肩膀，走上了科技的历史舞台。他创立的三大定理构建了经典信息论的理论框架体系，应用至今。早在1938年，香农将逻辑代数的思想运用到电子电路的设计上，完成了被誉为20世纪最重要的硕士论文——"继电器与开关电路的符号分析"。逻辑和电路，离散与连续，之前毫不相干的两项技术，被不寻常地组合在一起，擦出了神奇的火花。这是连续信号离散化的一线曙光，更是数字化通信的开端。之后，他在1948年发表的《通讯的数学原理》和在1949年发表的《噪声下的通信》，阐明了通信的基本原理，定义了信息熵的基本概念，并用bit作为信

---

[1] 为不使原波形产生"半波损失"，采样率至少应为信号最高频率的两倍。
[2] 解调是从携带信息的已调信号中恢复消息的过程。

息的量纲衡量，给出了通信系统的模型和信息量的数学表达式，奠定了信息学的基础。香农的理论在不确定性与信息、信息与熵等一系列信息概念间架起了数学的桥梁。信道容量、信源统计特性、信源编码、信道编码等一系列基本技术问题便迎刃而解。

与此同时，贝尔实验室研发出一种可以取代任何真空管的全新小型电子器件。这是一种可以实现真空管功能，但比真空管效率更高、体积更小，更容易集成的器件。在手掌大的面积内，真空管也许只能放下一个，而这种器件可以容纳数百个。最终这种器件被集体投票命名为"晶体管"[①]。晶体管的发明开辟电子设备的微型化、经济化、普及化的新道路。作为晶体管的发明者，肖克利、巴丁和布拉顿由此获得 1956 年的诺贝尔物理学奖。1957 年，7 位风华正茂、学有所成、处在创造能力巅峰的青年才俊跟随罗伯特·诺伊斯（Robert Norton Noyce），一起创办了有"半导体工业的摇篮"美称的仙童半导体公司（Fairchild Semiconductor）。十年之后，1968 年，诺伊斯又创办了另一家更为著名的芯片公司——英特尔公司（Intel）。这两家公司都对全球电子通信业的发展起到了重要作用，成为计算机技术普及与发展的关键基础。

信息学与电子学的发展，促使通信由连续的模拟信号向离散的数字信号转变。在这样的转变中，信息被更加简单地分离出来，并且被更为便利地计量，通信的可靠性得到极大加强，通信中的干扰问题得到妥善解决。信息得以被加载在数字化的离散信号中，在国家间、企业间，乃至个人之间传递。人类的力量在信息的流动中释放出来，又一个新的时代到来了。正如蒸汽机引发了"工业革命"，1948 年的信息论和晶体管开启了"信息时代"。

● 通信的网络化

通信的及时性和可靠性问题解决之后，现代通信技术成为信息传递的主要方式。人与人的主要沟通方式由接触式的即时信息传递转为非接触式即时信

---

① transistor，由 transconductance（跨导）和 varistor（压敏电阻）两个单词合并而成。

息传递。人类的沟通需求不仅是信息传递，还有信息的互动。信息的互动包括信息的双向即时传递，信息的传播与反馈，以及信息的提炼与记录。现代通信技术在信息互动上显得笨拙不堪。要么如广播式传播信息，但又不容易得到反馈。要么如电话式的点对点双向互动，但又难以提炼与记录信息，且难以扩张。无线电报似乎是一种解决方案，可以向空间扩散电磁信号方式传播信息，又可以通过接收空间中的电磁信号得到反馈。事实也是如此。从晚清起，在中国蓬勃发展的电报业，一直是民国时期的主要互动沟通的方式。凡遇大事，必将"通电全国"。通电全国是一种以众多的受众为目标的明码拍发的"公共"电报，接收者收到电报后，通常会刊登在报纸上继续传播。据统计，有案可查的通电，1912 年 33 次，1913 年 40 次，1917 年 72 次，1920 年 67 次，1922 年 97 次，1926 年 50 次，1927 年 51 次。"不读通电，则民国无史矣"成为民国史研究者的一致认知。无线电报方式传播的信息有限，以文字为主，又需要依赖专业的电报人员，无法满足非接触通信的互动需求。

  这个需求的满足得益于军事用途，甚至是战争对科技的推动。军事需求通常是不考虑经济成本的，一大批新理论、新方法、新技术和新设备得以在军事用途中大展身手。1936 年，英国数学家艾伦·麦席森·图灵（Alan Mathison Turing）提出了一种将人类的运算过程抽象，由一个虚拟的机器替代人类进行数学运算的计算模型，这被认为是现代计算机的理论雏形。出于军事密码破解的计算需求，"二战"期间英国科学家在图灵理论的基础上研制出"科洛萨斯"机（Colossus），并投入了军事用途。这台电子计算机装置事实上是人类第一台计算机。第一台被世界公开承认的计算机是 1946 年在宾夕法尼亚大学诞生的"ENIAC"。在参与"ENIAC"研制过程中，冯·诺依曼（John von Neumann）完成的"一个全新存储程序通用电子计算机方案 EDVAC"（Electronic Discrete Variable Automatic Computer）研究报告成为一篇划时代的文献。这份报告广泛而具体地介绍了制造电子计算机和程序设计的新思想，奠定了电子计算机的基础。

  晶体管、集成电路、大规模集成电路，一项又一项电子器件创新，推动电子计算机产业快速发展起来。电子计算机的体积不断减小，计算速度越来越快，存储数据越来越大，最为重要的是造价和使用成本越来越低。电子计算机也从军事科研用途走向民用领域，越来越多的企业参与其中。1951年，国际商用机器公司（IBM）聘请冯·诺依曼任科学顾问。1953年4月，发布了第一台存储程序计算机——IBM 701。次年，推出了适用于会计系统的IBM 702大型电脑，标志着电子计算机从军用领域向商用领域扩展。1955年，贝尔实验室研制出世界上第一台全晶体管计算机TRADIC，电子计算机进入了晶体管发展阶段，同时出现了管理计算机运行的专用程序，成为操作系统的雏形，以及FORTRAN等高级编程语言。电子计算机开始在数据处理上推广开来。1964年4月，IBM发布System 360电脑，预示着电脑从工商业到科学界的360度的全方位应用。360电脑还首创了"兼容性"概念，这个概念一直影响至今。"开放兼容，共赢共荣"成为数字产业化的标志。事实上仙童公司的集成电路研发慢了半拍。早在1958年，德克萨斯州仪器工程师杰克·基尔比（Jack Kilby）首先发明了集成电路，并因此获得2000年诺贝尔物理学奖。但仙童半导体公司的诺伊斯在集成电路的商业推广上似乎更胜一筹，成功将集成电路应用到阿波罗登月飞船的计算机上。这个示范效应推动了集成电路的商业应用。真正让电子计算机普及的是1971年11月问世的英特尔4004微处理器芯片和同时期开始出现的计算机操作系统。一群怀揣梦想的年轻人，抱着"破坏性"创新的想法，在自己的"车库"开始了普及电子计算机的商业活动。研制和销售实用化的微型电子计算机迅速成了他们的主要商业方向。短短几年，这批车库企业就把微机发展成了大气候，同时也发展出延续至今的伟大企业。"苹果"（Apple）就是其中典型代表之一。老牌高科技企业自然不甘寂寞，凭借着资本优势进军微机行业。技术密集型产业与资本密集型产业不同的是技术的先发优势大于资本优势。大企业进军微机行业也是苦苦挣扎，举步维艰。既有外部投资者的压力，又有企业内部的质疑。IBM就是其中的代表。"瘦死的骆驼比马大"，一款名为"IBM-PC"的IBM出品的个人电子计算机在1981年面世。与众不同的是，这是一款开放的机器，不但采用了通用微处理器英特尔8088，运行微软公司

（Microsoft）提供的 MS-DOS 操作系统以及第三方独立软件公司配置软件，而且 IBM 还放弃了垄断配件和软件的权利，公开个人计算机的全部技术文件，允许所有人进行仿制与匹配。仿制与改进 IBM-PC 迅速在世界各地兴起。个人计算机由此普及开来，走进了小企业、学校，甚至是家庭用户中。不到十年的发展时间，个人计算机不仅成为个人的数据处理终端，还成为个人的通信终端。IBM 的举动没有影响到自身的商业利益，仅 1982 年 IBM-PC 就销售了 25 万台。此后相当长的一段时间，IBM-PC 几乎成了"个人计算机"的代名词。IBM 也走出低谷期。

这个变化也是源于一项军事需求引发的创新——ARPANET 网络。为了满足分散指挥点的军事需求，1969 年受美国国防部委托，科研机构进行了电子计算机信息交互的联网研究。电子计算机间采用数据交互方式的通信形式开始崭露头角。不过此时的数据通信是在运行相同的操作系统的计算机间进行的。随着网络分布的广泛和接入节点数量的增加，这个相同操作系统的条件制约了电子计算机间的通信需求。可以实现在不同硬件设备和操作系统上通信的 TCP/IP 网络协议被开发出来。1983 年，TCP/IP 协议正式替代 NCP，成为被绝大部分计算机通信网络共同遵守的规则。电子计算机进入了网络发展时代。

在数字网络上的计算机的数据交换只是前奏，而利用计算机进行人类信息的交互才是定式。1989 年，蒂姆·伯纳斯·李（Tim Berners-Lee）开发了一个所见即所得的超文本浏览/编辑器，成为世界上第一个 Web 服务器和 Web 客户端。这是一项简单而实用的发明，通过一种超文本方式，可以把不同计算机的信息结合到一起，并通过超文本传输协议（HTTP）在不同的服务器间跳转检索信息。这项发明被正式定名为 World Wide Web，即我们熟悉的 WWW。WWW 技术实现了通信的网络化，赋予计算机网络强大的生命力。在此基础上发展而成的 Web 浏览方式，赋予计算机网络多姿多彩的形象。蒂姆的伟大之处不但是开发 WWW 技术，而且将此项技术毫无保留地免费公开，自己做一个学术的研究者和中立者，表现出一种真正献身科学的学者风范。这充分体现了"开放、协作、平等、快速、分享"的互联网精神，正是这种精神推动着计算机网络从军事科研用途扩散到普通居民的日常生活之中。旧时王谢堂前燕，飞入寻常百姓家。《数字化生存》作者准确地指出：1989年是Internet历史上划时代的分水岭。通信的网络化，由此开始。

正如无数以个人名字命名的小公司推动了"工业革命"一般，以"贝尔实验室""国际商用机器公司"（IBM）、"英特尔公司"（Intel）、"苹果"（Apple）、"微软"（Microsoft）、"网景"（Netscape）为代表的一大批"曾经"或"现在"的初创公司，把人类社会拉进了"信息时代"。它们中有的成为"百年老店"，有的消失在历史长河中。它们背后的推动力虽然不乏战争需求，也闪现着政府的影子，但是真正形成合力的是整个社会活动的需求，归根到底是人类的沟通需求。

数字网络衍生出一个庞大的产业

● **飞入寻常百姓家**

从1969年计算机网络的诞生，到1989年WWW技术的发明，信息技术的飞速发展依然没有改变计算机是科技新贵"堂前燕"的事实。年近不惑，依稀记得孩童时代"计算机要从娃娃抓起"的声音；依稀记得那时参观计算机的场景，那是一个被"供"在专门的房间中的机器，显示着一串串单调而又枯燥的字符；依稀记得那时向大人们提出的问题"计算机是什么""计算机有什么用"，总会得到"这是电脑""运算速度比算盘快数千倍""计算机能做很多事情"的答案。计算机网络？闻所未闻。又过了三十年，无论是在繁华的大都市，还是宁静的小山村，你去问今天的中国人，"互联网改变了我们的生活吗？"几乎没有人会给出否定的回答，甚至还会鄙视你的愚蠢。这是不言自明的事实。

这前后三十年的发展为何有如此之大的不同？也许有人会回答这是产业发展的特点，从专业用户向普通用户发展。也许有人会说这是计算机技术不断发展的必然趋势，技术的成熟促使更多廉价而高效的计算机产品走向市场，这些回答，也许并不准确。俯首拾起一个汽车产业发展的例子就会发现，一个产业的普及并不完全依赖于技术的成熟，也不依赖于先发优势，更不依赖于时间的长短与社会的演进。1888 年，奔驰生产出世界上第一辆供出售的汽车。1893 年，美国的第一辆汽车诞生。二十年后，美国的汽车生产量为 48.5 万辆，是当时居世界第二位的英国汽车产量的 15 倍。汽车从贵族的玩物，成了大众的消费品。不同产业沿着不同的路径发展，而这些路径背后也许有着必然规律与逻辑。回首产业的发展史，拨开笼罩在产业发展上的技术外衣，才能窥见背后逻辑。这个规律和逻辑，也许就是解决现实问题的钥匙。

前三十年的发展历史，前文已述，不再赘述。后三十年的发展，可以用“丰富多彩”一词来概括。第一个网页在 1991 年诞生了。虽然这只是一个简陋的 WWW 技术介绍页面（见图 2-1），但创造了一种人与不同计算机即时信息交互的新方式，较之前的文件传递方式，更加便捷与规范。目前这个网页依然存在，有兴趣的读者可以前往 http://info.cern.ch 浏览。从此，计算机网络分裂出三个定义范围不同的概念。从广义到狭义依次是，“互联网”“因特网”“万维网”。目前，三个概念趋于统一。本书不再区分三个概念的差异，统称为“数字网络”。

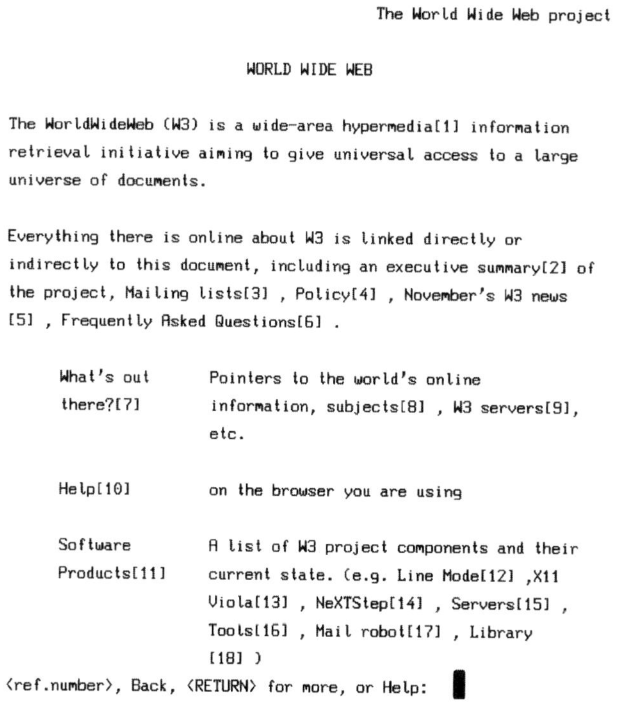
The World Wide Web project

WORLD WIDE WEB

The WorldWideWeb (W3) is a wide-area hypermedia[1] information retrieval initiative aiming to give universal access to a large universe of documents.

Everything there is online about W3 is linked directly or indirectly to this document, including an executive summary[2] of the project, Mailing lists[3] , Policy[4] , November's W3 news [5] , Frequently Asked Questions[6] .

What's out there?[7]	Pointers to the world's online information, subjects[8] , W3 servers[9], etc.
Help[10]	on the browser you are using
Software Products[11]	A list of W3 project components and their current state. (e.g. Line Mode[12] ,X11 Viola[13] , NeXTStep[14] , Servers[15] , Tools[16] , Mail robot[17] , Library [18])

<ref.number>, Back, <RETURN> for more, or Help:

图 2-1 第一个网页

输入命令的交互方式依然不够直观与方便，用户需要一种更为直观的交互方式。1993 年，一种被称为 "NCSA Mosaic 浏览器" 的具有图形界面的网页浏览工具软件被开发出来，网页信息浏览方式变得更为直观，在当时广受欢迎（见图 2-2）。浏览器技术也成了点燃互联网浪潮的火种之一。

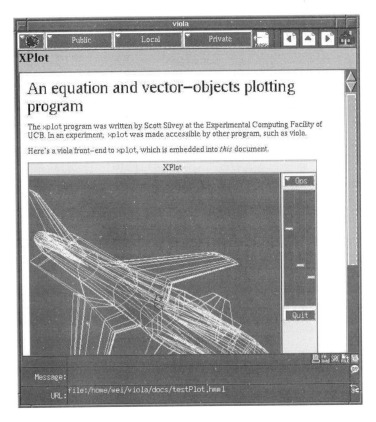

图 2-2　早期的浏览器界面

Mosaic 浏览器毕竟是高校赞助的非营利组织开发的产品，在用户体验上败给了后来者。1994 年，性能更为稳定可靠、浏览速度比 Mosaic 快 10 倍的网景浏览器被开发出来，用户浏览信息的体验较之前有了明显提升。据说，短短 1 小时，网景浏览器就被下载数千次，成为互联网尚在普及中的 20 世纪 90 年代的一个传奇。

后面的故事，大家就越来越熟悉了。自 1994 年起，行业进入了快速发展形成产业时期。先是英特尔发布了一款名为 Pentium 的处理器芯片，实现了 CPU 指令的并行化和增加了浮点运算，使计算机处理声音、图像、视频等数据的能力大为增强，计算机迎来了多媒体应用的新阶段。接着，微软发布了桌面式的图形操作系统 Windows 95，让普通用户告别了通过敲击命令与计算机交互的时代，开机即可直接进入普通用户图形界面，一直沿用至今。同时，Windows 使操作系统开创性地实现了系统自动检测硬件设备变化。"图形界面"与"即插即用"的功能使计算机的使用门槛大大降低，越来越多的普通民众开始接触计算机、使用计算机。随后，越来越多的资本进入了互联网行业，互联网产业创新和普及的速度大幅度增加。

历史翻到这一页，背后的原因呼之欲出。从技术上看，电子计算机诞生的前三十年发展路径是更小的体积，更快的处理能力，更可靠的产品质量，更低的产品价格。从产业发展上看，遵循着政府部门的需求，吸引社会资本投入相关技术的研发。一旦获得技术突破后，企业迅速形成产品，不但销售给政府部门，还向企业用户推销。企业的采购需求，逐渐形成了商用市场。同时，拥有技术的企业依靠技术的垄断优势打击潜在竞争者，阻止更多的企业进入行业，以获得更多的利润。而企业自身的员工和初出茅庐的学生却成了行业最为有利的潜在竞争者。他们要么利用自己已有的技术积累，要么依靠学校的各种基金支持，进行新技术的研发，形成技术突破。这些人迅速成立公司，在挑战行业既有企业同时，又形成了新的垄断。1955 年肖克利离开贝尔实验室在美国硅谷建立了肖克利半导体实验室。八位精英离开肖克利半导体实验室创办仙童半导体公司。一批批人才从仙童半导体公司跳出，创办众多今天耳熟能详的行业巨头，如英特尔、国民半导体公司、AMD 等。这个时期数字网络的需求主要来自美国的企业部门和政府部门。经过产业兼并浪潮后，美国各行业的前三大公司掌握着绝大多数市场份额和资源，新兴的信息技术企业基本上都在为这些大公司服务。这时候信息产业的发展路径，与"工业革命"时期没有太大区别，沿着产业经济的思路飞速发展。企业依然以生产为中心，扩大生产、降低成本是企业的核心问题。企业的所有者依然主要依靠通过自身企业的盈利获得收益。

后三十年的发展就开始有变化了。这个变化最直接的体现是企业开始注重用户体验，将更为简便地使用计算机、使用网络作为一个发展方向。无论是WWW技术的问世，还是浏览器技术的发明与改进，抑或是视窗系统的推出，无不透露出企业对用户体验的关注。进一步看，这是技术对个人需求的尊重。人类天生有着信息交互的需求。数字网络空间的建立初衷就是信息交互，只是建立之初仅用于计算机间的信息交互，而忽视了人与数字网络空间的交互，更不用提用户体验。也许仅仅是为了解决某些现实问题，出现了一种确实改善了人与数字网络交互方式的技术创新，推开一扇数字空间信息交互方式的新大门。越来越多的人被这种神奇的数字空间所吸引，为改善数字空间的交互方式所工作。起初，吸引这些人的可能仅仅是兴趣。人们逐渐发现这是一个可以实现更广泛交流的空间，是一个改变信息交互方式的空间。虚拟的网络背后是一个个真实的人，一个个有着天生交流需求的人。越来越多的人开始意识到人类的信息交流不是大众传媒式地推给消费者，而是独立个体间的双向互动，非接触的即时信息交互将成为一种普遍现象。信息交互方式的改变影响到个人生活方式的改变。这时，商业的气息就进来了。与之前传统产业不同，无论是创业者，还是投资家，都清楚这是一个全新的产业，很难短期看到盈利。原因有二，一是政府采购行为很难影响产业的盈利格局；二是数字网络空间的产品实质上是提供一项公众服务。只有用的人越多，每个用户的单位成本才能越低，最后趋近于零，也就是说这是一项边际成本几乎为零的产品。那么不断改善用户体验，降低用户使用门槛就成了首要考虑目的。一条数字产业化的新路就这样被"走"出来了。尼葛洛庞帝在其1996年出版的《数字化生存》一书中就勾勒出这条路的场景。数字化、信息化、网络化使人的生存方式发生了巨大的变化，并由此带来一种全新的生存方式。事实上，当时已经有越来越多的人看到了数字网络将成为生活的必需品而投身于数字网络行业中，数字网络也开始飞入世界各地的"寻常百姓家"。

● BBS 推开了数字产业化的大门

毫无疑问，个人的交互需求推动着在数字网络民用化的发展。在这个过程中，数字网络进化出若干简单但实用的核心应用，例如电子邮件、文件传输协议（File Transfer Protocol，FTP）、"电子公告板"（Bulletin Board System，BBS）以及原始的网络游戏。其中 BBS 成为数字网络主要创新和商业发展的母体，影响至今。简单地说，BBS 是虚拟化的网络交流场所。早期的 BBS 仅是一个分类信息的发布工具，用来公布股市价格等信息，没有文件传输功能，甚至最早只能在苹果（Apple）计算机上运行。但随着站际连线和自动互传信息的功能被开发出来，BBS 在不特定个体间的信息交互优势开始显现出来。在 BBS 上发布自己的文字信息，与远方的陌生人进行互动是使用 BBS 最早的需求。人们总是会寻找自己感兴趣的信息进行阅读，对自己感兴趣的话题进行互动，一个个有特定讨论内容分类的交流空间开始逐渐形成。人们给 BBS 起了一个更为形象的名字——论坛。20 世纪 90 年代到 21 世纪初，论坛一直是主流的数字网络应用，曾经有上百个论坛被建立。与网络出现之初相似的是，最初的论坛维护者都是出于兴趣的义务劳动者。在中国，比较知名的论坛有北京的轻松快车和长城、广州的新月、深圳的 Data Express、珠海的西点等论坛。值得一提的是，在这些论坛的维护者中，走出了不少后来叱咤中国互联网的风云人物。例如，腾讯的马化腾曾是深圳的 Data Express 的站长，金山软件公司的求伯君曾是珠海西点的站长。随着数字网络的普及，特别是个人电脑的价格和上网费用的下降，越来越多的普通个人用户加入了数字网络的行列。论坛成为当时普通数字网络用户最早，也是最主要的应用。纯文本信息的论坛对于软件技术用户来说，也许正合口味，但对于普通用户来说一定是枯燥而单调的。基于 HTTP 协议，集成了文字、图像、动画、影视、音乐等多种媒体信息的 Web 讨论环境被开发出来。多彩多姿的多媒体网页给普通用户带来了更好的网络体验。但是，带来的另一个问题是维护技术难度和成本的增加。由于现实的需求无法被满足，商机由此出现。创业者抓住这样的商机，创办了一系列新兴互联网企业。商业模式继续进化，这些企业有的走向了公司化运营的社区论坛，不仅为用户提供一个信息互动的平台，形成大量丰富而有价值的信息，而且给用户提供了一个分享经验和交流感情的空间，让用户找到了成就感和归属感。例如在新三板上市的天涯社区，他们依靠论坛的活跃人群，吸引更多流量，依靠页面广告将流量变现。有的走向了门户网站，例如搜狐、网易、新浪，他们将数字网络上的各种信息、应用、数据等资源整合到一个综合平台上，以统一的界面展示给用户，并在这个平台上实现用户与平台的互动，进而建立企业与客户的、企业与企业的沟通渠道。他们依靠为企业提供沟通渠道服务挣钱。门户网站掌握了数字网络民用化初期的主要用户入口，显示出极高的商业价值，因而在资本市场上获得极高的溢价。门户网站和商业化的论坛成为数字产业初期的一个重要标志。

BBS 的最初应用还有价格信息的发布。在价格信息的基础上，增加了供求方的一些基本信息，出现了电子商务的雏形。在进一步的演进过程中，逐渐集成了货币支付系统，改进了物流体系，完善了信用系统，最终演进出数字产业化最为强壮的电子商务应用。

电子商务的发展可以追溯到发生在 1995 年的一个美好的爱情故事。皮埃尔·奥米迪亚（Pierre Omidyar）为了解除酷爱 Pez 糖果盒的女朋友寻找同道中人交流的苦恼，以 Auction Web 为名，建立起一个 Pez 糖果盒爱好者之间信息交流和藏品互换的拍卖网站。网站很好地满足了 Pez 糖果盒、芭比娃娃等物品爱好者交流与交换的需求，在收藏者中迅速推广开来。随后，这个网站发展成为年营业收入超百亿美元的庞然大物。它就是大名鼎鼎的 eBay，即 C2C 电子商务的经典案例。同年，另一个当时默默无闻的网站在一群阅读者中孕育发展起来。这是一家在数字网络上售卖图书的书店，形成了最初的 B2C 商业模式。为了能在字母顺序检索中占得先机，这家企业就以地球上生物繁衍最丰富的亚马逊河（Amazon）命名。两年之后，这家电商公司在美国 NASDAQ 证券交易所上市。二十五年之后，这家公司发展成一家市值相当于十四个半通用电气（GE）的互联网巨头企业。

电子商务生在美国，长在中国，绝不是一句玩笑。在大部分人的意识中，中国电商起源于阿里巴巴、卓越、当当、京东等企业。事实上，中国的第一笔网络电商交易诞生于1998年3月18日的北京友谊宾馆内。当然，从现在看来，这仅是一次示范性的电商交易。网络商家是一家名为"世纪互联通信技术有限公司"的企业，而消费者是浙江电视台播送中心的王轲平先生，出售的商品是世纪互联通信技术有限公司的100元上网机时。费用通过中国银行的长城卡进行网上支付。今天看来，这就是一次非常典型的普通网络购物行为，然而在当时却是惊天动地的创新，以至于世纪互联通信技术有限公司在北京友谊宾馆举办了新闻发布会。事实上中国银行早在1996年就开通了数字网络的支付服务，只是当时缺乏应用场景而被忽视。中国电子商务真正起步于服务外贸型中小企业B2B模式的兴起。从1997年开始运行的中国商品订货系统（CGOS）到1999年开始创业的阿里巴巴，都是B2B的代表。在B2B电子商务的发展过程中，B2C和C2C电子商务也在中国孕育和发展。两者几乎是同步出现的。

2000年7月，易趣网推出个人网上售卖服务，开了中国的C2C的先河，初期同样获得了巨大的成功，仅一周时间就吸引了5000多"尝鲜"开店的个人用户。2003年，阿里巴巴的淘宝网上线，引发了C2C平台间的惨烈竞争。2005年9月，腾讯依靠社交软件QQ的流量优势，也推出了C2C网站——拍拍网，将C2C的平台竞争推向高潮。然而，数字网络的普及、支付的顺畅和物流的迅捷三个痛点困扰着电商的发展，这三个痛点涉及的领域都是垄断企业的经营范围，即电信企业、银行和邮政。随着数字产业的发展，越来越多的初创企业通过数字网络的创新涉足这些行业。数字化支付工具解决了网银支付流程复杂且缓慢的痛点。私营物流企业的兴起，解决了邮政物流效率低下的问题，也成就了现在的物流巨头。电信运营商的分拆，以及私营网络服务提供商（ISP）的出现，一定程度上降低了用户接入数字网络的成本。真正成就C2C电商的是2008年的金融危机。外贸受阻，大量物美价廉的外贸商品被迫转向国内销售。外贸品不能从正常的渠道销售，也难以用品牌向消费者传达价值信息。销售渠道从外贸以及依附于外贸的B2B电商转向面对个人用户的C2C电商。大量普通消费者被物美价廉的商品吸引到数字网络中，电商的交易量开始逐渐放大，也间接促使了中国 B2C 电商的发展。时至今日，C2C 电子商务模式开始退出主流电商领域，而在二手交易场景中大放异彩。其中，既有个人商户的诚信问题，更有 B2C 电商的迅速崛起，降低了消费者选择的机会成本。

中国的 B2C 也是从书籍和软件销售开始的。1999 年，由传统软件销售公司北京连邦软件公司参与投资的 8848 网站建立，也许这是中国第一家传统企业转型电子商务的案例，成为当时 B2C 电子商务的典型代表。1999 年，还发生了一件对于电子商务发展影响深远的事件。这就是由国家信息产业部推动，《人民日报》及多家数字网络媒体主办的"72 小时网络生存测试"。在一个接通数字网络的房间内，志愿者使用主办方提供的 1500 元现金和 1500 元电子货币（等值于 1500 元人民币的电子支付额度），以电子商务形式解决三天的基本温饱问题。这次社会实验暴露出了网络销售商品种类单一、物流缓慢、电子支付不畅等电子商务的痛点。电商销售的商品以书籍和 IT 产品为主，涉及的生活品类极少。依附于银行支付系统的信用卡电子支付，支付确认时间以天计算，几乎无法满足电子商务的支付需求。物流以店家自送为主，成本高昂，以至于有的店家在这次测试后，叫停了网上的销售活动。更残酷的事实是数字网络在当时"高处不胜寒"，远离了普通大众。这也许是 8848 网站最终失败的原因之一，天时不利。在 C2C 电商的推动下，电子商务的影响范围越来越大，受众越来越广。B2C 电商因其信誉高于 C2C 模式，解决了消费者用更便捷方式，买到品质有保障的商品的需求。越来越多的线下消费者被更好的网上购物体验所吸引，成为 B2C 电商的客户。由此兴起了一批风云一时的电商公司，例如本土的卓越、当当、京东、天猫，以及海外的亚马逊、新蛋等。经过十年的市场竞争，大多数 B2C 电商公司已落幕或者退出市场竞争，基本上形成了天猫与京东的寡头竞争格局。

数字网络极大地提升了商品交易的效率，改变了商品的交易方式，也改变了人们的生活习惯，改变了批发和零售业的大销售格局。商品的交易可以被抽象成交易达成与交易完成两个阶段。在传统商业模式中，这两个阶段是一体的，交易达成即完成，简单地说就是"一手交钱，一手交货"。在产业经济形成的"大生产"格局下，生产者集中度越来越高，与消费者之间的距离越来越远。这个距离不只是物理距离，还有经济上的距离，交互上的距离。为了实现钱货两清，生产者与消费者中间插入了中间商，成为商品流通的渠道。中间商要么是大销售背景下的垄断企业，例如沃尔玛；要么分割成众多层级，例如多级代理商制度。不但商品流通的效率低下，而且供需双方信息梗阻。生产者不得不用品牌来传递商品价值信息，用促销手段汇聚消费者的需求。数字网络建立起来的电商平台，创造了另一种商品交易方式，将交易的达成与交易完成分拆成两个步骤。在平台上达成交易，通过物理世界的物流，完成交易。这个交易方式的实现，依赖于数字网络建立起的一套交易机制和信用机制。更抽象地看，得益于数字网络带来的信息传播效率提升和产业经济高度发达带来的物流通畅。这与大航海时代全球贸易的形成是相似的。当然，平台运用各种制度形成的信用背书也是不能忽视的因素。

电子商务形成的新的商品交易方式，虽然没有改变生产者与消费者之间的物理距离，但是拉近了两者信息传递的距离。依赖于数字网络空间，生产者与消费者开始可以"面对面"地交流互动。生产者可以用消费者的体验，而非单一的品牌传递商品的价值。商品的价值信息在数字网络中以网络化的方式迅速传播。生产者开始可以更为准确地倾听消费者的声音，洞悉消费者的需求，消费者的选择开始打破时空边界。相对于个体的选择能力，消费者的选择接近于无穷大。消费者接受生产者传递价值的方式突破了品牌的局限，可以从更为广泛的渠道感知生产者提供的价值信息。生产者与消费者在数字网络中建立起"点对点"的交易渠道，交易的效率得到极大提高，交易"中间人"的作用式微，以大超市、大百货为代表的柜台化集中式销售模式日渐凋萎。电商成为数字网络产业化最为出色的一环。

● 数字网络开始融入个人生活

电子商务对社会生活的影响仅仅是商品交易这一个层面，而人类是社会性动物，社交是人类的天性，是更大的需求。显而易见的是，人们在地理空间的社交活动，有一部分时间成本和经济成本将耗费在为寻找社交对象的物理移动上。通过把 BBS 用户注册信息进行分类聚合，形成 SNS 社区（Social Network Service，社会性网络服务），推动了人们的社交活动。人们在地理空间的活动范围相比于数字网络空间小得多。因此，该应用一经推出便大受欢迎。

SNS 社区中的用户网络社交圈映射了真实的好友关系。个人在物理世界的社会活动可以全方位地展示在数字网络空间。个人在数字网络空间的活动也能走进现实生活。个人生活层面将数字网络空间与物理世界彻底融合，民众已经开始淡化，甚至于不区分数字空间与物理世界的社交活动。一个典型的例子就是"网友"一词的消亡。"网友"是一个用于区分虚拟世界和现实世界的朋友的专有名词，曾被无数中国 80 后网民追捧，现今已经鲜少有人提及。

早期，这些 SNS 网站是为了建立同学间的联系。国外有 1995 年成立的 Classmates.com，国内有 1999 年出现的 China Ren 校友录。真正的 SNS 网站鼻祖当属 Friendster。2003 年，Friendster 通过个人主页推出交友创新模式，在美国掀起了第一波 SNS 浪潮。同时期，国内也涌现出不少类似的网站，但大多已经销声匿迹。谁也没想到的是，如日中天的 Friendster 最终被两年之后才从哈佛大学寝室上线的脸谱网（Facebook）打败，彻底退出 SNS 行业，转型为一家网络社交类游戏公司。国内的 SNS 网站发展路径也大致相同。他们模仿 Facebook 的商务类 SNS 社区，在学生市场，特别是大学生市场发力。2005 年成立的校内网率先垄断了大学生用户 80% 以上的市场份额。此后，开始转向白领市场。2008 年，凭借着"偷菜""抢车位"等轻游戏社交应用，开心网横扫整个白领圈，也引爆了 SNS 市场。SNS 行业迎来一波发展热潮。创新的匮乏，同质化的社交产品竞争，用户的吸引力不断下降。更重要的是这个时期的 SNS 网站简单地将用户的社交等同于游戏的互动，粗暴地分割了数字空间与物理空间的社交互动，用户的真正社交需求并没有得到满足。大量 SNS 社交网站因此逐步消亡，而以即时通信工具为切入点的腾讯，开始在 SNS 行业中崭露头角，成为新的 SNS 社交霸主。

SNS 社区在发展过程中，不断开放社区，引入第三方应用，丰富 SNS 社区的用户体验。当嵌入移动支付、商品售卖、金融服务、生活服务等日常生活应用服务后，SNS 社区蜕变成承载人们日常生活的平台，打通了数字空间与物理空间的两个应用场景，显现出惊人的社会力量。以市场为导向的平台化电商开始受到以场景为导向的 SNS 社区销售模式的挑战。交易双方不再是一成不变的两个主体，他们的身份互相转换。交易的达成不再是卖方向买方单线的价值信息传递，而变成网络化的商品价值信息传递，推开了场景化销售模式的大门。数字网络在 SNS 社区应用加持下，成为一个更基础的存在，上面生存着边界明确的社群"部落"。数字产业化打开了更为广阔的空间。

● **数字产业化全面开花**

从 BBS 的内容索引功能，演进出搜索引擎，最终走上商业化道路，走出了数字网络的巨头企业，如雅虎（Yahoo）、谷歌（Google）、百度等。早期信息索引只能在独立的 BBS 运行。BBS 的信息量有限，用户查找信息需求并不强烈。随着 BBS 演进出门户网站、商业化的社区论坛、电商平台之后，用户在海量的 Web 网页面前，快速找到自己需要的信息的需求越来越强烈。在网络爬虫技术、检索排序技术、网页处理技术、大数据处理技术、自然语言处理技术等一系列技术的成熟，以及 Web 相关规则建立后，索引技术最终发展成为能够跨越不同 Web 网页的搜索引擎。Web 网页及其应用的蓬勃发展为搜索引擎提供了源源不断的信息资源，搜索引擎不断壮大。搜索引擎的发展改变了广告业的发展模式，广播式的、无差别的大众媒体广告生存空间被有针对性的、个性化广告宣传不断蚕食。商业逻辑也悄然发生变化，利润不再从使用者身上直接获取，而是从其他方面间接获得。最终，个人消费者的"免费"使用，成了数字网络的一种普遍商业形式。搜索引擎的发展还促进了大规模数据存储、处理技术的出现与成熟，以及人工语言处理技术以及人工智能技术的应用与成熟。这些技术从数字网络的应用中脱颖而出，扩散到其他应用领域。

通过 BBS 表达个人感悟、思想，甚至演化出了博客（blog）。数字网络的普通用户一直不甘于和普通电视观众一样，做一个信息的被动接受者，而更希望是一个表达者。BBS 一定程度上满足了用户这样的需求。BBS 发展成为商业化的论坛和门户网站之后，普通用户的声音又被淹没在海量的信息中。1999 年，免费使用的 Blogger（博客）软件出现了。这是一种可以每日自由记录、发布自己信息的软件，是一种更好地表达自己思想、情感的工具。用户开始从各种论坛中出来，加入博客队伍。Web 2.0 时代的到来，使博客的使用门槛进一步降低，便利性得到有效提高。博客以惊人的速度发展起来，不少博客事件成为大众热点。企业看到了越来越多的潜在用户在博客上活跃，发现了新的商机。2004 年，博客走向商业化。博客使用门槛的进一步降低，不同社会阶层的人都可以便利地使用博客，表达自己的情感，分享自己的社会经验，并找到与自己共鸣的人。来自社会底层的草根声音开始在数字网络空间日渐响亮。为草根服务，成为众多成功企业"公开的秘密"。从某种意义上来说，数字网络空间动摇了传统社会层级，推进了社会的平等。"你"成为《时代》周刊 2006 年的"年度人物"。这是对数字网络中所有内容的使用者和创造者的充分肯定。当年《时代》周刊的解释是，社会正从机构向个人过渡，个人正在成为"新数字时代民主社会"的公民。时至今日，博客已经发展成主流网络应用之一。

随着手机的普及率提高，移动互联网技术的成熟，随时随地表达的需求已然显现。更轻松、更方便、更自由地分享，把正在做什么、想什么、看到什么记录下来，并分享给其他人成为一种内心的渴望。也许是早期移动互联网的网速有限，也许是早期移动终端的处理能力限制，简化了个人电脑端的博客功能之后，推出了非正式的迷你型博客，被称为"微博"。最早也是最著名的微博是 2006 年诞生的美国推特（Twitter），而在国内更为知名的是 2009 年推出的新浪微博。用户可以通过移动终端、即时通信软件，甚至是外部应用程序接口自由地发布消息，改变了单一使用电脑发布消息的局面。因为使用更为灵活，界面更为简洁，浏览信息更为方便，所以微博得到迅速普及。微博的普及推动了移动互联网的发展和智能手机的普及。就这样，新的需求又被创造出来，新的智能手机产业蓬勃发展。

随着视频技术和高速移动互联网技术的成熟,分享自己的方式又被改变。比图文博客更直观地表达自我的需求催生了视频分享模式的出现,把自己录制的视频节目通过网络发布成为分享自己的新方式。视频分享方式的初期,新鲜、轻松、搞笑的方式博得了大量眼球。先有后舍男孩的搞笑表演,后有胡戈"馒头"的热闹上市,再有如火如荼的恶搞大赛,用视频分享自己得到快速发展。先后出现了YouTube、优酷、土豆等一系列视频网站。不可否认,视频分享是一种比电视、电影更为有效的商业视讯传播手段。视频网站可以让用户参与视讯的传播过程,而不是简单地被动接收。在用户的参与中,影视公司也能更好地了解用户需求,生产出更多符合目标客户的影视作品。在商业化浪潮的冲击下,分享自己的视频网站转而开始传播影视作品,通过用户付费和广告获得商业收入,形成了一个新的产业。2020年初,一场突如其来的疫情席卷了神州大地。为了阻止疫情扩散,政府不得不作出影院关门的决定。春节的影院黄金档期戛然而止。视频网站意外地成为新的电影发行渠道,并取得巨大的成功。此外,分享自己的个人数字网络用户转向直播方式。这种随时、随地、不带彩排的视频分享自己的方式被认为更真实,更接地气,逐渐流行起来,进而演进出场景式的互动购物销售模式。分享自己,获得收益,成为普遍的商业认知,商业的面貌开始改变。消费者的需求信息不再是简单地表达在价格的高低上,而是呈现全方位表达的趋势,生产者也开始不用再猜测消费者的需求。供给与需求在价格信息之外,架起了新的信息桥梁。

BBS互动问答功能演化出专业化服务提供模式。个人的技能、经验、知识、智慧、观点可以通过数字网络分享给需要的人,为他们解决工作、生活、学习中遇到的各种问题,为自己获得经济利益。数字网络不仅连接着计算机,还连接着每个使用者的大脑。虽然"免费"是数字网络发展的精髓,但是专业性的养成和知识的形成花费了大量的时间和经济成本,"免费"提供的内容是有限度的。提问者解决问题的需求,促使"打赏"这种更为专业的咨询服务的"专业付费"模式形成。千千万万的网络用户用自己的知识、智慧、技能、经验,在平台上为需求者提供低成本高质量的专业服务,从而获得收益。专业技能的付费模式在数字网络中不断成长壮大，出现了"知识付费"模式。知识的传播者或筛选者通过数字网络直接向知识的获得者收取报酬，而不需要通过流量或广告等其他方式获得收益。在此过程中，知识的供给者与需求者可以不断地互动，知识传播的效率大大提高，知识传播的成本不断降低。用户愿意以较低的价格获取知识，平台可以为有特殊需求的客户提供解决疑难问题的专业化建议。在知识、技能、经验数字化的过程中，已经构成了完整的产业链，融合现有的教育、出版、广告、咨询服务等服务业商业模式，成为一个规模化的数字产业。

BBS 中的帖子修改功能演化出 Wiki 模式，通过多人修改维护让结构化的知识逐渐明晰。传统上每个帖子只有发帖人和管理员有修改权。当把这种修改权扩大到所有查看该帖的用户时，新的模式就诞生了。显然，多人的迭代式的更新，可以让帖子表达的内容更为清晰。在此基础上，2001 年，吉米·威尔士 (Jimmy Wales) 和拉里·桑格 (Larry Sanger) 创建了 Wikipedia（维基百科）。这是一个人人参与，人人编辑，充分保护每个网民对知识的理解权和表达权的百科全书。随后短短数年，大量的类 Wiki 软件网站开始在世界范围相继出现，内容涉及科技、社科、文娱、翻译、时政等方方面面。多人编辑，共同维护成为这个模式的一个主要创新。2006 年，搜索引擎巨头百度推出百度百科，各大门户网站都推出了自己的 Wiki 站点。正如 Clay Shirky 在《未来是湿的》一书中所述，一旦交流成本降低，人们更渴望连接在一起。Wiki 模式正是满足了人们这样的需求，从而获得了大量关注，特定关注的营销模式也产生了。

BBS 的评论功能演化出数据挖掘行业。通过汇总网友评论中的各方意见，分析讨论热点，判断舆论发展趋势。随着评论数量的增加，人工分析变得越来越困难，由此设计了计算机程序自动统计，进而发展出自动分析的算法。云计算的普及使数据挖掘形成了一条完整的产业链。数据挖掘也从 IT 行业走向社会生活的方方面面。

数字网络从一个简单的应用开始，沿着需求的路径不断成长，形成了一个又一个产业级应用，出现了一个又一个新的行业、新的职业以及一种新的生活方式。数字产业化的浪潮汹涌澎湃。

数字产业化进程的两点思考

● **业界要有前瞻性的认知**

　　1998 年 6 月 25 日，比尔·盖茨在旧金山 Windows 98 操作系统发布会上的发言中提到，"PC 和互联网将成为生活必需品，目前还没能够达到这一点，但我们肯定我们正处于实现这一目标的轨道上，届时，它们将像汽车一样普遍"。1998 年美国人均拥有汽车数量是 1.05 辆。美国贸易部的调查报告显示，同年互联网使用率为 18.6%。十年之后，美国互联网用户将超 2 亿人，普及率将提高至 66.8%。

　　2008 年年末，马云发出了一个豪言壮语，"如果银行不改变，我们就改变银行"。当年，智能手机刚刚普及，移动支付尚不知为何物。B2C 的电子商务刚刚起步，受到支付不畅的困扰。当时的网络支付不但需要银行的网银账户的支持，而且支付过程烦琐，时间冗长，时常出现支付受阻或重复支付问题。支付宝的业务屡受监管关注，甚至于公开批评，有效创新严重不足。支付体验差到马云都忍不住在 2010 年的支付宝年会上公开痛骂"烂到极点"。与此同时，西方世界正在经历"金融海啸"，消费骤减，国际贸易受阻，全球经济进入衰退期。银行业自顾不暇，无心亦无力进行任何改变。时至今日，不但银行变了，还实现了移动数字支付，彻底改变了我们的日常支付习惯，改变了零售场景的货币使用习惯。足可见其目光之长远，态度之坚定。

　　企业失败的问题，归结起来就两点，一是"脑袋过热"，二是"脑袋不热"。"脑袋过热"一般出现在初创企业和经济繁荣时期。基本上会有"吹"下"暂停哨"的人，效果就依赖于管理层对"暂停哨"的重视程度。"脑袋不热"一般出现在成熟企业和经济衰退期。大部分情况下，无人意识到这个问题，等到这个问题暴露出来时，企业已经走上了衰退的道路，尾大不掉，柯达就是鲜明的例子。1975年，柯达工程师发明了世界上第一台数码相机。但在推进摄影技术数字化时，柯达采取了保守策略。柯达管理层大约是看到初生的数字影像技术拙劣的成像、昂贵的成本，在当时缺乏需求，忽略了数字影像在传播上的便利性和技术发展的无限可能，没有将其进一步商业化。等到柯达发现数字摄影技术开始挑战传统摄影模式后，为时已晚。虽然柯达也陆续向市场推出了数码相机，但因其便利性、可靠性不佳，市场反应一般。柯达的数字摄影业务在与日本电子企业的竞争中落败。当传统摄影技术淡出主流摄影领域时，柯达公司的生命也就走向了终点。2012年1月19日，具有131年历史的柯达及其美国子公司提交破产保护申请。"脑袋不热"是大企业的通病，缺乏"吹哨人"是常态。企业繁荣之后的衰退，大约皆源于此。

　　世界潮流，浩浩荡荡。每一个时代的开启，总会出现一些快速崛起的"新贵"。我们应顺势而为，而非逆流而动。我们还要区分顺应趋势变化的创新和自吹自擂的标新立异。这就需要业内人士放开想，大胆提，放开干。业内人士，特别是那些资深人士，对行业的痛点和需求有很深的理解。认真分析痛点背后的成因，谨慎推理解决思路，最终可以形成一套有针对性的解决方案。这些解决方案综合起来会形成极具前瞻性的观点与思路。这些观点与思路有些可能是对现有体制机制的完善，有些可能是颠覆性的创新。正如工业革命打破了自然节律迸发出巨大的生命力，数字网络打破物理约束，提供无穷无尽的应用想象空间。颠覆性的创新观点和思路会在数字网络空间大规模出现，并长期存在，其中的一部分将变为现实。在很大程度上，领军者的作用不在于创造了什么，而在于预测了什么或者顺应了什么。因此，在合适的场合，提出前瞻性的观点和思路，形成认知新高地，有助于数字产业化的发展，有助于推进数字经济的发展，有助于整个社会的进步。

● **需要国家强力的支持**

　　首先，政府的直接采购需求和主要政策支持是一个产业发展初期最重要的支持手段。一个错觉是美国的数字产业化，特别是民用领域的发展，是市场需求与资本推进的结果，实际情况是背后有美国政府的大力支持。早在1992年，美国总统发表的国情咨文就明确指出，计划用20年时间，耗资2000亿～4000亿美元建设美国国家信息基础结构（NII），作为美国发展政策的重点和产业发展的基础。同年，克林顿在其竞选文件《复兴美国的设想》中强调，20世纪50年代在全美建立的高速公路网，使美国在以后的20年取得了前所未有的成果。为了使美国再度繁荣，就要建设21世纪的"道路"，它将使美国人得到就业机会，将使美国经济高速增长。1993年9月，美国正式宣布，将实施信息高速公路计划，该计划旨在全美范围内，利用通信、计算机、多媒体、软件、数据库等不同信息技术，建立将人们的工作、生活、科研、娱乐等融为一体的国家高速信息网络。由此可见，1994年数字网络元年的背后是美国政府的推手。千禧年前夕，美国白宫科技顾问委员会发布了旨在推进信息技术基础研究的《面向21世纪信息技术研发战略》。一年之后，美国就对此增拨18%的开发预算。之后不久，美国境内信息行业企业逐渐走出困境，利润持续攀升，税后利润从2001年亏损344亿美元到2002年盈利5亿美元。

　　中国的数字网络发展依然离不开政府的强力支持。首先，早在电子数据交换时代，政府领导组织开展"三金工程"（金桥、金关、金卡），为电子商务发展期打下坚实基础。"金桥工程"推动建立了国家共用经济信息网。"金关工程"推动了外贸信息电子化和网络化。"金卡工程"则推动了货币电子化，提升了支付的便利性。而千禧年前后的"政府上网工程"，推动了数字网络在中国的普及，也推动了数字产业化的发展。这些举措更推动了数字网络向个人用户、普通用户的延伸。2010年之后，发展互联网、发展数字经济更是在政府的大政方针上频频出现，而且越来越重视。但是，随着产业发展进入正轨，政府的主要支持转为引导，而非直接干预了。

其次，只有政府才能调整既有的行业利益格局，打破行业垄断，激发创新热潮。为打破电信行业垄断，美国政府于 1996 年颁布了《1996 电信法》。该法案允许任何人或者公司参与电信领域的竞争，打破了区域电信垄断格局，互联网服务商以及普通民众因此降低了电信线路的使用费，从而有效地降低了互联网的使用成本，为数字网络的蓬勃发展奠定了坚实的基础。个人、非营利组织、公益机构等普通用户有机会以经济上可以承受的方式，去接近正在形成的先进通信互联网络。

最后，政府容忍创新带来的风险。新的技术，新的行业，新的产业一定有未知的风险。风险可能来自现有体系，或者将现有体系内的风险放大。例如，P2P 就是民间借贷风险在数字网络的无限放大。之前的民间借贷是熟人间的资金拆借，资金的供需双方互相了解，或者有个大致了解。而在数字网络空间，资金的供需双方已经打破了地域限制，信息的真伪难以从日常的交互中得到证实。失去了熟人关系的约束，P2P 的风险就被无限放大，终成庞氏骗局。有的风险来自创新落地本身。无论是商业创新，还是技术创新，落地应用之后，一定会带来不可预知的风险。谁曾想到今天如日中天的支付宝，在移动支付诞生之初，各种盗用问题层出不穷。政府的容忍，不是"甩手掌柜"的放任不管，而是给予创新落地的空间后，站在一旁"静观其变"，并教育参与者敬畏法律的尊严，尊重市场规律，有限度地自由参与。当创新带来的风险超出预估范围时，才需要伸出"看得见的手"，进行干预，而不是"一禁了之"。

第三章

数字经济就在"明天"

飞奔在产业数字化的路上

● 数字化，服务业先行一步

纵观整个通信技术的发展历史，通信技术一直是以产业为主要服务对象的。通信企业的成长也依赖于产业对通信产品与服务的需求。由通信产业演进形成的数字网络产业最早也是服务于产业的需求。只是服务的领域非常专业，不被广大民众所知而已。随着数字网络越来越多地进入人们的日常生活，改变了人们的日常生产生活方式。数字产业对传统产业的影响不仅体现为服务和满足传统产业的需求，更是改变了传统产业的面貌。以银行为代表的服务业，以提供专业化的服务为主要生产过程。服务业企业的生产行为可以认为是信息的再加工过程，天然具有数字化的优势，走在了产业数字化的前列。我们来一窥银行业的数字化变革。

以中国大陆的银行支付的发展为例。早期支付采用的是专用机密通信（信件或电报）传递支付信息，用手工记账、对账的方式，完成支付交易。大型计算机在银行系统应用之后，账务的处理逐渐被计算机所取代。此时支付完成时间，短则数天，长则数周。1991 年 4 月，中国人民银行以专业卫星通信网为依托，建设的全国电子联行系统投入试运行，迈出了中国异地跨行支付清算业务处理电子化的第一步。电子联行因其高效性被推广。特别是 1995 年实施的"天地对接"工程，进一步提高了电子联行系统的处理速度。支付业务的完成时间减少到 2~3 天①。与个人生活更为密切的银行卡业务也是在银行业务与数字网络互相融合发展后而推广开的。信用卡的雏形最早出现在 20 世纪初商品经济高速发展

---
① 励跃. 中国支付体系 [M]. 北京：中国金融出版社，2017:15.

时代，是商家对个人消费者的一种赊销形式。在20世纪50年代，以大来俱乐部 (Diners Club) 为代表的服务于赊销消费者的第三方服务机构创立，标志着信用卡业务的出现。这些机构发行了统一的身份凭证卡片进行赊账。商家用拉卡机，即单据复写机，将客户身份凭证卡凸起的号码部分复写在三联单上，并让客户签名确认交易金额，作为记账依据。之后，商家凭记录信息与发卡机构进行清算。"拉卡"一词由此而来。这是在没有数字网络条件下的信用卡业务场景。美国银行看到了信用卡业务的巨大需求和发展潜力，涉足信用卡行业。银行业逐渐取代了俱乐部形式的第三方服务机构，成为发行信用卡的主体。国内的情况也相差无几，不过发行机构一开始就是银行。第一张信用卡是1985年中国银行珠海分行发行的中银卡（见图3-1）。信用卡的交易既需要"拉卡"与签名，还需要商家用电话向银行核实，支付过程烦琐，效率低下，信用卡使用范围有限，仅是一种身份与地位的象征。1993年国务院启动了以发展电子货币为目的、建设以电子货币为依托的各类银行卡应用系统工程，也就是俗称的"金卡工程"。这是数字网络与银行卡业务的紧密结合，以银行卡等为介质，货币流通通过数字网络空间，以电子信息转账形式实现，极大地提升了支付效率，信用卡业务也是在这个时期起步的。2002年中国银联成立，进一步促进了银行卡业务与数字网络的融合，实现了银行卡的全国联网通用，提升了跨银行、跨地区，甚至跨境使用银行卡的便利性，信用卡业务也迎来了一波发展高峰。人们日常的支付习惯，逐渐由现金支付转变为以信用卡为主的银行卡支付。可以说数字网络改变了银行的支付业务，是产业数字化的一个典型。

图 3-1　中国第一张信用卡

银行业的数字化不再限于支撑业务的后台，还有面向客户的前台。早在1998年，招商银行就推出了网上银行业务。此后，随着数字网络的逐渐普及，"商业银行网站"成为商业银行在数字网络空间的"新柜台"，涉及业务从账户查询等简单信息服务开始，逐步演进出网银模式。在数字网络空间的网银，不再受物理网点服务时间的限制，几乎可以随时为客户提供服务。也没有服务地域的约束，只要客户有数字网络，就能提供服务。也没有排队时间上的等待，网银提供的服务几乎是即时性的。随着网银使用体验的不断改进，网银的易用性不断提高，特别是电子商务的发展，网银得到了普及。越来越多的个人用户开始使用网银。网银的服务也从小额支付，扩展到理财、信贷、外汇等全方位金融服务。企业网银也在数字网络的普及浪潮中得到发展，并逐渐普及。网银已经成为商业银行不可替代的"柜台"，全面改变了传统物理网点柜台的运营方式。两个"柜台"间不再是替代关系，而是互相协作的关系。这就是银行服务数字化的另一种表现形式。

在银行业的数字化进程中，成立于1987年完全由企业法人持股的"体制外"股份制商业银行——招商银行走在前沿，取得巨大成功。招行将产业与数字网络紧密结合，运用数字网络带来的信息传递效率的提升，互动范围的扩展，极大地提升了产业效率，获得比行业内竞争对手更大的优势。据2019年财报，招商银行的利润总额928.7亿元，是中国银行业中除了四大国有银行之外，利润总额最高的银行。

数字网络与银行的支付业务还演进出了第三方支付产业。1998年年底，由北京市政府与中国人民银行等国家部委共同发起的"首都电子商务工程"诞生了"首信易支付"，成为中国最早的第三方支付企业之一。早期的第三方支付仅仅局限于建立一条新的线上资金流转和结算渠道，没有真正洞悉电子商务与线下交易的根本区别，没有在第三方支付的基础上建立第三方信任平台而推进电子商务的发展。早期的几家第三方支付只能在有限的几个支付场景中进行市场博弈，对电子商务的推进作用有限，自身的影响也十分有限。最终，被依附于电商平台和社交平台的第三方支付企业追上并赶超。

另一个错觉是移动支付是数字产业化的结果，事实上是产业的数字化催生了移动支付。移动支付的开端是商业银行的电话银行、短信银行以及手机银行。因为支付中的安全问题，商业银行的移动支付缺乏足够的应用场景，除了手机银行成为网银的外延之外，其他方式都没有发展起来。通信运营商与银行清算组织也进行了移动支付的尝试。2003年，中国银联与中国移动共同出资成立联动优势，试水短信、WAP代收费等移动支付业务运营。业务仅限于手机话费的支付以及通过专用的小额账户进行有限度的支付。支付场景没有打开，支付需求非常有限，联动优势的移动支付也没有发展起来。倒是基于个人电商应用场景和个人人际关系应用场景的数字网络支付发展起来了。在手机高速上网和智能手机的普及下，特别是进入移动网络的4G时代，数字网络支付从桌面端延伸至手机端，形成了新的移动支付模式。在中国，形成了数字产业中的两大支付巨头，支付宝和微信。因此，大部分人认为是数字产业化催生了移动支付，改变了人们的日常生活。

从历史上看，服务业一般走在运用新科技的前沿，从电报到电话，再到计算机，以及现在的数字网络。服务业的数字化进程，推动了数字产业与传统产业的结合，给其他产业与数字网络的结合提供了参考范式。从现实来看，2018年，第三产业、第二产业、第一产业中数字经济占行业增加值的比重分别为35.9%、18.3%和7.3%。[①]

显而易见，服务业的数字化仅仅是产业数字化极其微小的一部分，服务业先于其他产业数字化只是数字化先行，并不代表能先于其他产业完成数字化。服务业的数字化完成的基础是其他主要产业数字化的基本完成。

● 制造业的数字化是产业数字化的关键

在一个完整的经济体内，除了服务业，还有以制造业为主的第二产业，以及第一产业。第二产业和第一产业的产品主要是物理世界的实物产品，与数

---

① 来源：中国信息通信研究院。

字网络空间存在天然隔阂，数字化进程缓慢。当这些产业的数字化基本成型后，产业数字化将全面确立。我们将制造业、种植养殖业等以提供物理实物商品的行业称为"传统产业"。

传统产业早在数字网络的发展之初，就开始与之亲密接触。在国内，2000年1月19日，在中国万网（一家成立于1996年的中国互联网应用服务提供商）倡议下，产业用户、互联网企业和媒体共同发起成立了"中国企业上网服务联盟"。在政府补贴和媒体推动下，一场轰轰烈烈的企业触网建站的活动便拉开了大幕。大量传统产业的公司建立了自己的网站，部分公司还开通了自己的电子商务渠道。2000年也被定义为中国的"企业上网年"。在美国，传统产业公司"触网"热潮也在大致时段出现。沃尔玛、凯玛特等传统大型零售企业都开通自己的网络销售平台。投资者普遍认为互联网化后的传统公司将取代数字产业中的新兴企业，从而开始抛售数字产业公司的股票，无意间刺破了美国股票市场上的互联网泡沫。以数字产业为代表的纳斯达克指数在2000年一年内，较高点跌幅达到50%。然而经过20年发展，传统产业与数字产业依然泾渭分明，传统产业依然沿着"大生产"的传统路径发展，而数字产业在数字网络空间中蓬勃发展，创新出大量的产品、服务以及商业模式，不断满足人们各种各样的需求，并逐渐从数字网络延伸出来，触及物理世界。

有人认为形成这样的局面是传统产业的数字化仅停留在企业的经营层面，准确地说是销售层面，没有深入企业整个经济活动中，没有将企业内部的财务信息化数据、管理信息化数据、生产自动化数据等孤岛数据串联起来。这确实是企业数字化过程中面临的主要问题。企业在不同阶段建立的信息化系统，天然地存在数据格式不统一，信息安全标准不一致，通信协议互不兼容等诸多问题。因此，有人提出了工业互联网，也称产业互联网这一概念。这个概念的产生，源于奥巴马时期美国"重振制造业"的战略，以及在2012年推出的"先进制造业国家战略计划"。同年，制造业巨头通用电气（GE）提出"Industrial Internet"（工业互联网，或产业互联网）概念，并联合IBM、思科、英特尔、AT&T等数字产业巨头大力推广这个概念。同时，通用电气（GE）也在大规模推进自身的数字工业业务。为了迎合制造业的数字化，业界从 2011 年美国空军研究实验室提出，被美国国家航空航天局（NASA）采用的数字孪生（Digital twin）概念中找到灵感，提出了制造业企业乃至整个产业链的"数字孪生"设想。将企业的生产过程，甚至经营过程，通过数学模型抽象到数字网络空间，在数字网络空间制造一个与物理世界无限接近的数字孪生体。运用云计算技术、数据挖掘、机器学习技术等一系列最先进数字技术对企业的数字孪生体进行优化迭代，形成指导改进物理世界中企业的生产、运营的策略，推动传统企业降本增效，从而形成数字红利。在数字红利的加持下，这个模式可以从优势企业横向扩散到同行业，纵向延展到产业链的上游，进而实现传统行业数字化的目标。因此，有人甚至提出"数字孪生是智能制造系统的基础"的观点。随即，"数据挖掘""智能+"等一系列围绕着制造生产数字化的产业数字化路径也被搬上舞台，创造出了协鑫光伏的典型应用案例。他们运用云计算技术与深度学习技术，挖掘并优化与良品率最相关的 60 个关键参数，将切片生产过程的良品率提高 1%，每年为协鑫光伏节省上亿元的生产成本。这个案例发生在 2018 年，故而有人将 2018 年定为中国的工业互联网元年，称之为"互联网的下半场"。

如果将视野放大一些，很容易发现，中国的工业信息化发端于 2002 年党的"十六"大上提出的"信息化带动工业化，以工业化促进信息化"。在 2007 年的党的"十七大"后，逐渐形成了"两化融合"的发展理论，并一直延续至今。"两化融合"具体来说是将信息技术广泛应用到工业企业经营活动各个环节中，成为工业企业经营管理的常规手段之一。信息化与工业化不再是单方的带动和促进关系，而形成了融合发展态势。两者在工业企业的生产、采购、销售等各个环节和企业管理的全方位进行相互交融。经过十余年发展，两化融合的实践也不断根据现实情况的变化而不断改进，制造业与互联网融合取得显著成效。根据"两化融合服务平台"提供的制造业与互联网融合第 9 期（2019 年第 3 期）数据[①]，工业云平台应用率为 44.8%，全国生产设备数字化率为 47.4%，关键工序数控化率为 49.7%，应用电子商务比例为 61.2%，数字

---

① 来源：http://cspiii.com/dhlj/sj/.

化研发设计工具普及率为 69.7%。从这组数据我们看到了一个大踏步迈向数字化的制造业。而另一组数据是：实现网络化协同的企业比例为 35.5%，开展服务型制造的企业比例为 25.6%，开展个性化定制的企业比例为 8.3%，智能制造就绪率为 7.9%。反映出另一个事实：制造业的数字化，仅仅停留于表层，并没有影响到产业链的协同关系，也没有影响到企业运转的基本方式。没有网络协作，没有服务型制造，没有个性化定制，没有智能制造的制造业数字化与自动化生产又有什么区别呢？只是流水线长一点，人少一点，设备正常运转时间长一点罢了。将最先进的数字技术引入传统行业，是产业数字化的必要条件和关键前提。从技术上说，成功是比较容易的，而从企业的整体发展上，乃至产业数字化进程来看，就不是那么简单的事情。通用电气（GE）在大规模推进数字化业务的同时，正在经历业绩不振的煎熬。特别是 2017 年，GE 经受了公司百年发展史上最严重的业绩滑坡。资本市场也对此做出反应。GE 股价在 2016 年结束了自"金融海啸"之后的上升势头，急转直下。2017 年市值下跌约 45%，同期道·琼斯指数上涨 25%。2018 年又继续大跌 26%。2019 年才逐步企稳。目前 GE 的市值已经缩水至不足 600 亿美元，仅为成立近 15 年的脸谱网（Facebook）的 1/7。已拥有数字化业务（GE Digital）的 GE，与竞争对手相比具有先发的优势。GE 的庞大产业形成了广泛的客户基础，拥有较高的品牌声誉。GE 也是一家有着雄厚的研发团队，有着创新传统的公司。但在数字化的进程中，缺乏"开放、协作、平等、快速、分享"的互联网精神和思维，不愿意开放共享数据平台，与合作者缺乏良性互动，GE 的云平台无法形成良性的闭环盈利模式。

　　制造业的数字化是产业数字化的关键，是产业数字化的核心所在。制造业数字化完成之后，既能推动服务业与制造业的匹配共同完成数字化进程，又能普及数字化配套技术，降低农业数字化成本，进而推进农业数字化进程。制造业数字化的关键在于产业思维的变革。从产业经济的"大生产"思维中解放出来，放弃企业为中心的、以生产为中心的产业思维和模式，而通过数字网络与客户互动，更灵活地响应客户的需求，逐步实现为需求而生产的数字化"柔性生产"，放弃垄断获得超额利润的思维和模式。数字网络让信息高速传播，人际互动已经跨越了地理限制。由个人经验和知识累积起来，并在个人间传播的传统产业的制造"技术诀窍"会在这样的互动中，被更快地扩散，"技术诀窍"未来难以再形成企业的垄断门槛。产业数字化，以及产业中企业的数字化，要以社会协同的精神进行，最终形成协同互利的新模式。数字网络的竞争是全方位社会协同能力的竞争。因此，我们认为的"数字孪生"不只是生产层面的"数字孪生"，更是产业全方位的"数字孪生"。具体表现是制造业企业的经济活动从线下迁移到线上。企业资产不仅有实物性的、权益性的，还有可能出现数字资产。

制造业数字化推动了农业数字化的发展

农业生产的数字化路径，从技术上看，是将物联网技术运用到传统农业中，运用移动或固定终端，通过遍布于农田的传感器和计算装置，实时了解农产品的生长情况，保障农业生产。另外，将电商直接连接到田间地头，让农业侧的需求信息与供给信息更快地传递出去，更为灵活地被响应。从而提高单位面积农产品的产量和质量，获得更高的农业生产收益。

未来的农业科技发展，也许能出现全工厂化农业生产，农产品的生产时间周期不再受到自然规律影响而变得更为灵活。此时，农业与制造业的边界将不复存在，农业将成为制造业的一个组成部分。从目前看，农业生产天然受到自然因素的影响，生产周期受到自然生长规律的影响，难以再进一步压缩。单位面积单位时间的农产品产量将较快达到一个瓶颈期。数字化赋能之后所能获得的溢价是有限的，这就影响到农业数字化大规模资源投入的能力。

因此，农业数字化依赖于更为成熟的技术和更为经济的方式。在制造业的数字化进程中，会让技术变得更为普及，装备成本更为低廉，场景应用更为贴近农业生产实际。也就是说，农业的数字化，不宜操之过急。

"数字红利"推动产业数字化的发展

● 寻找解释"数字红利"的经济学理论基础

产业中的企业本质上是营利机构,数字化的动力来源于企业数字化后形成的竞争优势带来的利润增长,利润的来源可以是数字化过程中的经营成本的下降,也可以是数字化过程与既有业务模式融合后形成的新的业务、新的盈利模式,我们称之为"数字红利"。数字红利是推动整个产业数字化的核心力量。

然而,不少案例表明产业数字化结合并不必然带来数字红利,有的甚至成为企业乃至产业的"数字负担"。我们以企业的视角观察数字红利的来源,可以很容易地发现数字红利来源的丰富多彩。再进一步提炼数字红利的经验时,突然发现技术模式可以很容易复制,而商业模式难以复制,甚至同行业之间也难以复制推广。我们可以把视野放得更高一些,从经济学的角度解读数字红利。

经济学是一门研究"两难问题"的学科,核心思想是获得均衡。自亚当·斯密的《国富论》发表以来,经济学经历了 200 多年的发展,形成了一个"分"的基本趋势,衍生出各种各样仅研究某一具体领域的"两难问题"、形成均衡的学科,从而变得越来越技术化、模型化、工具化。而亚当·斯密开创经济学的初心是如何增加国民财富。他认为经济学的核心问题是分工和专业化,形成了"古典经济学"研究范式。基本结论是经济增长中的递增报酬并非来源于规模经济,而是来自分工和专业化经济,再进一步说是分工提高了生产效率,市场促进了分工的发展。后续的研究者们,逐渐将研究方向从分工转向了市场。1890 年阿尔弗雷德·马歇尔发表了《经济学原理》,提出了稀缺论,即人类社会中的各种资源都是稀缺的,进而认为经济学应该研究如何合理地配置有限的资源，形成"新古典主义"。之后，资源的配置分裂成两个范式：政府和市场。经济学界也分出了四大门派，从左（市场）到右（政府）分别是奥地利学派、芝加哥学派、凯恩斯主义、社会主义政治经济学。他们围绕着"应该如何有效配置资源"这一问题展开了大辩论，互有胜负。这也离亚当·斯密的分工提高效率，增加财富的初心越来越远。

"有效配置资源"的逻辑前提是资源是稀缺的，而稀缺性逻辑已被动摇。产业经济打破自然节律之后，生产能力被不断放大，供给能力不再成为经济问题。经济周期形成的供给阶段性收缩，印证了供给能力普遍性不足难以成为稀缺性的理由。产业经济下，工商业的快速发展，带动资本市场的发展与成熟，权益性资产增加速度超出实体资产。商法的发展，使资产挣脱了民法下物理形态的束缚，被更充分地释放出来，出现了所谓的账面资产。这些资产往往就是账户上的数字，但其在规模水平上已经超出了民法意义上的物理性资产，成为产业经济下的资产主要形态，我们称之为"权益性资产"。权益性资产伴随产业经济发展，快速扩张，出现了日本的房地产资产比肩整个北美的现象。有人秉持资产实物化的理念，将权益性资产的释放看成经济泡沫，是金融危机的导火索，却忽视了权益性资产动员资源而投入经济活动，带来经济增长的客观事实。金融危机根源也许在于失衡，而非权益性资产的膨胀。时至今日，大部分家庭的资产由权益性资产与实物类资产构成，主要部分有储蓄、不动产、各类投资品以及实物。储蓄是对银行的债权，是权益性资产。不动产介于实物资产与权益性资产之间，其市场价格远高于其建造成本，溢价部分可以视为权益性资产。如果房产处于抵押贷款状态，房产则明确为银行的权益性资产。投资品毫无疑问是权益性资产。因此，对于大多数家庭而言，实物类资产占家庭资产的比重并不高。企业的情况也差不多，普遍情况是资产负债表中固定资产比例不高，权益性资产是主要资产类型。就政府而言，以美国为例，债务资产是主干，实体资产是末梢。因此，资产的权益化，不但极大提升了企业在经济活动中使经济资源扩张生产的能力，而且进一步提升了国家动员社会资源的能力。越来越庞大的经济资源被制造出来，动摇了资源稀缺性的基础。

所有权的弱化和使用权的强化也动摇了稀缺性的假设。美国著名经济学家罗纳德·科斯（Ronald Coase）揭示了交易价值在经济组织结构的产权和功能中的重要性，解释了企业存在的边界，并认为产权不明晰的社会是一个效率绝对低下、资源配置绝对无效的社会。由此建立了现代产权理论和新制度经济学，形成了著名的"科斯定理"。科斯定理第一条提到：在交易费用为零的情况下，不管权利如何进行初始配置，当事人之间的谈判都会导致资源配置的帕累托最优。现实情况是物理世界中的信息成本推高了交易费用，交易费用不可能为零，因此达到帕累托最优的方案只能是产权制度。在数字网络空间中，技术的充分发展，信息的边际成本趋于零，信息成本对于交易费用的影响几乎可以忽略，信息对称交易成为可能。产权制度不再是达到帕累托最优的唯一选择。交易结果的最优解，可以来自信息对称的交易博弈，即谈判方式，而非来自产权明确而形成的"私利"。所有权在经济活动中的重要性必然下降，需求可能转向使用权的获取。共享单车即为一个好的例证。骑车出行的需求，由20世纪80年代的购买单车的所有权，转向当下的购买单车在某个时间段的使用权。在经济活动过程中，唯一不能生产的是"时间"，当所有权的禁锢被打破之后，对于使用时间的有限性，产业经济不受约束的产能将严重动摇"稀缺性"假设。

"有效配置资源"的逻辑前提还有一个问题是将生产者和消费者的行为完全独立，即生产者的经济决策不受自身消费影响，消费者的经济决策也不受自身生产影响。这显然是有悖于现实生活的假设。这个假设的初衷是为了能在数学上获得简化，形成"均衡"解。无论是个人还是企业，生产与消费在现实的经济决策中是无法分离的。消费的经济决策依赖于生产，生产的经济决策又影响到消费。由此形成的均衡模型与现实存在较大偏差，用来解释现实问题不得不加入更多的假设。

因此，有效配置资源理论用于解释数字红利的产生时，存在诸多问题，这也促使我们在更广阔的视野中寻找解释的办法。

● 数字红利来源于分工的精细化

面对困惑，我们依然坚持"自下而上"的思路去探索数字红利，探求产业数字化的理论基础，而非"自上而下"设计一套新的理论。我们把视野集中于数字网络本身，再次观察数字产业化的发展历程。数字网络的发展形成的互联网精神悄无声息地改变了商业逻辑，推动了数字产业化的浪潮，产生了有别于传统企业的互联网企业。它们普遍具有三个重要特征，即组织的去中心化、经营活动的分布式，以及与用户的零距离，而这三个特征动摇了从工业革命演进出来的企业管理理论。

组织的去中心化动摇了马克斯·韦伯的"科层制理论"。科层制是一种金字塔式的层级组织架构，通过中心化管理指令向各层级传递和执行，使原本无序、无效率的组织变为有序、高效运转的组织。而在数字产业化的过程中，形成了大量扁平化管理的企业，他们以一个个组织更为灵活的团队作为基本的活动单元，应对变化的外部环境，这种组织架构几乎成为互联网企业的经典组织形式。

经营活动的分布式的特征动摇了法约尔的"一般管理理论"。一般管理理论将管理活动从企业的经营活动中独立出来，形成了一套中心化的系统管理体系与理论，实现企业内部职能的再平衡。而在数字产业化的过程中，成功地建立了商业生态圈，形成跨企业协作的例子比比皆是，电商平台就是典型例子。

与用户的零距离动摇了泰勒的"科学管理理论"。科学管理理论以提高生产率为核心目标，用实验方法研究生产管理问题，其研究成果的典型代表之一就是今天的流水线大生产。而数字产业化形成的互联网企业采用的是响应客户需求的快速灵活生产，并用快速迭代的方式不断贴合用户需求，完善产品品质。

这些变化源于数字网络中信息成本的快速下降，并趋近于零。传统的管理理论受到动摇之后，数字产业过程中形成的新的企业巨头开始摸索着形成了一套新的企业管理模式。这些企业管理模式提炼之后，形成具有普世价值的新理论，反哺传统企业。海尔集团的"人单合一"便是其中一例。海尔集团的"人单合一"商业模式，最早于 2005 年提出。"人"指的是员工，"单"指的是用户需求，并非狭义的订单。"人单合一"的核心是让员工企业行为与用户需求融为一体，员工在为用户创造价值的过程中实现自身价值。从企业运营视角来看，海尔的做法是将原本以生产为中心的封闭企业运营模式，转变为以用户需求为中心的开放企业模式。同时，将一次性交易的顾客，转向不断互动、不断参与体验的用户。企业由采购、生产、销售的固定流程，转向解决用户需求。这是典型的互联网企业的运营模式。在这个运营模式推动下，海尔颠覆了转型的路径即科层制管理模式，实现了企业的平台化；颠覆了传统的雇佣制，实现了员工的创客化；颠覆了标准化产品营销方式，实现了与用户的全面交互。企业的职能部门在信息技术的辅助下，转化成共享平台和驱动平台。共享平台为创客提供企业职能上的服务，成为企业的服务部门。驱动平台事实上是企业管理者的调控部门，其目标是根据企业运行情况，预先进行调控。此外，海尔正在探索的互联工厂和智能制造，其核心就是将企业与用户在各个层面上连接起来，实现充分的互动，这一点与互联网企业不谋而合。海尔的"人单合一"孵化出了雷神科技这样的电竞产业公司，短短的一年时间迅速成长为排名全球前五的游戏品牌。

用"斯密-科斯"组成的古典经济学理论框架可以解释海尔的案例，进而得出数字红利产生的原因。斯密在《国富论》开篇阐述了分工能够提高劳动生产率和增加国民财富，进一步说明了分工的起因是交换，并承认了市场的有限性制约了分工。科斯的交易费用理论阐明了企业存在的目的是替代市场而节约交易费用。企业采取不同的组织方式最终目的也是节约交易费用。交易费用可以分为信息成本与交易成本。交易成本又可分为交易达成的成本与交易完成的成本。交易完成的成本主要可以看成交易过程中的物流成本。在产业经济高度发展的情况下，全球制造已经成为大多数跨国企业的主要选择，企业内部的协调也存在相应的物流成本。物流成本不成为企业协调与市场交易的成本差异。所以，交易费用的主要区别部分是交易达成的成本与信息成本。交易达成的成本主要是交易信息的快速传递和交易快速匹配形成的费用。数字产业化催生的电商模式压缩了交易的层级，正在实现生产者与消费者在数字网络空间的匹配，减少了交易的中间商，降低了交易达成的费用。随着交易的不断扩张，最终单位交易达成的边际成本将趋近于零。信息成本更多地体现为信息的可信成本，或者交易违约的成本。数字网络技术的进一步发展，应用范围的不断扩大，将有可能建立起一张可信数字网络，形成新的权益保障机制，信息成本也将大幅度下降。交易费用的大幅度降低，将出现新一轮社会化大分工，劳动生产率将再次提高。数字红利最初来源于交易费用的下降，最终来源于分工的进一步扩张。

因此，制造业产业数字化的动力首先是数字技术带来的交易费用的快速下降，包括交易范围的扩大和交易时间的扩张，从而降低单位交易的边际成本。其次是数字技术带来的企业内部的分工与协作水平的大幅度提升。这个提升不仅是生产的提升，更是企业管理组织的变革。发展方向首先是现实更为广泛的分工与协作。其次是实现产业的大分工与大协作。数字技术从一个企业裂变出来之后，将扩散到产业中的相关企业。产业链上的企业可以在数字化过程中，通过多次博弈建立经济活动主体间的信任关系，寻找并扩大利益共同点，管理并缩小分歧点，形成妥协的共赢，进而加速产业链分工的细化与重组，形成新的协作方式，新的产业组织形态。最后，在可信数字网络技术的充分发展和大规模应用下，数字网络与产业将全方位融合，由此形成的制造业数字化，将会形成新的权益产生方式，而动摇实体经济领域产权基础。生产将大规模地被机器人、人工智能大规模取代，生产过程趋于自动化、智能化。制造业的经济活动将以经济决策为主，经济决策的动机将回归用户需求。产权以及为此产生的制度将不再是降低交易费用的手段，经济活动各方将通过信息透明的多次博弈达到帕累托最优，边际收益将得到大幅度提升，产权的基础可能转向使用权的获取。这个趋势的实现，不是一蹴而就的飞跃，而是逐渐融合后的缓慢演进。

● 产业数字化的演进过程

产业数字化的动力来源于"数字红利"。数字红利的形成不是将企业迁移到数字网络空间，而是打破传统产业与数字产业的"界限"，打通数字网络空间和物理世界的联系。不是去复制企业在物理空间的活动场景，而是将数字网络空间的活动场景与现实物理世界的场景有机地结合起来，形成有效互动，大幅度降低交易费用，提升分工水平，提高劳动效率。这个过程一般将经历三个阶段，先是产业的各个部分与数字网络的服务者建立起广泛连接，其次是数字产业全面渗透传统产业的各方面，最后数字产业与传统产业深度融合，形成新产业形态。广泛连接是基础，全面渗透是过程，深度融合是结果。

我们可以从个人出行产业的数字化观察这个过程。个人出行方式主要有步行、自行车、公共交通、计程车，以及自驾车。更为便捷的出行是人们的普遍需求。传统意义上，出租车是最为便捷的交通方式，招手即停。事实上，车在哪里？会不会堵车？哪里堵车都是不确定的。传统做法是将电话叫车作为一种解决方案。乘客与司机间是纯粹的陌生人，双方没有信任关系，失约成为电话叫车业务无法打开需求场景的绊脚石。当以智能手机为代表的智能终端广泛普及和有线与无线网络的广域和深度覆盖，数字网络就可以连接起供给方与需求方。通过一系列补贴推广活动，以"免费"使用的方式，将供给者与需求者吸引到应用程序端，形成了产业中各个部分的广泛连接，这和传统产业的亏本促销有异曲同工之妙。与使用者广泛连接的不仅是叫车软件，还包括地图导航应用。广泛连接形成后，互联网应用快速发展就有了基础，也就完成了第一阶段。接着是渗透阶段，用户开始习惯于通过叫车软件安排他们的出行，司机开始习惯于使用导航软件安排他们的行车路径，用叫车软件寻找客人时，数字产业的全面渗透就开始了。乘客与司机在物理世界的活动与各种应用开始结合得越来越紧密，这不但改变了传统产业中的传统习惯，也给数字产业中的公司带来了海量的数据。这些数据有一部分反馈给了传统产业中的用户，为他们提供体验更好的数字网络空间服务；有一部分留存起来，成为下一阶段产业应用的基础。在这个渗透过程中，传统产业中的各方都享受到了数字红利，获得效率的提升，整个产业的成本下降，而数字产业公司获得的是非经济利益。全面渗透不断加剧之后，需求不仅限于数字网络空间服务的改进，更扩展到物理世界。数字产业与传统产业的"化学反应"由此开始，出现了自有车辆参与平台合作运营的网约车模式。这种模式提供了更为灵活的就业形式，效率高于传统出租车公司的承包制。网约车的兴起，还推动了出租车行业改革。为解决公共交通最后一公里的痛点，出现了共享自行车模式。地图软件利用出行大数据找到为传统业服务的新营利模式，这是线上与线下深度融合的结果，更是数字产业与传统产业融合的结果，也许是产业数字化的一个范式。

从历史上看，数字产业与传统产业最早是以买卖双方的形式存在。传统产业是需求方，数字产业是供给方，双方的利益是对立的，关系并不融洽。数字产业涉足个人端后，走出了一条摆脱传统行业的发展路径，在这个路径中，两个产业间形成了直接竞争关系。数字产业在理解个人用户需求，尊重个人用户上，更胜一筹，在商品销售、零售支付、社交出行等方面取得了突破性进展，取得了显著的竞争优势，也曾一度想从线上走到线下，用"互联网+"的新经济模式取代传统产业。两个行业的客户资源的竞争演化成互相取代的直接冲突，例如传统商超与互联网商超的竞争，传统银行与"无网点"网上银行的竞争，也就出现了"互联网+"还是"+互联网"的产业数字化模式讨论。经过一阵乱象之后，人们开始发现数字产业难以取代已有两百多年发展历史的庞大传统产业，传统产业也难以一步跃入数字网络空间。两个产业回到了互动的轨道上，提出了"工业互联网"或"产业互联网"。如果两个产业间依然是以买卖关系进行互动，那么"工业互联网"或"产业互联网"与之前的合作模式在经济关系上并没有什么不同，虽然技术上较之前先进很多，依旧难以推动产业数字化的发展，最终将走上割裂数字产业和传统产业的老路。

今天我们又处在一个历史的分水岭上。数字网络通过光纤、无线通信、卫星等各种手段，编织成一张巨大的通信网络。凭借中国制造在通信制造领域的性价比优势，网络覆盖成本越来越低，通信质量越来越高。在中国，这张网已经覆盖到几乎每一个人类活动的空间，随时随地的高速上网，已是一种生活的必需品（见图3-2）。在全球，这张网覆盖范围越来越大，有更多的人被纳入这张网中。截至2019年6月，我国网民规模达8.54亿人，互联网普及率达61.2%，网民手机上网比例达99.1%，移动互联网接入流量快速增加。在数字空间中，个人已经通过各种应用与数字网络紧密地联系在一起。中国网民人均每周上网小时数高达 27.9 小时（见图 3-3）[①]。也就是说，每天人均有 4 个小时花费在上网上。如果将一天 24 小时扣除 8 小时睡眠时间之后的时间认为是可自由支配时间，那么上网时长占其中的 1/4，人与数字网络的广泛连接与全面渗透已经是事实。在不久的将来，5G 的全面应用，物联网的建立，物与数字网络的广泛连接与全面渗透，也将呈现出来。深度融合下的产业数字化，即将呈现在世人面前。

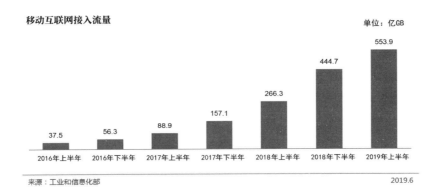

图 3-2　移动互联网接入流量增长情况

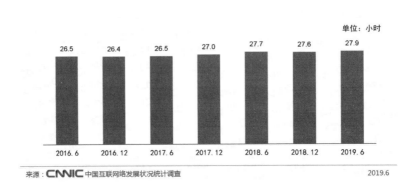

图 3-3　网民平均上网时间

因此，深度融合是产业数字化的关键，而深度融合形成的关键是利益共享。也就是说要改变数字产业与传统产业之间纯粹的买卖关系，而构建出新的协作关系，这种关系的构建根本在于数字红利的共享机制。在大多数情况下，微观

① 中国互联网络信息中心（CNNIC）.第 44 次中国互联网络发展状况统计报告 [R].2019.8.

层面的数字红利难以用传统的资产资本模型去预测,用风险定价机制去定价。这是因为在传统产业的数字化过程中,往往会出现深度融合数字化技术的全新的产业形态,这个产业形态对传统产业的变革是难以用历史数据去推断与预测的,甚至我们根本不知道会进化成什么样的形态。故而,构建一种数字红利共享机制较预测数字红利,讨论分配方案更为合适。数字红利的共享机制是权益的分配机制,更是权益传递方式。权益的传递过程是博弈的过程,在多次博弈过程中,更容易形成合理的数字红利分配机制。参与产业数字化的各方在数字化过程中获得权益,在数字空间的高效可靠的传递是产业数字化的重要支撑。实现权益的高效可靠传递也许是未来数字网络新的发展方向。

数字经济离不开数字治理

● 政务数字化演进出"信息治理"

在数字产业化和产业数字化的进程中,信息传播的结构被重塑,物理世界与数字世界的边界越来越模糊。经济活动的面貌发生了深刻变革,人类的经济活动大规模地在物理世界与数字空间中并行。纵观整个人类社会发展历史,我们可以发现国家治理形态是上层建筑的一种,其形成和发展的基础是经济活动水平,以及信息传播能力。在两者发生变化时,国家的治理形态也随之改变,达到新的耦合匹配。

如果以经济形态对社会发展阶段进行分类,大致可以划分为农业社会、工业(产业)社会,以及信息社会。农业社会形成于农业耕作技术的成熟和国家制度的建立。这一点在第一章中已有描述。农业社会向工业社会的转变发生在工业革命时期。在工业革命的过程中,资本化大生产的建立改变了经济活动的基本形态,产业经济全面崛起,资产阶级登上历史舞台,形成了以"自利"为基本出发点,以契约精神为基础的资本主义的基本经济关系和政治制度,进而演化出以选举为基础,以大规模的科层级控制为主要结构的现代国家治理范式，笼统地说就是选票体制。这个治理范式源于"大生产"形成了层级管理的企业治理模式，政府与企业、居民的主要互动方式是书面文件和会计报表，政府感知社会活动情况来源于自身的统计机构，经济活动通常被抽象成货币表示的统计数据，例如用国内生产总值（GDP）衡量国家经济状况，政府对社会活动反应措施通常存在一定的滞后。由于"大生产"的产业经济形态存在较大惯性，总体经济活动很少发生"急停急起"的情况，国家治理措施基本上能发挥作用。当出现重大危机如烈性传染病、外敌入侵时，国家机器大体上能够采用强制措施，保证国家主权范围的基本稳定。这套国家治理架构基本匹配于产业经济的发展，成就了产业经济波动中的繁荣。我们称之为"文件治理"时代。

目前，我们正处于工业社会向信息社会的更迭时期。正如工业革命中的人们没有意识到自己正在参与社会形态的更迭一样，今天的人们依然难以预测哪些事件最终将成为社会更迭的标志性事件。但是可以确定的是我们正处于这样的更迭进程中，国家治理范式的调整，已经不可避免，数字网络将以一种前所未有的力量改变国家的治理范式。事实上，这种改变伴随着数字网络的发展，时刻发生在我们身边。数字网络在民用领域普及后，政府看到了数字网络在推动经济增长，形成新的产业方面存在巨大潜力，从而大力推广数字网络。同时，为了提高政府发布信息的能力，提高书面文件覆盖范围和覆盖速度，政府从现有的国家治理架构开始政务数字化进程。早期的政务数字化集中体现在办公自动化上，简单地说就是计算机在政务办公方面的普及。接着拉开了建立政府网站的大幕。这个阶段的政府网站主要承担的是信息发布功能和政府形象宣传功能。在中国，标志事件是1999年年初，在北京举行的"政府上网工程启动大会"，这项工程带动了数字产业化的发展。一方面是数字网络技术的进一步发展，特别是Web2.0技术的出现与成熟，数字网络与用户间的互动有了新的方式。另一方面，网民人数的不断增长，在网时长的不断增加，使用数字网络进行交流的习惯逐渐养成，网民已不满足于单向信息发布的政府网站。政府网站的作用开始从信息发布，转向简单的信息互动。个人反馈自身诉求的渠道，由非官方的论坛、门户网站，转向政府官方开办的数字网络空间。政府通过海量的诉求信息，感知社会的发展。在大数据、人工智能等技术的加持下，这样的感知不仅限于政府网站本身，而且延伸、触及整个数字网络，感知获得的结果越来越接近实际，政府的响应速度相比于"文件治理"时代，获得很大提升。移动互联网的便利性，特别是数字产业深度融合传统产业后，大部分居民的日常生活被迁移到数字网络空间，居民在数字网络空间办理政府管理事项的需求越来越强烈。"数据多跑路，群众少跑腿"被作为目标提出来。政府办的数字网络空间开始被整合成统一数字平台，形成统一数据库、统一审批管理渠道、统一信息交换平台。出现了"远程办理电子营业执照""无纸化电子牌照""自动企业登记信息的数字证书"等创新政府治理产品，政府开始通过数字网络向居民提供物理世界的公共产品和服务，政府与居民的互动层次得到深化。阻碍政府通过数字网络空间提供公共服务还有一个障碍就是产业经济中形成的科层制，政府在治理过程中被分割成不同的部门。在数字空间信息处理与传播结构发生了根本性变化，可以不需要通过分割部门来提高治理的专业性，从而提高治理效率，统一的数字政务平台呼之欲出。这一平台在创建之初是整合不同政府部门的信息系统，之后发展成为多部门联合治理的数字政务平台。"一网通办""一站对外"，逐渐成为现实，办事大厅的线上线下融合发展趋势日益明显。未来，政府的实体机构和数字网络的虚拟机构将无缝对接，形成整体政府治理的数字政府，进而发展出智慧政务。由此可见，数字政务大致经历了信息发布、信息互动、服务互动、智慧管理四个阶段。目前，在中国的东部发达地区，政务数字化处于智慧管理阶段，中西部地区处于服务互动阶段。

这些得益于中国政府在政务数字化方面的建设成效。截至 2019 年 6 月，我国在线政务服务用户规模达 5.09 亿，占网民整体的 59.6%。我国 297 个地级行政区政府已开通了"两微一端"等新媒体传播渠道，总体覆盖率达 88.9%[①]。从中国常见的即时通信软件接入政府城市服务用户数量来看，政务数字化进程颇为显著，一年半时间，城市服务用户数量增长了近 50%（见图 3–4）。

---

① 中国互联网络信息中心（CNNIC）. 第 44 次中国互联网络发展状况统计报告 [R].2019.8.

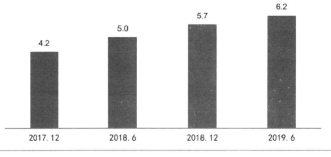

 图3-4 某社交软件城市服务累计用户数

政务数字化的核心思想是以一种更为便捷、优质以及成本更为低廉的方式，为社会公众提供更优质的公共产品和服务。政务数字化是对工业社会早期科层级官僚体系的改进，形成了工业社会后期的新公共管理、新公共服务理论和治理理论。在这些理论指导下，国家治理体系进行了适应社会发展，特别是数字网络发展的调整。调整的基础是信息传播结构的改变，调整的内容还是围绕物理世界的信息展开，调整的结果是为了保证物理世界运转更为高效。因此，政务数字化，可以称为"信息治理"时代。"信息治理"通过信息流与大数据，消解了政府部门间的行政边界，降低了工业社会政府部门之间的协同治理成本，提升了政府的透明度和行为效率，是国家治理的一次重大进步。

"数字治理"渐行渐近

人类的社会活动大规模地在物理世界与数字空间中并行，带来了一个新的国家治理问题，即数字网络的治理供给的滞后，这种滞后在数字产业化的过程中已经显现出来。在中国，依赖于数字网络的数字支付的发展就是典型案例。从电商的信用担保需求中，诞生出由私人公司提供的数字支付产品，进一步发展成为电商的主要支付手段，并走出数字网络空间，演化成人们日常生活中的一种支付方式，成为现金的一种替代品。2009年，支付宝用户达2亿人，日均交易笔数500万笔。而第一部关于规范非金融机构支付服务行为的法规《非金融机构支付服务管理办法》在2010年6月才发布。

当数字网络的社会活动与物理世界的社会活动深度融合之后，治理的滞后往往会带来严重的后果，原因有二。一是在缺乏有效治理的情况下，人性的贪婪、邪恶会被充分释放出来；二是数字网络发展速度远远快于物理世界。事态在数字网络空间的发展会以物理世界数倍、数十倍的速度发展，最终影响到物理世界。以资产数字化为名的首次代币发行（ICO）就充分展现出这两个特点。2013年7月，Mastercoin（现更名万事达币OMNI）旨在帮助用户创建和交易加密货币以及其他类型的智能合同，成功众筹5000比特币（BTC），成为第一个进行ICO区块链的项目。此后，代币融资成为一种跨越地域限制和时空限制的高速融资方式，数日时间便可募集上亿美元资金，金融史上的融资速度记录一次又一次被改写。代币的发行和交易成为一种疯狂的圈钱与炒作工具，大部分ICO项目最后都死在炒作过程中或者直接成为骗局，成为巨大的火药桶。四年之后，2017年9月4日，中国政府发布《关于防范代币发行融资风险的公告》，直接禁止了代币发行融资行为。

数字产业化与产业数字化的不断深入发展，将融合数字空间与物理世界的活动，磨灭两个空间的边界，而逐渐融为一体。在这样融合了数字空间与物理世界的"新世界"中，我们的工作会被重新定义，企业会被重新定义，我们的资产会被重新定义，我们的权利会被重新定义，也许还有更多方面都会被重新定义。这不是纯粹的空想，而是已经发生的事实。移动数字支付，重新定义了现金的形式；ICO创新了融资方式；比特币创新了资产概念。在这个"新世界"，我们迫切需求与之匹配的新的国家治理范式。这种范式被我们称为"数字治理"。数字产业化为数字治理提供技术支持，产业数字化成为数字治理的需求，信息治理为数字治理提供了基础，数字治理渐行渐近。数字治理的到来，将全面确立数字经济的形成。

"数字治理"源于"信息治理",是充分融合与调适信息技术、社会学、生态学、经济学和管理学等跨学科理论与工具的一种全新的国家治理形态。数字治理的关键是架起数字网络空间与物理世界的桥梁,数字空间的权益与物理世界的权益充分、安全、有效地流动。数字治理的基本内容应包括数字治理的基础设施建设与治理体系的有效运行。数字治理的基础设施包括技术部分。这里的技术是一个囊括了当今人类所有前沿科技的总成,信息技术只是其中的一部分。数字治理基础设施还包括行政和法律框架的完善,以及治理逻辑的变革。"新世界"经济活动的基本逻辑被改变,分享自己,获取收益已经成为数字网络的一种新经济模式。在"新世界"中,"利他"的协同互利较"自利"的竞争关系更容易获得成功,权益获取会以一种新的方式呈现出来。"自利"的工业社会的治理逻辑将要变为"利他"的协同互利的新逻辑,现有的法律体系、行政体系将会为了适应这个变革做出调整。先行的框架,有的可以沿用,有的需要改造,有的甚至要废弃。治理体系的有效运行指的是将数字治理基础设施付诸实践并发挥作用的过程。数字治理将形成"新世界"的治理新供给模式,以满足"新世界"的治理需求。在数字治理下,可能形成一个经济活动的违约概率趋近于零,经济决策将会更加遵从个人意愿的数字经济"新世界"。至于这个数字治理未来是一种什么形态,以一种什么样的形式呈现在世人面前,以何种形式发挥治理效能,都有待更多的研究者去探索。

数字经济的画卷徐徐展开

站在今天,我们已经可以清晰地看到数字产业化的演进全景,也依稀可以看到产业数字化之路,嗅到数字治理的气息,数字经济的画卷已徐徐展开。画卷最前面的是个人在数字网络空间的活动出现的两种交换方式。一个是IT企业的数字产品与服务通过数字网络面向网民销售,另一个是网民间的物品交换,个人端在交换环节的活动开始在数字网络中活跃起来。我们将经济活动主要在数字网络空间中发生,或者说数字网络空间的活动驱动了物理世界的活动定义成"上线"。个人端的交换环节上线起初并不顺利,这是由于商品交易分两个过程,交易达成与交易完成。数字网络具有信息传递高效的优势,有利于交易的达成,但是在交易完成中有两次权益的转移,即买家向卖家转移货币权益,卖家向买家转移商品的权益。物理世界中,可以简单地处理成"钱货两清"。数字网络是另一个虚拟世界,交易双方没有物理世界的接触,又互相不信任,权益转移成为一个难题。为了解决这个痛点,出现了独立于买卖双方的第三方"中间人"。大额国际贸易,商业银行是"中间人"。在浩如烟海的个人交易方面,商业银行不愿意涉足,电商平台只好扮演了"中间人"的角色。电商平台"中间人"的角色渐入佳境,个人端的网络交易开始活跃起来,个人分享消费体验的需求被从物理世界拉到了网络空间。这个消费体验不再是简单的人与人的语言交谈,而是被编辑成文字、图片,甚至是视频分享到数字网络中,而被更多人观察到。个人消费的反馈也从物理世界的通信、电话、见面方式,变成了数字网络空间的评论与互动。最为关键的改变是个人的消费反馈开始不依赖于传统媒体而广泛传播。网民通过自主地寻找自己感兴趣的消费体验,做出购买决定。个人端呈现出数字网络与物理世界融合的状态。商品的物流、商品的使用发生在物理世界,商品的购买决策、购买过程、消费反馈发生在数字空间。

个人端在数字网络空间活动时长增加,体会到数字网络打破时间与地域约束的便利性,希望有越来越多的日常生活琐事可以在数字网络空间完成。这促使了电商平台不甘于扮演"中间人"的角色,向着"代理人"的角色发展,如代理缴纳公共费用、信用卡还款。数字网络中的货币权益流动开始从与纯粹电商交易挂钩解放,延伸到了个人的货币使用场景,个人的数字支付时代就此开始。个人数字支付工具引入了货币基金等投资渠道和赊销功能后,开始具备了投融资功能,逐渐进入我们的日常生活。真正让个人数字支付普及的是2015年春节支付工具间的"红包大战"。不但越来越多的人开通了个人支付工具,而且个人支付工具成功进入个人非交易货币使用场景,而这个场景曾经被纸币长期占据。由此，个人的数字网络账户体系被全面激活，个人支付体系开始由物理世界的银行账户和纸币现金，整体迁移到数字网络空间的网络账户体系。依托个人数字支付工具，个人的日常生活大规模产生物理世界与数字网络的互动。物理世界的活动越来越多地发生在数字空间，从实物交易到礼尚往来。个人端的物理世界与数字网络的融合状态已初步成型。

消费是经济主体的根本需求。在产业经济中，个人的消费需求无法充分表达，往往被抽象为一个数字——市场价格。企业研究"引导"个人需求的方法，服务于大生产。他们通过丰富多彩的促销手段"引导"个人的消费需求，将个人的消费需求集中起来，以便进行大规模生产，统一供给。对于个性化的消费需求，要么被忽视，要么用较高的代价满足。个人消费需求分散的基本事实没有变化，消费即时性的特征没有改变。生产与消费存在时间间隔，在企业端的表现是库存。生产倾向于集中，消费倾向于分散。集中生产才有效率，而消费在时间和空间上都是分散的，这是产业经济一直存在的矛盾。因此，消费者与生产者被割裂成两个经济利益对立的博弈主体。

当个人消费在数字网络空间普遍发生时，个人端的经济活动开始在物理世界与数字网络融合的"新世界"发生时，个人的需求可以在网络空间充分表达。无数涓流式的需求聚集起来，也能成为澎湃的江河。企业有足够的经济动力去满足这样的需求，开始普遍上线。虽然在物理世界中，生产者与消费者离得更远，但是在数字网络中，他们的互动更为频繁。为了服务于消费者，更灵活地满足需求，企业开始主动地加入产业数字化的进程中，智慧工厂、工业互联网、柔性生产、零工经济之类将会普遍存在。企业部门也进入了"新世界"，市场由此被重新定义。供给者与需求者之间的信息桥梁可以不再抽象成有效市场价格信息，而是双方在"新世界"的活动总和，进一步来看是记录在双方数字网络账户上被量化的活动，是数据。企业与个人都将在数字网络中创建自己的账户，记录这些数据。数据的可信传递，可以形成权益的传递，违约问题也许会在数字空间被解决。每个人的经济决策被记录下来，将成为社会经济历史上最根本的变化。个人的经济活动将成为一切经济决策活动的基础，成为企业经济决策的出发点。个人与企业的互动会更加和谐，市场也就变成了场景。这是消费的场景，也是生产的场景，两者融为一体。企业的边界也会变得越来越模糊，生产者与消费者的边界在场景中被消磨，供给与需求将达到新的平衡。

政府也将进入这个"新世界"。数字治理将普遍存在，形成"新世界"治理体系的供给。数字治理不仅有行政法规的调整与匹配，还有治理行为的调整与匹配。规则可能是场景内的共识，以程序的方式存在，并被自动执行。个人的经济活动将更容易被感知，个人与国家的互动会更加和谐。产业革命以来建立的财务法律秩序可能被另一种方式执行，政府的主要税收将直接来自个人的经济活动。

数字经济的发展，促使个人最先完成数字化，接着是企业的数字化，最后是政府的数字化。数字经济的背后推动力是个人需求，更详细的表述是在数字经济时代将被重新唤醒的个人需求。在数字经济时代，将全面解决供给与需求匹配问题，如同产业经济解决供给不足问题那样稀松平常。

金融服务于经济活动，是现代经济的核心之一。一个新的问题来了：数字网络的经济活动有别于产业经济形态，在产业经济下确立的金融形态还能被保留下来吗？产业经济下建立的金融基础设施还能被继承吗？我们认为是可以的，因为数字经济是产业经济发展到一定阶段的产物，是对产业经济的迭代。产业经济确立的基本运行规则，不会发生颠覆性改变。但是金融必将为适应数字经济的发展而进行调整，金融基础设施甚至会被重构。

第四章
数字金融萌发在经济数字化中

钱是什么

- **债权债务的共识**

谈到现代社会的经济活动，就绕不开金融。被广泛接受的金融定义是指资金的借贷活动或资金的融通活动。剥开一层又一层金融产品的外衣，我们就能发现金融产品的最终形态都能归结到货币上。数字经济的画卷之下，金融活动的变化，也许要从货币的变化谈起。探索货币变化方向之前，我们先要弄清钱是什么，这就不得不提起 2007 年很火的一本书《货币战争》。书中叙述了货币由贵金属货币向信用货币过渡的历史，描摹了背后的私人金融集团翻云覆雨攫取巨额利益的故事，隐约透露出回归贵金属货币形态的意愿。显然，如果将货币坚定地依附于金银，在很大程度上已不再契合我们今天的经济活动。我们已经很难将纸币、银行私人账户上的数字乃至信用卡与特定数量的贵金属等价起来。货币对于我们日常生活来说，越来越接近于一个数字。

货币是什么？这个问题依然哽咽在喉。常识中，稀缺性和固有劳动价值形成了货币。这个也是有问题的，稀缺的资源很多，最终成为货币形态的物体却寥寥无几。劳动价值的计量与货币互相计量的关系又回到了"先有鸡，还是先有蛋"的悖论中。我们暂时放下之前已有的货币观念，从人类活动历史一起来探索货币的本源。

在欧亚大陆、美洲大陆广泛使用金属以及以金属为基础的纸币作为流通货币时，在太平洋的各个岛屿上，流行着千奇百怪的"钱"，有羽毛、木块、石头，甚至是人的头盖骨。其中雅浦（Yap）岛民的石头"货币"广为流传。19 世纪欧洲人首次到达位于现在密可罗尼西亚联邦太平洋上的雅浦岛时，发现了雅浦岛民用四百英里外的 Pelwe 岛采石场切割的石灰石制成的石头作为货币[1]。这些石头大者直径 4m，难以移动。随后欧洲人发现，石头币支付时，不需要进行移动，只需要居民在石头币上刻画特殊记号就能确认所有权，并以此完成所有权的转移。这个看似另类的做法，事实上普遍发生在人类社会形成的早期阶段。美索不达米亚文明的苏美尔时期，人们将交易和借贷行为作为一种法律文书记录在泥板上，经过官员作证后保存于神庙中[2]。泥板本身并不稀缺，也不存在固有的劳动价值。因此，正如 14 世纪经济学家尼古拉·奥雷斯姆（Nicholas Oresme）在《货币起源与改铸论》中所言，"虽然金钱对直接解决生活问题并非必要，但是，金钱是人们为了方便地自由交换自然财富而发明的工具"。

  本书开篇已经讨论过早期人类的交易情景，简单地说就是熟人间的以物易物的交易。可以预见的是人类早期的生产力水平低下，信息交换范围极其有限，实现物物交换的需求配对本身就是一件困难的事情。如果物物交换还要保证双方物品的同时互换，那么这样的交换机会将非常罕见，交换几乎无法长期稳定地进行下去。退一步，如果双方不是同期互换，而是跨期满足，这样交换达成的难度就大大降低了，交换的频次将大大增加，进而提高自然资源的利用率。我们可以简单设想一下，族群内的甲乙两人，甲有多余的食物，乙有多余的陶器。在乙需要甲的食物时，甲并不需要乙的陶器，但日后会需要乙的陶器。如果强调物品同时互换，这样的交换则无法进行。甲的食物会因为无法储存而损失，乙可能因为食物匮乏而死亡。甲在需要陶器的时候，也无法交换到陶器。当意识到他迟早需要乙的陶器时，甲可以先给乙食物，并记录一笔交易，待日后需要陶器的时候向乙拿上一件陶器，这样的交换实质上是跨期交易。在每次交换中，交易双方会形成事实上的债权与债务关系。因此，跨期交易也许才是以物易物的主要交换方式。在没有商品化的时期，交换并非纯粹的商业行为，而更多地表现为一种社交活动。汤加群岛酋长费拉的一段话很能说明这个事实。

---

[1] 凯瑟琳. 钱的历史 [M]. 北京：中央编译出版社，2011:220.
[2] 霍默. 利率史 [M]. 北京：中信出版社，2010:11.

"物有所值、无可厚非，但是，我没有看到货币的价值……如果食物是某人拥有的最重要的财产，但却不便于一直保存。那么人们可能就不得不用它来交换其他有用的物品。或者与首长、邻居以及自己所照顾的其他人一起分享，而不需要他们用其他的物品来交换"。①

跨期交易必然难以保证每次交换的平等，但交易要长期维持的前提是均衡。多次交换博弈可以保证交换的均衡，多次交换博弈的前提条件是对每次交换过程中形成的事实上的债权债务关系达成共识。此处的共识可以理解成参与活动者对规则的一致认可。当交换参与者长期共同生活并频繁互动时，他们之间形成的默契与互相约束将促成债权债务关系共识的达成，并成为一种习惯固定下来。当然，这样的共识维护可能也需要群首领的权威或者神灵的威严。因此，熟人之间的交换普遍且频繁地发生时，普遍的债权债务关系共识也就形成了。

长期交易均衡的形成不但依赖于共同的债权债务关系共识，还依赖于交易对等关系的形成。对等关系形成的关键是对交换物品的度量，也就是度量衡的发明与稳定，这是一个度量手段的标准化问题。度量的标准形成于人们的日常生产和劳动实践中。在长期生活中，越是简单常见的量化标准，越容易被接受并被保留下来。在对交换物品的度量过程中，人们逐渐为大部分常见的物品找到一个标准化的度量方式。相同物品间的交换差额问题可以用同一种度量方式确定并记录下来作为交换的差额记录，达成债权债务的共识。不同物品的度量方式也许存在较大差异，交换的差额难以计算与度量，交换时会有些麻烦。不同物品的交换是主流。不同物品交换差额的度量也许是随机出现，用于度量差额的手段并不固定。随着交易的不断发展，人们逐渐稳定到采用固定的物品单位来度量交易差额，以此形成不同物品间交换的均衡。交换的进一步发展使普遍的比价关系在频繁的差额度量中形成并逐渐稳定下来。当大部分用于交换的物品都使用某一个物品进行度量时，用于度量比价关系的物品也就成为交易媒介。当这个用于度量交易比价关系的物品开始具有标准化的度量刻度时，货币也就出现了。

---

① 凯瑟琳. 钱的历史 [M]. 北京：中央编译出版社，2011:233

苏美尔时期，在农村大部分交易用大麦作为媒介。大麦可以用固定容器计量体积，成为交易物品度量的标准。在城镇，交易的媒介是金属。金属可以用天平称重，成为度量的标准。粮食的体积和金属的重量都是标准化的度量方式。之后的巴比伦王国就在《汉谟拉比法典》中，以法律的形式确立了早期苏美尔人的金属作为交换媒介的习俗，而确定了度量的标准化。

中华大地最早的货币被认为是贝币。目前主要实证文物是殷商时期妇好墓出土的海贝，距今已有 3500 年。天然海贝大小相似，因其便于计数而成为中国最初的货币形态。贝币出现之后，交易的差额可以用贝币的数量进行度量。交易物品交换比价关系从物品与物品之间的直接比较，转向了用贝币的数量进行比较，形成了普遍的比价关系。这种比价关系进一步发展形成了交易物品的全额贝币数量进行价值度量，即价格出现了。现藏于陕西省历史博物馆的西周·裘卫盉的铭文上就记载了一次用玉质礼器和皮裘礼服交换农田的过程。记载显示玉质礼器的价格是八十"朋"[①]，用十亩田交换。皮裘礼服的价格是二十"朋"，用三亩田交换。虽然在交易过程中，并没有出现贝币，但贝币已经成为度量物品价值的标准单位。以此计算贝币的购买力大约相当于 1 贝可购买如今的 0.75 亩到 0.9 亩田[②]。在黄锡全所著的《先秦货币通论》中，详细研究了贝币在西周时期对不同物品的购买力水平，发现了一个以贝币计价的价格体系。贝交易的价值共识，是比价度量的刻度，从而形成了贝币，并在交易的对等上发挥着不可磨灭的作用。

另一个极端例子也说明了货币的本质是共识，关键作用在于价值的标准度量和形成对等的交易关系。美国华盛顿州特奈诺集镇上的银行受到 20 世纪 30 年代大萧条的冲击后，全面停止兑付，导致城中交易瘫痪。为应对危机，小镇的商工会议所（英文名称为 Chamber of Commerce & Industry，这是一个由商工业者以会员形式组成的民间经济团体。其翻译形式来源于日语。）所发行了相当于储户存款额度 1/4 的凭证，作为支付和流通工具。其中一部分凭证制作成 25 美分等面额明信片大小的木片发行。商人们接受了这种形式的货币，并以此渡过难关。木片本身是货币共识的载体。

[①] "朋"是贝币的计量单位，五贝为一串，两串为一朋。
[②] 黄锡全. 先秦货币通论[M]. 北京：紫禁城出版社，2001.

因此，货币是为了方便地自由交换而发明的工具，本质是跨期交易形成的债权债务共识。货币的关键作用是成为共识的量化刻度和维持交易的对等关系。货币的核心是标准化，既包括本身计量方式的标准化，又包括对其他物品计量的标准化。用今天的术语称为"价值尺度"（Unit of account）。价值尺度的英文并没有价值的意思，而是计数的意思。价值尺度更为准确的理解是计数的单位，也就是说货币作为价值尺度，度量的是相对的比较关系，而不是一个绝对的数量关系。

● 货币材质的变迁

正如用于测量温度的温度计本身不具有温度一样，用于度量价值尺度的货币本身不必然具有价值。但是温度计置于测温环境时，就具有了温度。温度计的温度不是温度计天然具有的特征，而是外部环境带给温度计的一种状态。同理，货币作为标准化的价值度量尺度共识，币材的价值更多的是因为货币置身于度量价值的环境中而形成的错觉，与其天然具有的价值不一定存在必然联系。当然在特定时期，具有天然价值的物品更容易达成货币共识，成为币材的选择。故而，币材的硬通货之说纯粹是人们主观赋予币材本身的假设。16世纪到17世纪在欧洲大陆发生的"价格革命"，充分说明了以贵金属为币材的货币一样存在严重的通胀问题。

从更长远的历史看，货币共识更多地依赖于货币的使用场景。这个使用场景可以分解成两个层次，一个层次是小额交换部分，另一个层次是大额交换部分。小额部分植根于日常生活中，参与者广泛，交换的额度普遍较小。在货币共识达成的早期，货币只是用于填补以物易物交换的差额，解决跨期交换中的单次交换双方不对等问题。这种渗透到日常生活之中的高频小额交换大规模发生后，逐渐形成了物品间的比价关系与人际对等交换的普遍习惯。这些习惯确定了货币的共识，形成了货币的基础。大额交换部分形成于上下级的互动关系。在没有形成普遍性市场交易时，大额交换通常是上级对下级的封赏，以及下级对上级的进献。这些行为是维系国家存在的关键，通常以律例的形式加以确定。当商品经济不断发展，普遍的市场交易形成后，大额交换的场景也就不再限于上下级的互动，而出现在大批量商品交换的场景中，以及国家信贷场景中。小额交易是共识达成的基础，大额交易是共识确立和巩固的关键。

从历史上看，上述货币共识达成的过程，屡见不鲜。港币计价单位"圆"的确立便是一例。1842年8月《南京条约》签订后，香港岛成为英殖民地。两个月后，香港岛开埠通商，形成一个对华贸易的中转站。各国货币在香港岛自由流通，形成一种竞争关系。墨西哥银圆（鹰洋）规格、形制、重量统一，成色稳定可靠且能方便折算成中国的货币单位银两，又能方便地折算成金本位的记账单位"镑"，同时易于辨认识别，因而大受欢迎，广泛地流通于香港岛，成为贸易的主要货币。虽然英维多利亚女王数次试图在香港启用英国的金本位货币制度，但都遭到失败。香港居民和商户依然习惯于使用外国银圆，主要是墨西哥银圆。最终于1862年7月1日宣布，不再以"镑"作为记账单位，改用银圆的"圆"。次年，又宣布墨西哥银圆是唯一可用于向政府缴纳款项的货币。"圆"作为计价单位，既与大清帝国的"两""文"不同，又与殖民者英帝国的"镑"不一致。香港的货币史开始分流出来独成一支，衍生出了"港元"。这个货币共识的达成再次说明了货币共识的达成与演进来源于生活，核心是标准化，是更为稳定和便利的价值度量尺度。

货币形态的演变，从天然贝，到石贝、陶贝、金属贝，再到各种金属铸币，直到铜、银、金，并没改变货币共识的本质。其材质的变化缘由可能是更易于标准化，更便于计量，以及交易流通过程中更方便。贝类货币可以数量进行标准化，金属货币可以用重量和成色进行标准化。金属的便利性与稳定性优于天然贝类，逐渐取代了天然贝成为新的货币共识。因此，币材的关键不在于本身的价值，而在于便利地找到标准化的方法。金属币材时期，主要的标准化方式是寻求标准成色的重量。这一点东西方是一致的，略有区别的是东方用贱金属铸币，更多的是考虑重量。而西方用贵金属铸币，更关心币的成色。本质上看都是寻求一种相对稳定的标准化度量尺度。这个尺度形成之后，会长期稳定。

这一点在特蕾莎银币的流通历史中体现得淋漓尽致。

19世纪末流行于环红海地区的特蕾莎银币成为一种跨地域结算通货，再次说明了货币的本质是共识，其物理形态源于度量的便利性与稳定性，而与货币本身的材质关系微乎其微。特蕾莎银币是18世纪由奥地利发行的一种银币，头像是奥地利著名国母玛丽娅·特蕾莎（德语：Maria Theresia）。特蕾莎银币作为奥地利法定货币发行，但却在远离奥地利的红海地区广泛流通，成为这个地区跨区域结算的货币。这些地区既不是奥地利的殖民地也不是其势力范围。事实上，不少地方陆续成为英、法的殖民地或势力范围。英国人试图用成色更好的卢比银币（含银90%）替换特蕾莎银币（含银83.3%），也试图用可自由兑换黄金的英镑作为结算工具，都遭到了普遍拒绝而失败。甚至在1854年奥地利国内废除特蕾莎银币之后，银币的流通不但没有缩减，反而变得更为广泛，以至于英国公司在红海领域的商品贸易中不得不用这种"非法定货币"结算，甚至奥地利、不列颠、法国、意大利与德国等欧洲诸国也不得不继续仿制重铸这种银币。据说这种银币的铸造一直持续到20世纪中叶。

港元的形成与特蕾莎银币的持续流通案例生动地告诉我们，货币共识的达成与货币材质的价值关系不大，而与度量标准的长期稳定和使用的便利性有密切的关系。大航海之后，全球的货币材质发生了较大变化。16世纪初货币材料以白银为主，18世纪全面转向以黄金为主。这可能是由于大航海促进了贸易量的增长，以及生产的发展，引发更多货币需求。白银货币价格通胀形成的"价格革命"，严重影响了以白银作为价值衡量尺度的稳定性，破坏了白银的货币共识。同时期，世界各地的金矿发现以及炼金技术的完善，黄金产量的快速膨胀，满足了货币需求。18世纪后期，币材再次发生变化。建立在贵金属价值衡量尺度基础上的纸币和硬币开始取代实际流通的贵金属。进入20世纪之后，通过支票、借贷卡以及电子指令的个人银行账户的数额变动，开始取代以硬币与纸币为代表的实体货币，成为主要的支付方式。货币的主要形态演变成银行账户上的数字，也愈发显示出其债权债务共识的本质和价值度量尺度的作用。

● 纸币的流行

1690年,因为缺少公共银行,伦敦商人不得不把贵金属存到金匠铺,产生了"金匠的记录"的信用凭证。这些凭证同后来出现的银行的纸币一样,能在支付人之间顺利流通[1]。大额交易时,金属铸币的使用并不方便。特别是商品的远距离贸易,携带的贵金属货币会占用贸易商品的运输量。当贵金属本身不是贸易的商品,而是作为支付工具存在时,携带贵金属并不划算。商人们将贵金属存放于专门的机构,有的是铸币厂,有的是金匠店。这些机构为商人开立了兑换凭证,以并约定见票即付等量的贵金属。商人们拿上这些兑换凭证即可进行商品交易。这些兑换凭证成为实物贵金属或贵金属铸币的替代品,进而成为事实上的纸币。纸币发行初衷在于替代金属货币便于交易。纸币替代的核心内容是金属货币执行价值尺度和形成对等交易关系的两个作用。简单地看,如果能保证纸币替代的金属货币数量与发行者储备的金属货币相一致,那么纸币与金属货币是没有区别的,这种纸币被称为"全储备纸币"。货币的使用者都在一个价值度量体系中进行交易,不会出现新的问题。纸币替代金属货币时一般保留了金属货币的度量方式与度量刻度。被替代的金属被称为纸币的"本位"(standard),即度量刻度的标准,大多数纸币直接使用本位的度量标准。在中国历史上封建王朝发行的纸币中,用钞代替铜的纸币价值度量单位是"文";用票代替银的纸币的价值度量单位是"两"(银的重量)。现代纸币上依然保留着这样的痕迹,英国的1英镑纸币仍然印有"我保证,一经要求,支付给持有人1英镑",而1英镑硬币直接印上面额。

这样的金属纸币只是商人与金匠在商业逻辑上的延伸。当专业处理贵金属流动的机构出现后,开始发生了新的变化。早在13世纪晚期,意大利就出现了类似的机构。如果交易双方在关联机构甚至是同一个机构存有贵金属货币,他们之间的货币交换可能仅仅是双方账户上的数额发生变化,即汇划。这样的专业机构促进了手写支付指令和汇票的使用。到了大航海时期,商业的快速扩张,大额远距离支付的需求快速增加,专业处理金属货币流动的机构发展成为

---

[1] 源于英国经济学家尼古拉斯·巴本记载。

最初的"银行",主营业务转向储蓄和支付。可转让支票在商业的繁荣下,蓬勃地发展起来。之后出现了私人的储蓄银行和汇划银行(giro-banks)。商业的发达还促进了汇票的普及。汇票作为一种支付工具,较好地满足了商人互相远程支付的需求。汇票的普遍使用,英格兰法庭率先逐渐确认了汇票的法律地位,认可其在不同的行为主体间转让的权利,随后扩散到整个欧洲。汇票法律地位的稳固,以及市场信心的恢复,成为支付体系中的重要组成部分。

  商业的繁荣还刺激了人们使用贵金属货币购买商品的需求,债务被越来越多人接受,借贷由实物转向金属货币。银行发现手上总会留存为数不少的贵金属货币,这是因为所有客户很少会在同一天提取贵金属货币。于是银行将这些留存的贵金属货币借给需要的人,而获取利息报酬,提高自身的盈利水平。获得贵金属货币的人可能又回到银行的金库中,换出银行开具的兑换券。如此反复,流通的兑换券所能兑换的贵金属货币总量,多于实际的贵金属总量。如此一来,银行通过自身的信用事实上已经制造出新的货币。由于银行制造的货币依照金属货币的计量刻度,依据债权债务关系发行,到期后将被注销,这样形成的跨期债权债务关系是稳定的,不影响交易对等关系,同时纸币度量价值的标准与其本位的金属货币一致,纸币具有和金属货币一致的货币共识。加之,当时人们不能清晰地了解银行内部的运转情况,民众难以感受自己手中的银行券与贵金属货币的区别。当然,谁也无法预测客户什么时候来提取贵金属货币,也无法事先得知需要的贵金属数量。如果客户兑换凭证时,银行拿不出足额的贵金属货币,而无法履行约定,银行的信誉会受到贬损。储户们为了防止自己的货币财富受到损失,纷纷去银行兑换贵金属货币。当大多数储户到银行兑换贵金属货币时,就会发生"挤兑",进而造成银行破产。各银行为了应对这样的情况,建立了银行间的清算与拆借组织,并形成了准备金制度。当然,银行还有一个功能就是借钱给处境艰难的政府。这个时期的欧洲处于各种争端之中。国家的战争需要大量货币作为支撑,而国家又难以在短时间内通过提高税收等方式获得大量货币,也不能依靠掠夺性的征用获得民众手中的货币,所以只能通过银行为战争融资。国家的无节制融资,也是银行体系风险的主因之一。

  可以说,17世纪至18世纪人类见证了纸币作为流通货币,替代实物金属货币在全社会的广泛使用。但是，正如许多新鲜事物，当时的银行运营和纸币发行没有可遵循的预设程序，只能从经验中学习。为此，银行家和客户都付出了高昂的代价。在此期间，许多银行倒闭，储户手上的银行券因无法兑换出实物金属货币而快速贬值。其中既有几乎所有西方早期的纸币发行本质上都是投机的原因，又有资本主义形成与发展过程中客观存在的经济周期，经济高速增长期形成的债权债务，遇到经济衰退时无法偿付到期债务，形成大规模违约，直接动摇了跨期交换关系的对等，银行破产也就不足为奇了。这也促进了中央银行统一发行纸币制度的确立。

在产业经济的发展过程中，一方面，人们已经完全摆脱了基督世界中财富观的禁锢，以及"不义之财"的焦虑，开始追逐财富与荣耀。另一方面，机器大生产带来了企业资本的扩张需求。既有生产规模扩张的需求，又有生产设备扩张的需求。居民手中的货币大规模流入企业部门，形成了企业的资产。其中一部分以直接投资的形式流入企业部门。在当时，经营企业、组织生产、贩卖商品、计算盈亏是少数人的技能。居民手中更多的货币是通过银行流入企业部门的。银行会支付给储户存入货币的利息，经营相较于金匠铺更稳健。居民为了获得利息收入而将现金货币存入银行，银行通过信贷流入企业部门。银行的信贷是一种货币的跨期交易，是"明天"的货币。银行在其账户上，将这种"明天"货币视为资产，并借用"明天"的现金货币发行纸币，银行业成为经济活动的"中间人"，是经济活动中至关重要的一环。"明天"的货币仅存在于账户上，而不是金库中的实物。这样的处理方式使银行存在巨大的风险。为此，19世纪中叶到19世纪末的50年间，欧洲各国的中央银行制度先后确立。国家信用背书下的中央银行成为最后贷款人和货币发行人，中央银行也被认为是"银行的银行"。

中央银行获得法定纸币发行权后，依然存在如何发行稳定纸币的问题。正如大卫·李嘉图所言，经验证明，国家和银行掌握了不受限制的纸币发行权之后无不滥用这种权力。所以，在所有国家中，纸币发行都应受到某种限制和管理，为了达到这一目的，最适当的方法莫过于规定纸币发行人必须承担用黄金兑现纸币的义务。这句话反映出另外一个事实，纸币绑定黄金的根本原因在于限制和管理国家和银行发行纸币，从而避免了用技术通货（纸币）发行的难题。

1816 年，英国率先以《金本位制法案》①开启了英国的金本位时代，成为全球最早确立金本位的国家。1821 年，英国的金本位制完全成型。金本位制有三个主要特征，一是黄金自由铸造，二是黄金与纸币自由兑换，三是黄金自由进出口。要想参与国际贸易，稳定商品价值，就需要参与方有一致性的货币共识体系。进入工业革命时期的英国，凭借其强大的经济实力，开始主导了全球贸易。加之黄金的货币共识由来已久，且被广泛认可。所以，具有明确含金量的英镑逐渐成为全球贸易的通用计价与结算的工具，这也成为金本位制度的开端。此后，金本位制在欧洲以及英国的殖民地流行起来。国家用法律形式规定中央银行发行的银行券的含金量，并开始规定由单一的银行发行可兑换黄金的纸币。国家间采用固定汇率制，两国货币的含金量决定了汇率的基础。金本位制度明确了纸币的替代物。纸币发行银行与从事信贷业务的商业银行开始分离，可兑换纸币与信贷资产形成的"货币"互相隔离，初步解决了金融秩序稳定问题，促成了金本位国家市场的统一和外汇行市的相对稳定。然而，同时期仍有一些国家以白银作为货币，并以此发行纸币。不同币材达成的货币共识是不一致的，最直接地看，币材在自己的货币体系中是货币，而在另一种币材体系中则变成了商品。币材作为货币时度量价值的标准刻度是稳定的，而商品却是浮动的。如果不同货币经济体之间没有贸易往来，币材在其他货币体系的浮动倒对本身作为货币使用的稳定也没什么影响。但是，全球贸易体系的形成和银行业的发达，不可避免地将各国经济用商品与资本联系到一起。不同币材间的比价关系变化，必然引起币材作为度量价值刻度标准的变化，而让弱势币材失去其作为货币所必备的稳定性，威胁到其货币地位。太平洋岛国五花八门的货币最终都被统一，便是一例。英国最先完成工业革命，最先确立中央银行制度，英国成为当时世界的经济中心。当时全球的金融中心在伦敦，国际最主要的清算手段是英镑。英镑成为事实上的全球流通货币和储备货币，一个以英镑为中心，以黄金为基础的国际金本位制度由此形成。纸币的使用开始在全球推

---

① 全称《银币重铸和管理王国内金币和银币法案》。

广开来。

纸币形成货币共识与广泛使用经历了一个漫长过程。纸币较金属货币更容易标准化,形成了标准的价值度量工具和记账单位,以及更为清晰、更为普遍的比价关系。纸币促进了商品的流通,推动了市场的形成。纸币形成于产业经济的萌芽期,并伴随着产业经济的发展而发展,已然成为产业经济的血液。纸币的普遍认同与大范围使用,再次证明了货币是跨期交易形成的债权债务的价值共识。再次证明了货币与币材没有必然联系,也再次证明了货币的重要作用是度量共识价值的刻度和维护对等交易关系的砝码。

现代货币是银行账户货币

● "金本位"的陨落

中央银行的金本位制度并没有彻底解决货币供应问题,与黄金形成严格的比价关系和保持无条件兑换性的纸币,虽然可以降低商业银行的信贷风险,但是无法解决货币流通过程中的通缩问题。进入产业经济时代后,人类的生产分工进一步精细化,生产效率得到了快速提高,产出不断增加,经济活动效率远远高于自然经济时代,资产形态也随之改变。

农业生产在产业经济中蓬勃发展,人类的食物生产基本摆脱了自然环境的束缚,大规模的饥荒越来越罕见,生活必需品也在产业经济的大生产中变得丰富起来,在自然经济中以生活必需品为基础的实物资产开始变得不那么重要。在货币从贵金属向纸币转变的过程中,人们开始把保存于手中的贵金属以及贵金属铸币存放于银行中,而获取利息收益。这又进一步弱化了实物资产在生活中的作用。与此同时,产业经济中形成的企业部门需要大量的货币,形成用于生产的资本。实物性资产的交换难、定价难,成为资本也难的矛盾开始促使实物类资产通过投资、借贷等方式转换成各种权益性资产。与实物性资产可触、可见、易感知、完全可控不同，权益性资产显得更为抽象，更多地表现为一种书面契约。

为了度量和记录经济活动的结果，记账活动应运而生。记账活动是共识发展到了一定阶段的产物。记账活动是度量活动的一种，同样需要有一个标准的度量衡单位。记账单位是丰富多彩的，不一定要用货币单位。例如在计划经济时期，计划指令下达就是以产品自身单位为主，记账活动的主要单位迁就于产品单位，而弱化了货币单位。经济活动的基本逻辑是互联互通。在互联互通的过程中，形成了账户统一的要求。复式记账法和会计制度的逐渐成熟，进一步促进了记账活动的发展。企业的规模日益扩大而形成了大型股份公司。股份公司是公司治理历史上的一次重大发明，将企业的所有者与经营者分离，因而形成了权力互相制约的利益共同体。所有权与经营权的分离形成了企业管理者、股东、银行、国家等通过不同途径获取企业利益的集团。通过企业的经济活动，管理者要获取酬劳，股东们要获取股利分红，银行要获取贷款利息，国家要获取税收。客观公允地公布企业的经营状况要求统一且标准的记账方式与记账单位。当建立在银行活动基础上的货币系统被明确，特别是中央银行发行的纸币发行后，货币单位完成了标准化并趋于稳定，被普遍接受成为经济活动的统一记账单位，不断的金融实践还统一了记账方式与标准。

记账活动得以大规模普及，实物资产被权益化，形成了账簿上的权益性资产，直观地看就是不同会计科目用货币计量的数字。这里既有银行的账簿，又有企业的账簿，但两本账是统一的。银行本身是一家追逐利润的企业，金融活动的根本动力来源是盈利。当时商业银行的盈利有很大一部分来自信贷的利差。因此，银行通过记账活动，借入"明天的货币"，向企业部门提供资本，形成动员资源的能力。"明天的货币"还有一个更为人熟知的称呼是"信用"。信用在一定程度上解决了产业经济发展过程中的资本短缺问题。银行成了金融源头，开始需要承担稳定社会金融秩序的公共责任。得益于中央银行制度的保障与约束，银行体系在大部分时间内稳定了金融秩序。银行的账簿开始占主导地位，金融活动，乃至整个产业经济活动都离不开银行账户体系。

显然，黄金产量增长的幅度远远低于商品生产增长的幅度。以黄金为标准的计价体系，会因为黄金供应量的不足，通过借入信用扩张解决货币供给问题，虽然能一定程度地缓解货币供应问题，但必然带来整个社会的货币发行量多于黄金的储备量，这就使银行系统面临两个风险。在没有中央银行时期，银行系统面临着挤兑的风险。政治的风吹草动都有可能引发地区性大规模的挤兑活动。英格兰银行最严重的挤兑风波发生在 1797 年法国对英国宣战时。当时因少量的法军登陆不列颠岛而引发英国民众恐慌，发生挤兑黄金风波，英格兰银行的黄金储备流失近九成，几近枯竭。中央银行制度相继确立之后，国家用法律的形式定义了货币单位的含金量，用黄金储备量来约束货币的发行，但这又出现了通货紧缩问题。当由于承担了纸币与黄金的刚性兑付，市场出现流通的货币不足时，发行人难以通过发行更多的货币为市场提供流动性，应对经济衰退的风险。加之，货币是跨期交易的债权债务价值共识的承载物，能够存储价值。商品与黄金比价的下降，激发了货币（黄金）囤积的需求，而进一步减少了市场上货币的流通量。商品价格进一步下滑，投资风险增加。银行出于风险考虑，开始收缩信贷，货币供应全面紧张，通缩加剧，商品滞销，经济活动全面衰退，这种情况在产业经济中周期性地出现。为了应对危机，各国中央银行和政府不得不暂停黄金兑换或人为制造黄金兑换障碍，以减少金属货币的兑换，从而保障流通纸币的数量。同时，刺激商品出口、增加货币的流入，建立贸易壁垒、阻止黄金外流。这些举措破坏了黄金作为国际货币的稳定国际金融秩序和贸易平衡的基础，金本位制度了受到严峻挑战。最终，第一次世界大战爆发，黄金被参战国政府集中用于购买军火，并停止自由输出和银行券兑现，金本位制度名存实亡。各国中央银行因购买国债，耗尽了手中的黄金，加速了黄金退出人类货币共识的脚步。

统一记账方式与标准，让经济活动的主体在账簿上反映得更透明，更及时，更有效，也能够形成稳定的金融秩序，这就促使了会计学技术上的不断进步。会计技术的不断发展和法律的不断完善，构筑了现代金融基础设施，维护了社会金融秩序的稳定。现代金融基础设施包括法律基础设施、会计基础设施和监管基础设施三个部分。1909 年，美国公共会计师协会 (AAPA)[即美国注册会计师协会 (AICPA) 的前身] 任命了一个特别委员会，准备进行会计实务的规范化。1917 年，美国联邦储备理事会和联邦贸易委员会委托当时的美国会计师协会 (AIA) 提供联邦储备公报，这是美国统一规范会计处理方法程序的早期尝试。大萧条之后，1933 年美国国会先后通过了《证券法》和《证券交易法》，规定所有证券上市企业都必须执行统一的会计程序与标准，并授权证券交易委员会 (SEC) 负责制定统一的会计准则。通过了《联邦住房放款银行法》，还有著名的《1933 年银行法》，严格分离了商业银行与投资银行，构筑了格拉斯 – 蒂格尔 "金融防火墙"，成为美国对银行业实行全面金融管制的标志。1934 年，美国会计师协会批准了六条 "会计原则" 为 "认可的会计原则"。1937 年制定会计准则的权限转授予美国会计师协会，1938 年成立了会计程序委员会 (CAP)，负责制定会计准则。现代金融基础设施初具形态。产业经济以企业为中心，当企业经济活动在账簿上更为透明地展现出来时，金融秩序的稳定就可以不用依附于贵金属货币了。

当然，黄金作为人类有历史记载以来使用最长久的货币共识和价值尺度，退出人类的货币共识和价值尺度也需要一个长期过渡期。第一次世界大战的战火刚刚熄灭，英格兰银行（英国中央银行）总裁蒙塔古·诺曼（Montagu Norman）便着手恢复英镑的金本位，并且要恢复到战前的水平。他坚定地认为英国的强势地位是奠定在黄金的基础之上的。在 1922 年的热那亚会议上，他提出了一种金汇兑本位制，这是一种采用国际强势货币与黄金共同维护国际金融秩序稳定的货币体系，国际强势货币通常被称为 "外汇"。他认为黄金是各国发行货币的唯一基础，但是黄金在各国分配不均且天然稀缺，那些黄金储备量无法满足纸币与黄金比价关系的国家，可以通过储备保证与黄金比价关系的国际强势货币，来替代一部分黄金储备，以便发行纸币。显然，这个提案遭到了大部分国家的反对。但没有更好的货币发行稳定方案，金汇兑本位制也就逐渐被各国接受。1925 年 5 月 14 日，英王签署《1925 年金本位法案》标志着英国重回金本位制。不同的是在英镑与黄金的兑换上设置了不少障碍，例如只能兑换的 400 金衡盎司的金块。这样处理背后的原因既有阻止黄金兑换的考虑，又有将黄金逐出流通市场的意味。这样的金块只适合履行价值储存的功能，难以用于日常支付，转而成为一种储备资产。纸币全面取代黄金，广泛地应用于大额支付和小额支付。金汇兑本位制实际上是对黄金货币共识的弱化。在国际贸易的驱使下，欧洲各国又找不到更好的国际货币系统，便开始接受了这样的货币体系安排。这是货币由贵金属共识向信用共识迈进的关键一步。

好景不长，源于美国席卷全球的"大萧条"（1929—1933 年）冲击了整个资本主义世界，大部分商品严重滞销，工厂倒闭，工人失业，股市暴跌，经济活动几乎处于停滞状态，银行也身陷困囹，被迫关门停业。面对这样的冲击，各国中央银行都难以依靠金本位制或金汇兑本位制维持金融秩序，恢复经济活动。1931 年 9 月，英国政府宣布英镑与黄金完全脱钩，英镑纸币不能再按照固定比例兑换成金块。英国放弃金汇兑本位制之后，欧洲诸国紧随其后，纷纷将货币与黄金脱钩。随后，就连亚洲的日本也放弃了金本位制。到了 1933 年年初，美国货币也开始尝试将美钞（美联储发行的美元纸币）与黄金脱离。先是脱离严格的挂钩关系，美钞与金币不再按照固定比例自由兑换。接着，通过 1934 年颁布的《黄金储备法案》美国政府彻底将黄金退出流通市场。基于美钞国际化的需求，美元还是保留了外国政府或中央银行兑换金块的权利，但美国国内不再能兑换黄金，金本位制在美国国内终结。1936 年，全球几乎没有主权国家将黄金作为货币发行管理与约束的基础，金本位在全球范围内基本终结。大部分主权国家接受了凯恩斯的主张，进入了管理通货体系时代。

19 世纪英国著名经济学家沃尔特·白芝浩（Walter Bagehot）关于货币的一段论述，精准地说明了管理通货的关键在于保障货币供应弹性的前提下，限制纸币发行权。"货币不会自行调节的""纸币出现后，无论需求的产生如何突然，都可以无限制地供应。对我们来说，紧急发行纸币满足突然出现的大量需求不存在什么限制。发行纸币的权力极易滥用……因此只能在极其特殊的情况下使用"。

管理通货的货币发行机制能够稳定金融秩序的基础在于各方面互相制衡的经济力量的平衡，最重要的莫过于中央银行与政府的互相制衡。否则就会形成严重的通货膨胀，引发严重的社会问题，甚至是政权的更迭和对外的战争。1939 年至 1949 年间，中国货币经济转向管理通货后形成了长达十年的恶性通胀，导致货币失败与货币经济崩溃。期间虽然有官僚腐败、美国购银政策、日本入侵战争以及内战的影响，但不能回避政府与中央银行没有建立起一套严格的管理通货体系，平衡货币的总需求与总供给的主因[1]。美元在管理通货上获

---

[1] 张嘉璈. 通胀螺旋 [M]. 北京：中信出版集团.2018.10

得了成功，成为新的全球货币。因此，金本位的陨落，"行钞"由贵金属约束转向了管理通货。

● 银行账户的货币时代

我们不难发现，一个主权国家发行的货币能够成为国际货币的首要条件是能主导全球贸易，即握有全球贸易的主动权。这一般得益于主权国家在经济时代更迭中的先发优势和发展优势。其次是要保证货币价值共识的稳定，即主权货币的发行需要有一个约束机制。最后要贴合既有的货币共识。16世纪末，尼德兰地区虽然最先爆发资产阶级革命，刺激了商业和银行业的发展，成为全球贸易的集散地及现代经济制度的奠基者。由于地理位置、文化以及政治等问题，尼德兰地区的经济以贸易为主，没有出现"工业革命"，也没有获得全球贸易的主导权。尼德兰地区没有出现全球货币。而英国率先完成工业革命进入产业经济时代，科技发展领先于整个时代，生产组织能力优于同时代的其他国家，成为欧洲各国效仿的目标。19世纪英国的势力范围遍布全球，是主要的技术和资本输出国，主导全球贸易。英国通过法律确定了英镑的金本位地位，发行英镑既受到黄金储备的约束，又贴合了民众的贵金属货币共识。因此，英镑成为全球货币，并一直持续到"二战"结束，取代英镑成为全球货币的是美元。

美国在经历了南北内战之后，建立了一个比较统一的国家，开始了工业化进程。适逢1870年的第二次科技革命来临，人类从蒸汽时代向电力时代过渡，生产能力和经济需求都达到了一个新高度。美国人在这个时代中，开始领跑世界。欧洲的物理发现在美国成为商业应用，美国人用自由市场机制，缩短了从实验室到柜台的距离，开始主导商业创新与科技创新。1880年，英美之间的制造业产值已旗鼓相当。1900年，美国的人均工业化水平超过英国。此后的两次世界大战均未波及北美大陆，美国在战争中受到的冲击较小。美国经济更是一枝独秀，全面超越英国成为世界头号经济强国。战后，美国引领了第三次科技革命，将人类的生产力水平向前推进了一大步，也巩固了自身主导全球贸易的地位。

美元的国际化滞后于经济势力的增长，其主要原因在于美国市面上缺乏一种统一的通货。有内战筹资而发行的"绿钞"（Greenbacks）、国民银行券（National Bank Notes）和金属货币（Subsidiary Coinage）。在南北战争之后，这样的局面依旧存在。美国农场主和银矿主的联合体与工商业主进行了长达25年的利益博弈，史称"白银运动"。混乱的货币共识必然推高商品交易的支付成本，影响了美国货币共识的认可与稳定。虽然在1900年3月，美国国会通过《金本位法案》，确立了美元的金本位。法案规定了黄金是美元的唯一价值计量标准，面值1美元金币（标准货币）含23.22格令纯金（约1.5克）。但是，美元的发行依然处于自由竞争状态，且中央银行制度缺失。中央银行制度是实现管理货币供应和稳定货币管理的组织保证。这些无疑影响了国际上对美元货币共识的建立，延缓了其作为贸易计价结算和储备货币的进程，进而影响了美元的国际化步伐。在19世纪末至20世纪初，国际货币一般认为只有英镑、法郎、马克三种金本位货币。

美国人在一次次危机中意识到自身货币不稳定的问题，达成了联邦储备的共识。最终，在1913年12月23日通过《联邦储备法案》，建立了美国联邦储备体系（简称"美联储"）。有人说"美联储是私人机构"。这句话只说对了一半。美联储由多个机构组成，是一个公共机构与私人机构的混合体，是公共的金融稳定利益与私人的商业利益博弈与平衡的结果，是用"私利"为"公利"服务的经典案例。其首要任务是防止通货膨胀，其次是保障经济和就业。最核心的三个实体是联邦储备系统理事会（The Board of Governors of The Federal Reserve System）、联邦储备银行体系（Federal Reserve Banks）[①]和联邦公开市场委员会（Federal Open Market Committee）。这个体系顶端的实体机构是联邦储备系统理事会，有7名董事，每名董事任期14年。这7人由总统提名，经国会确认。理事会负责规定银行准备金比率和批准各联邦储备银行要求的贴现率，以此控制通货（美国联邦储备券）的供应。从这个角度看，美联储是一个政府职能机构，至少是政府的代言人。然而，由于每名董事的任期为14年，长于任何一位美国总统任期，且各个董事的上任时间不一，美国总统是难以通过人事任免来控制美联储理事会的。美联储依靠自身盈利运转，无须国会批准预算，国会难以通过经费来影响美联储。从这个角度看，

---

① 由12家联邦储备银行以及它们的24个分支机构组成，来源于美联储网站。

美联储又独立于美国政府，至少受到政府影响有限。

从这个体系往下看，负责运转的机构是由12个联邦储备银行以及它们的24个分支机构组成。这12个联邦储备银行将美国全国划分为12个联邦储备区。在联邦公开市场委员会的货币政策与联邦储备理事会的决议下，这些联邦储备银行在各自的储备区内独立运转，每个联邦储备银行都是由所在储备区的私人商业银行，即"会员银行"，入股组建的。为了防止个别大型商业银行控制联邦储备银行，对于每个私人商业银行的入股比例做出了限制。为了防止银行业运用自身的金融垄断优势，对工商业及公众的利益侵蚀，联邦储备银行专门设置了三类不同行业背景人员组成的董事会。3名A类董事为会员银行选举产生的职业银行家。3名B类董事为会员银行选举产生，社会知名人士来自工商业、农业、劳工界或者消费部门。3名C董事为联邦储备委员会任命的非银行人士，代表公众利益。由此可见，会员银行认购的所在区域的联邦储备银行股权，并非获得储备银行的控制权和收益，而是履行全体会员互相协作的法律性义务。

这个体系中负责制定美国国家货币政策的机构是联邦公开市场委员会。这个委员会成立于大萧条后的1933—1935年间。大萧条发生时，由于受到贵金属数量的约束，货币供应缺乏弹性，金融市场出现全面的危机。大萧条后，美国就开始尝试将货币与黄金脱钩，走向管理通货时代。美联储管理通货的方式经历了通货数量（货币供应量）管理向通货价格管理（联邦基金利率）的转变。委员会的12个成员中，除了联邦储备理事会全部成员7名外，还有纽约联邦储备银行行长。剩余的四个名额由另外11个联邦储备银行行长轮流担任。他们通过定期会议的形式，根据现有的经济分析材料，对货币政策走向做出判断，并对货币政策进行投票决策。他们的决策并不受美国政府或国会的制约，而能独立地发表意见。其中最为重要的是负责美联储的公开市场操作（通过联邦储备银行买卖政府证券的方式，影响联邦基金利率和商业银行系统的准备金数量）。委员会并不直接进行货币市场的操作，而是通过定期会议形式指导联邦储备系统银行的公开市场操作，进而影响市场上货币的储量，实现有弹性的货币供应。联邦公开市场委员会的定期会议成为传递美联储货币政策的信号，故有不少媒体将联邦公开市场委员会等同于美联储。从这个角度看，美联储是一个独立于行政机构的中央银行系统。

美国政府并没有货币发行权利，而联邦储备银行可以发行"联邦储备券"作为美元纸币，即基础货币，但联邦储备银行发行纸币的基础是自身的资产。联邦储备银行的资产包括黄金和特别提款权、美国国债、联邦机构债、住房抵押贷款支持证券、对金融机构贷款、回购协议、对特定机构支持定期资产支持证券贷款工具有限责任公司的资产净值、中央银行流动性互换项目等。其中，黄金和特别提款权不是直接持有，而是通过美国财政部间接持有[①]。目前发行基础货币的资产是证券化的债权类资产，其中主要是美国国债。美国国债的发行由美国财政部执行，发行上限受到国会控制，与美联储无关。政府需要货币，除了税收之外，只能以公开市场发债的形式筹集，各方面力量又约束了政府的发债行为。这样精妙的设计阻止了政府通过滥发钞票来掠夺私人财富的行为，维护了信用货币的稳定，避免引发通货膨胀。"联邦储备券"发行与使用范围的不断扩大，逐渐统一了美国市面上的通货，成为美国货币流通中的唯一法定纸币。目前，我们所说的美钞基本都是指1928年之后各版本的"联邦储备券"。

联邦储备制度安排是美国货币银行史上一次里程碑式的改革，开创了一个带有美国特色的全新的中央银行体系。该体系在不断立法调整中不断完善并走向成熟，不但促进了美国金融稳定和经济发展，还对美国全球金融霸权的构建起到至关重要的作用。

● 在货币时代的更迭中，美元崛起

"二战"后，受到巨大战争创伤的欧洲传统强国难以维持已有的殖民地体系，欧洲国家控制的殖民地开始纷纷独立，脱离宗主国。特别是英帝国逐渐瓦解，变为松散的英联邦。全球贸易和金融体系开始重构。一方面，得益于一系列强力经济措施，美国最早走出大萧条。在战争中，美国本土受到的创伤较小，反而生产能力得到极大释放，形成了海量的商品库存，向全球销售。美国开始

[①] 1934年罗斯福签署的《黄金储备法案》，要求美联储把所有黄金的所有权移交给财政部。

主导全球贸易。另一方面，战后重建对货币出现了巨大需求。战时经济条件下，废除金本位的无限制纸币发行机制，难以在和平建设时期继续实施。建设货币的来源成为一个重要问题。当时人们深受魏玛德国等管理通货失败，造成恶性通货膨胀，引发政治动荡的影响，普遍抗拒政府管理通货，而要求纸币发行有明确的货币共识。为了顺应传统贵金属货币共识，1944年美国主导建立了布雷顿森林体系。这是一种形式上是以美元为基础的金汇兑本位制，实质上是为了避免管理通货的纸币发行机制，披着金汇兑本位制外衣的美元，以黄金的货币共识进入国际货币市场，形成国际货币。美元的全球货币共识也是通过全球贸易的大额支付场景形成并巩固下来的。布雷顿森林体系能够建立，很大程度上是因为美国主导了全球的工业生产与贸易。1950年，美国占世界工业的比重曾高达49%，是当之无愧的第一工业大国，与之匹配的是占世界贸易的比重高达17%。这一点与19世纪崛起的英国如出一辙。同时，美国比英国更具优势的是幅员辽阔，农业生产条件得天独厚，是世界主要粮食出口国之一，主导了全球的粮食定价。

布雷顿森林体系建立之后，英镑作为世界结算货币才逐渐被美元所取代，世界货币正式进入美元世纪。英镑也开始了漫长的逐步贬值的过程。1949年9月，英国宣布英镑贬值30.5%，将英镑兑美元汇率从1英镑兑3.5美元贬到2.80美元；1967年11月，英镑再次贬值，兑美元汇率降至2.40美元，英镑含金量也降为2.13281克。最终，英镑于1967年成为美元的附属货币，尾随美元进入有管理的浮动汇率时代。

然而，美国要对外输出美元，只能靠大规模的贸易逆差，进而形成美国的海外美元市场。但长期的贸易逆差会积累大量的海外美元，影响主权货币的币值稳定信心，怀疑美国财政部拿出足够的黄金稳定世界货币市场的能力。这就是著名的"特里芬难题(Triffin Dilemma)"。当更多的人怀疑美国时，形成了美钞币值偏空预期，而用美元买入黄金进行投机交易。从1959年开始，投机客就在伦敦私人黄金交易市场（当时全球最大的私人黄金交易市场）买入黄金并囤积。到了1960年10月，伦敦金价已经涨到1盎司40美元。为了维护金融体系的稳定，美国联手其他西欧七国一起抛售黄金，使伦敦金价重回基准金价（35 美元每盎司）。然而，面对经既有的美元国际货币共识，美国依然要对外输出美元，保持世界美元的供给弹性。一部分海外美元开始流入私人黄金市场，或参与黄金的投机交易，或因美元信心动摇被兑换成黄金。为了维持私人黄金市场的金价稳定，美国政府耗费了大量的黄金储备。1968 年 3 月 15 日，美国被迫推行黄金价格双轨制。在官方市场，美元兑换黄金价格维持不变，而在私人市场，黄金价格由市场决定，各国政府不再干预。

除特里芬难题之外，困扰着布雷顿森林体系的因素还有各方利益的不均衡。由于当时美国公民不能合法持有黄金（1934 年颁布的《黄金储备法案》），美国财政部的黄金储备只能应付海外美元的兑换。如果布雷顿森林体系中的参与国不提出将持有的美元兑换成黄金，这个货币体系依然可以运转。但是，在布雷顿森林体系中，美元是唯一的世界货币，其他货币采用固定汇率制锚定美元。参与国不但要通过贸易顺差，维持美元流入，保持本国汇率稳定，还失去了货币政策的自主权，参与国无法通过货币政策调节本国货币汇率来改善本国出口和促进本国经济增长。随着战后重建的逐渐完成，欧洲传统强国以及亚洲的日本的经济恢复，对不平等的"美元特权"提出了挑战。法国总统戴高乐（Charles de Gaulle）首先向美国发难，要求将法国持有的美元兑换成黄金。最终，1971 年 8 月 15 日，尼克松政府宣布放弃金本位制和加征 10% 的进口附加税，"布雷顿森林体系"随之崩溃，史称"尼克松冲击"。1974 年，福特总统签署法律，允许美国公民拥有黄金。黄金彻底不与美元挂钩，而成为一种与其他商品没有任何区别的普通商品。

彻底脱去了金本位外衣的美元在原油市场的交易中，继续保持了大额支付的使用场景，维护了美元的国际货币共识，排挤了其他主权货币，站稳了世界货币的脚跟。产业经济的发展，对能源和基础原材料的需求不断增加。石化技术的成熟，石油产业化进程的不断深入，石油替代了煤炭成为世界产业经济中最为重要的基础能源和基础原材料。美国既是石油生产大国，同时也是一个石油消费大国。据统计，1965 年美国的原油产量占世界总产量的 37.5%。著名的 WTI 原油期货，便是以出产在美国西德克萨斯的中质原油作为结算标的物的。到了 20 世纪 70 年代，美国的石油消费量占世界石油消费总量的 30% 左右，而人口仅占世界的 6%。美国自产原油已经难以满足自身的石油消耗，而开始转向中东进口原油。此时，英帝国式微，英国经济发展不如日德，英镑颓势已现。而中东主要产油区战争不断，缺乏稳定的社会基础，而没有出现有效稳定的计价货币。得益于美元稳定的发行与回收机制，形成的基本稳定的价值尺度，在全球原油贸易的博弈中，延续了美元计价的习惯。随后，公众也开始接受用美元计价的石油贸易。美元通过大宗商品贸易计价，巩固了世界货币的地位。

为了解决布雷顿森林体系解体之后的国际货币体系真空问题。1976年1月，国际货币基金组织(IMF)理事会国际货币制度临时委员会达成了"牙买加协议"。同年4月，《IMF协定第二修正案》通过，"牙买加体系"建立，成为新的国际货币体系。牙买加体系的主要内容包括推行黄金非货币化，实行浮动汇率制度，增强特别提款权的作用，增加成员国基金份额，增加对发展中国家的融资。牙买加体系并未动摇美元的国际货币地位，相反的是，建立了一个以美元为主要储备货币的信用货币体系。

因此，信用货币的本质是在发行者与接受者之间建立起来的债权债务的共识，这个共识建立的核心是货币的回收机制。发行者供应的货币，需要有确定的回收机制，如果没有回收机制，那么这个行为就不是货币发行，而是资产出售。资产本身一定要具有价值的共识。简而言之，货币必须有回收者，而资产只需有出售者。这就是美元在失去了"黄金锚"之后，依然畅行全球的根本原因。

在全球的新冠疫情中，经济活动趋于停滞。人类将有可能面临近乎"大萧条"时代的经济危机。美联储开始为商业银行兜底，沦为"最后的商业银行"，而不再是最后的贷款人。超发的货币将面临回收难题，美元的霸权地位有可能出现动摇。

经济数字化需要新的金融形态

● 银行货币的基本运行方式

今天，大部分主权国家实行银行货币制度，这样的货币体系是产业经济发展的必然结果，这被高度抽象概括为"货币供应是由货币需求所决定的内生变量"。产业经济时代，生产规模的不断扩张，主要货币需求由自然经济自上而下的税收需求转向了自下而上的资本驱动。以纳税为主体的货币需求，逐渐被以交易、支付、投资、清算等为主体的货币需求所取代。货币的需求拉动了货币的供应，但政府本身也有融资需求，政府的融资行为必须与信用货币发行隔离，以维持金融稳定。货币供应功能便落到了银行体系上（见图4-1）。

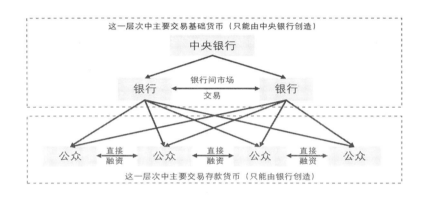

图 4-1 双层银行货币运行结构（引用：孙国峰[①]）

在此制度下，货币分为基础货币（高能货币）与存款货币两个不同层次。基础货币只能由中央银行供应与回收（通过中央银行的记账方式"创造"），一部分是流通中的现钞，大约占中央银行的基础货币数量的1/3。更大一部分基础货币是各个金融机构（主要是商业银行，本节下通称"商业银行"）在中央银行账本上的账户数额。对于商业银行而言，中央银行的基础货币大部分也是存款货币。中央银行运用公开市场操作等一系列货币工具，在银行间货币市场供应或收回基础货币。各个商业银行通过银行间货币市场的货币交易，增加或减少所持有的基础货币。在现行的金融体制下，中央银行并不与个人或非金融企业发生业务往来。现钞虽然是基础货币的一种，是中央银行对钞票持有人（个人和企业）的债务，但目前中央银行也不对个人和企业直接提供现钞。因此，大部分人对中央银行的感知是现钞上印刷的发行机构名称。

在现代银行货币体系下，中央银行供应货币的原则是保证货币的需求和保证货币的回收。货币的需求体现在货币的价格上，也就是货币市场交易形成

---
① 孙国峰. 对"现代货币理论"的批判 [J]. 中国金融, 2019(15).

的利率。货币的利率增加，说明货币供不应求，就是我们常说的流动性紧张。反之，流动性紧张就要增加货币供给。

如何保证货币回收呢？这依靠的是中央银行资产负债表上的资产（见表4-1）。打个比方，一个人向另一个人借东西。借出人收到欠条，借入人收到东西。到了借条约定的时间，借出的人收回东西，借入的人收回欠条。借入的人能收回欠条的前提是东西在手上，没有坏掉。同理，中央银行发行货币，本质上也是借贷。货币本身就是"欠条"，是中央银行向商业银行打的欠条。只不过欠条没有约定归还日期。借入的"东西"是中央银行资产负债表上面的资产。一旦商业银行需要，就还给商业银行。只不过这个归还过程比较复杂而已，一般来说只能通过交易完成。

中央银行不是经营性实体，借入的资产只是由中央银行暂时保管而已。为了保证货币收回，借入的资产一定要稳定可靠。一般来说，有两种主要资产可以被中央银行借入。

表 4-1 中国人民银行资产负债表[①]

项目 Item	2020.01	2020.02
国外资产 Foreign Assets	218649.84	218452.13
外汇 Foreign Exchange	212374.43	212249.09
货币黄金 Monetary Gold	2855.63	2855.63
其他国外资产 Other Foreign Assets	3419.78	3347.41
对政府债权 Claims on Government	15250.24	15250.24
其中：中央政府 Of which: Central Government	15250.24	15250.24
对其他存款性公司债权 Claims on Other Depository Corporations	120824.15	108534.97
对其他金融性公司债权 Claims on Other Financial Corporations	4740.84	4741.95
对非金融性部门债权 Claims on Non-financial Sector		
其他资产 Other Assets	14030.02	14041.97
总资产 Total Assets	373495.10	361021.26
储备货币 Reserve Money	321597.94	308676.04
货币发行 Currency Issue	101156.76	96497.29
金融性公司存款 Deposits of Financial Corporations	202608.32	197359.23
其他存款性公司存款 Deposits of Other Depository Corporations	202608.32	197359.23
其他金融性公司存款 Deposits of Other Financial Corporations		
非金融机构存款 Deposits of Non-financial Institutions	17832.85	14819.52
不计入储备货币的金融性公司存款 Deposits of financial corporations excluded from Reserve M	4715.86	4613.64
发行债券 Bond Issue	1020.00	995.00
国外负债 Foreign Liabilities	1136.57	934.72
政府存款 Deposits of Government	36788.28	37167.01
自有资金 Own Capital	219.75	219.75
其他负债 Other Liabilities	8016.70	8415.11
总负债 Total Liabilities	373495.10	361021.26

---

① 中国人民银行. 货币当局资产负债表 [R]. 中国人民银行，2020.

一是政府的债权。理论上，政府有稳定的税收收入，政府的债权是一种好资产，不用担心不还。但是，中央银行不能直接向政府放贷款，政府如果能直接从中央银行融资，就会引发政府对中央银行无限制的融资需求。这就出现了"欠条"（政府债权）换"欠条"（法币）的短路循环，必然造成海量的"欠条"，导致恶性通货膨胀。这就与短接电源两极，产生无穷大的电流同理。我们手上以银行存款货币保存的财富盈余将逐渐成为没有任何实际意义的账户数字。这种情形一旦出现，要么中央银行破产，要么政府倒台。民国法币发行的失败便是典型的例子。金本位的出现，很大程度上是为了约束政府向中央银行无限制的融资行为。用法律来避免政府向中央银行融资，让政府与中央银行形成一个互相约束机制，阻止政府通过发行货币来解决自身的收入，这就是银行信用货币制度在今天可以正常运转而避免出现恶性通货膨胀的根本所在。

在中国，作为政府机构的中国人民银行通过法律形式阻断了对政府的直接融资。1995年《中国人民银行法》规定"中国人民银行不得向地方政府包销国债和其他政府债券，不得向非银行金融机构以及其他单位和个人提供贷款，不得向任何单位和个人担保"。

但是，中央银行可以从公开市场买入证券化的国债，作为借入的资产，这是美元发行的主要基础。日本央行发行日元也是采用类似方式。在中央银行的负债表上，表现为资产项下"对政府债权"的增加，对应负债项下"储备货币"（其他存款性公司存款）（或"不计入储备货币的其他存款性公司存款"）的增加。简单地说，就是中央银行向金融机构"自主"买入国债，投放基础货币。

二是外汇资产。今天的外汇资产，本质上看还是政府的债权，实际上是货币价值尺度稳定的国际货币。在国际贸易中，在双方互不相信对方的货币共识时，就不得不用国际货币结算。从中央银行的资产负债表上，可以看到资产项目下的"国外资产"（外汇储备）的增加，对应的是负债项目下的"储备货币"（其他存款性公司存款）的增加。简单地说，就是中央银行买入商业银行手上的外汇，向商业银行供应基础货币。商业银行的外汇一般来自企业的进口贸易盈余，或外资的直接投资。目前，外汇占款已经成为中国人民银行基础货币投放的主要方式。

此外，金融机构的债权也能短时间作为资产借入，解决这些金融机构短时间的货币需求问题。在中央银行的资产负债表上，表现为资产项下"对其他存款性公司债权"的增加，对应负债项下"储备货币"（其他存款性公司存款、货币发行）的增加。中央银行还有一系列货币工具，调节货币投放的时间分布。

个人和企业所持有的货币准确地说都是银行存款货币。从企业或个人端看，通过商品或劳务交换、投融资行为或纸币的置换，可以增加（或减少）各自在商业银行账户上的货币数额。即使是个人与企业持有的现钞，追根溯源也是通过商业银行账户的变动获得，而非直接与中央银行交易获得。从商业银行端看，商业银行是货币供应的主体。他们通过自身资产负债表的变化，供应或回收银行存款货币。由于商业银行是个人与企业货币交易的对手方，商业银行与其他会计主体在会计记账上具有本质区别。商业银行资产负债表的特征是资产创造负债，而个人（如果有）与企业资产负债表的特征是负债创造资产。这里说的资产包含负债，我们可以用可动员的经济资源来理解这个资产概念。无论是自身投入的，还是通过信贷获得的资产，在实际运营中不会有任何区别，都是可调配的资源。

在商业银行、企业和个人构成的经济活动循环体系中，我们可以看到一个银行存款货币供应与注销的过程，通俗地说就是存款货币的"铸币"循环。商业银行通过信贷行为供应银行存款货币，形成生产资本投入企业。企业获得资本后购买商品与劳务组织生产，企业银行存款货币一部分转移到个人账户，或者成为个人手中的现钞。个人的银行存款货币或现钞通过购买企业生产的商品，回流到企业账户，完成银行存款货币的一次循环。个人与企业在这个过程中，因创造了实际财富而有了盈余。这些盈余，一部分是以实物或实物权益的形式存在，另一部分可能以银行存款货币或现钞的形式保存。信贷到期后，企业归还贷款，企业的银行存款货币回流到商业银行。商业银行将这笔信贷资产与负债进行销账，实现银行存款货币的注销。多出的一部分存款货币便是商业银行的盈利。这是一个基本金融循环。在这个循环中，个人活动创造的财富一部分在企业的商业活动中流入了企业部门，另一部分在银行的货币供应中流入了商业银行，成为商业银行的盈利。当政府允许企业和个人用银行存款货币交税（对公支付）时，银行存款货币也就是法币。当然，法币的供应是中央银行的特权。这就是一个以中央银行为中心，以商业银行为基础的货币银行体系，银行货币在这个体系中不断进行着供应、流转与注销的循环。

显而易见，来自商业银行的存款货币又具有不一样的流动性，即什么时候可以用于交易（见表 4-2）。现钞具有最好的流动性，随时可以用于交易，无拘无束，被称为 M0。M0 才是中央银行真正需要印制的钞票。商业银行活期账户的存款货币，虽然使用起来比起现钞还是有一些不方便，但在以"日"为交易时间的场景下，性质和现钞差不太多，可以随时用于交易。所以将活期账户的存款货币与流通中的现金称为货币，就是大家经常听到的 M1。M1 没有统计个人与企业的其他存款，不足以反映市面上个人与企业所持有的货币的总体情况。因此，又在 M1 的基础上加入了定期存款、储蓄存款、其他存款等在确定的一段时间后可以用于支付的存款货币，就是大家经常听到的 M2。M2 几乎包括了一切可能成为现实购买力的货币形式，通常认为反映的是社会总需求变化和未来通胀的压力状态。理论上，M2 增速如果快于整个社会所能提供的总供给，就会引发通货膨胀。实际情况却很复杂。因为还有资本市场可以吸收过量的 M2。当然 M0、M1、M2 是通过两层银行系统的资产负债表计算出来的。

表 4-2 货币供应量[①]

项目 Item	2020.01	2020.02
货币和准货币（M2）Money & Quasi-money	2023066.49	2030830.42
货币（M1）Money	545531.79	552700.73
流通中货币（M0）Currency in Circulation	93249.16	88187.05

因此，在这样"公私合营"的货币供应制度下，货币必须有严格的层次之分。中央银行与商业银行的货币供应行为是不能互相替代的。中央银行（公共部门）供应的货币是基础货币，而商业银行以基础货币为支撑对公众供应存款货币。

---

① 中国人民银行. 货币当局资产负债表 [R]. 中国人民银行，2020.

中央银行从维护金融稳定的公共利益角度出发，支持和制约银行的存款货币供应行为。商业银行依据市场对货币的需求，通过配置信贷资源供应存款货币。政府通过发行国债和影响中央银行行为，间接为银行体系提供主权信用支持。公众通过储蓄或用银行货币购买债权，进行短期消费与长期价值保存的配置，完成在近期和远期支出上的取舍。银行的货币供应已成为最主要的货币投放方式。离开了银行账户体系，现代货币也不复存在。

● 银行货币下的金融匹配于产业经济

现代信用货币体系及其构成的金融体系可以通过货币的创造与注销循环，大规模动员社会资源，满足产业经济大生产与大销售背景下的大投资和大资本。围绕着这个货币体系，诞生了银行、证券、投资、信托、保险等一系列金融机构，造就了产业经济的繁荣。保障这个复杂系统顺畅运转的是与之匹配的金融基础设施。简而言之，就是一套法律、会计和监管的制度与技术安排。放眼全球，这样的制度与技术安排不是一步到位实现的，而是不断迭代更新完善的。通常情况是金融实践推动了制度的完善。

自然经济时代，经济的秩序是民法驱动的，主要是物权和债权问题，解决简单的占有与转移问题。货币的主要形态是物理形态，视同物品。进入产业经济时代，中央银行、商业银行体系建立起来以后，民法意义上的财富转移无法解释，更无法支持存款行为及其派生的银行货币活动。至今在民法理论研究中，还在争议银行存款是债权还是物权的问题，简单地说，就是银行存款的所有权是储户还是银行的争辩。如果银行存款的所有权归属于储户，则银行无权使用这些存款进行放贷，而储户才有放贷的权利，银行只能作为中介，提供牵线搭桥的服务。事实上，银行的放贷与储户完全没有关系，不需要储户做出任何许可。由此看来，储户往银行存款，形成的是债权，这就是争议点，引申的问题是银行要不要保证存款的刚性兑付。

于是，公司法、票据法、海商法、证券法等一批商法相继出现，突破和颠覆了之前民法对经济社会的秩序安排。"公司法""破产法"确立了公司法人、有限责任制，以及公司的商业活动基本规则，使公司成为独立的经济活动主体。"银行法"确定了中央银行制度和商业银行体系，确立了信用货币的基本形态。"证券法""期货法""保险法"确定了金融交易的基本规则。我们将这些法律的集成称为"法律支柱"。从复式记账法发展起来的会计技术，被规范化和标准化之后，形成了会计制度、会计准则、会计报表，构成了现代金融最重要的记账方式，被称为"会计支柱"。在银行账户的现代货币体系下，维护金融稳健运转有三个基本的保障条件，一是控制存款货币的供给，二是反洗钱，三是防伪钞。大萧条后金融业被要求稳健经营，开始接受分业监管，以约束银行的信贷行为，而控制存款货币供给。围绕银行账户体系进行账务的监督与核查。保护资金、识别风险、计量风险、监测风险、控制风险、市场调节，构成了"监管支柱"。

在这三个支柱之下，形成了一个完整的金融基础设施体系。这个体系大致可以分成四层结构。底层结构是金融交易的基础设施，解决货币的流通通道问题。金融基础设置农信银行资金清算中心、中信机构间报价系统、中国证券登记结算有限公司、城市商业银行资金清算中心、中央国债登记结算有限公司、证金公司、征信、上海清算所、网联、中国银联。上一层结构是金融市场的基础设施，解决交易场所问题，主要有货币市场、资本市场、外汇市场和黄金市场。其中资本市场可分为证券市场和期货市场。有再上一层结构是金融自律组织和行业协会，有证券业协会、基金业协会、期货业协会、保险业协会、信托业协会、财务公司协会、中国支付清算协会、互联网金融协会、银行间市场交易协会。最上层结构是监管机构，有中国人民银行、银保监会、证监会，以及对类金融机构监管的地方金融局。

现代货币是账户货币[①]。银行账户体系和财务法律体系决定了现代社会的基本经济秩序。银行记账活动成为整个金融活动中心，并以此为基础建立了现代金融基本设施，基本上维护了金融秩序的稳定。企业，特别是大型企业，必须建立起完备的会计制度和规范化的账本，具备较强的记账能力，以记录经济

---

① 凯恩斯. 货币论[M]. 何瑞英, 译. 北京：商务印书馆, 2011.

活动。故而大型企业深受银行青睐，是金融需求的主力军，可以得到充足的生产资金。充足的生产资金增强了企业动员资源的能力，在提高生产效率，降低生产成本的导向作用下，企业的规模不断扩张，生产能力不断增强，也加剧了供给集中度，这是典型的产业经济逻辑。这个逻辑在大萧条时期已经破掉了，无法解决产业经济供给与需求的不匹配问题。

个人对记账没有需求，大多数人没有账本。个人的经济活动要么被忽略，要么记在别人的账本上。所以，个人一般被银行货币体系视为资金的来源，抑或是被吸引超前消费，更糟糕的是兜售不知所云的金融产品。2020年的中行"纸原油"负价结算风波便是一例。"纸原油"被包装成一种低风险的实物资产。但是，几乎没有人能够或愿意了解"纸原油"的金融产品本质属性，也无从谈起对其中风险的识别和自身承受能力的评估。个人及家庭"富余"的资金并没能创造出经济和谐，反而被既有的金融体系滥用。个人金融消费者已经被培养或塑造成货币的奴隶，不断地追随主人的皮鞭，结果必然逃不脱巨大灾难。

中小企业财务能力偏弱，会计制度难以健全，基本不在银行金融服务的覆盖范围内，也基本不可能得到必要的生产资金支持。中小微企业灵活的经营方式，快速的需求响应是经济中非常活跃的一个部分，又是就业的提供者和创新的动力源。这些中小微企业还是未来的发展方向，最终将长成参天大树。从无数创业企业中成长起来的互联网头部企业便是典型的例子。然而，它们是被传统金融体系忽略的一部分。

银行货币体系构筑的现代金融是产业经济时代的产物，匹配于产业经济的基本逻辑。在产业经济发展初期，金融业起到了至关重要的作用，但在经济增长逻辑发生变化时，传统的金融业开始出现了不适应。

当人们开始习惯于现状,出现所谓的"路径依赖"时,发展便到了临界点。一个微小的扰动,便会出现阶跃响应,开启一个新的时代。

在数字金融下,账户、支付、资产、风险等金融活动都将发生变化。

在这些变化中,埋藏了变化的逻辑,曰之"道"。

第五章
记账方式的变化

记账活动实现了权益流动

● 记账是共识发展到一定阶段的产物

金融活动被不断抽象之后，就是账户上的变化，即记账活动。只要开展记账活动，就有不同的参与者，又称为记账主体。还有专司记账的人，可以与记账主体是同一个人，也可以不是同一个人，这取决于记账方式。

我们先从一个人的经济活动场景看起。在一个人活动的经济场景下，也是需要记账的。记录的是自己的经济决策的结果，为后续的经济决策提供依据。一个人的经济活动场景，经济活动决策的限制是个人的时间。一个人的时间不会因为经济活动而增加。经济决策本质是经济活动的时间安排。时间安排的依据来源于历史活动的经验积累。经验的来源可能是对既往经济活动的量化与记录，也就是记账的过程。对账本数据的分析，记账人得出经验。设想一下荒岛求生。这个人将不得不在各种活动中做出取舍。每一次选择，一般会获得不同的收益。例如采集与渔猎的选择，获得收益是不一样的。这个取舍可以认为是一种经济决策。将既往的经济决策和收益记录下来，便可成为日后选择的依据，这就是一个人经济活动的记账场景。一个人的记账是简单的，没有交易与分配环节的存在，经济活动成果直接体现在生产环节上，流水式的记账方式就可以清楚地记录经济活动。这样的记账方式，也被称为"单式记账法"。

单式记账法是一种简单灵活的记账方式，几乎没有记账方式与标准的约束，一切依据个人对记账数据的需求来定，以反映个人的经济活动。一般没有固定的账期，多以经济活动时间为账期。一般没有造假风险，造假而出现的选择错误会给自己带来灾难性后果。然而，这样的记账方式没有信任基础，几乎不被外部承认。信任基础的关键在于记账的共识和账本的不可篡改，对于这两点，个人的单式记账都无法实现。时至今日，个人记账活动形成的账本依然不被外部承认，个人的记账需求几乎没有，个人的经济活动绝大多数是被记在企业部门的账本中。

多人经济活动的记账情况就开始复杂起来。首要解决的是共识问题，没有共识，就无法建立信任关系，记账内容不被外部承认的问题依旧。共识，简单地说就是各个参与方在某一方面达成一致的意见。用博弈论来解释就是，共识是共同认识的信息，这句话表达了两层意思，一是每个人都认识到的这个信息，这是为了保证信息准确传达到每一个参与的人；二是所有人都知道每个人接受了信息这个事实，这是为了保证所有人都接受了这个信息。记账活动的基本共识首先是记账单位的共识。由于经济活动的对象的不一致，所以存在不同的计量方式，或直接计量，或间接计量，不同的计量单位对应的是不同的记账单位。不同的记账单位一定无法达成稳定的共识。同时，这样的记账需要多方多次验证，记账效率非常低下。当货币共识稳定之后，所有的经济活动都可以用货币进行计量，抽象成为用货币单位计量的数字，货币成为记账活动的主要共识来源。当货币计量行为与记录方式标准化之后，记账的共识就基本建立起来了。接着是记账周期的明确。每个人每一项经济活动都有不同的时间周期，以哪一项经济活动周期作为记账周期都无法顾及其他的经济活动，这就需要明确一个记账时间。当然这个时间单位越精确越好。人类可以普遍精确感知的时间现象是日升与日落，最终人们的记账最小时间统一到了一个日升日落周期。至此，记账的共识基本达成，有了账本互信的基础，记账活动取得了一次新的飞跃。这样的单式记账法在中国历史上长期存在，发挥过重要作用，但存在明显的局限性。

经济活动加入了交换或分配环节，就成了双方的互动。一项经济活动就出现了两个相对的活动成果。此时，记账的共识已经落到了货币共识上，经济活动的记账已经抽象成货币的增减。单式记账法账本只能记录其中的一面，而另一面则记录在对方的账本上。一个账本不能很好地反映出这次经济活动的全部成果，更重要的是无法通过账户的算术运算去验证账本的准确性。而经济活动又强调分工、互动与交易。分工带来了经济活动效率的提升，交易实现了经济活动成果的互通有无。分工与互动，还推动了经济组织的诞生与发展。经济组织的活动成果更是需要在账本中清晰地反映出来，以便相关利益者可以公平地分享经济活动的成果，单式记账法显然无法满足这样的需求。黄仁宇先生多次提到中国历史上缺乏数字化管理（mathematical management）大约也在于此。单式记账法无法验证记账的准确性，账本的准确性存疑，账本的信任共识需要依靠更多的外部条件。在中国，一般是由血缘关系，或者虚拟的血缘关系来约束记账的准确性。同时，经济活动大部分发生在这种关系体形成的经济体中，相互的账本验证是可以实现的。无论是国家，还是这种关系之外的主体，都无法通过这样的账本建立起记账的共识，以发生经济联系。国家无法从经济增长中获得税收收益，而不支持其进一步发展。这种关系之外的经济活动组织也无法参与经济活动的分工，限制了分工水平的进一步提升，限制了生产效率的提升空间，造成了经济发展的封闭性。记账方式的落后在一定程度上阻碍了中国商品经济向产业经济发展的步伐。

人们在实践中发现，一项经济活动将形成两个相对的结果可以同时记录在一个账本上。一个记"增"，另一个记"减"，而且两者变化的货币数额一致。例如，用钱买米的经济活动，在账户上同时记录钱的减少数额和米的增加价值，且两者是等价。这样的记账活动，形似天平称量，左右要时刻保持平衡。人们起初用天平来表示账本，最终被抽象成"T"。每次记账活动都要保证"T"的左右两边用货币计量的数额相等。如此这般，将每一项经济活动的结果，都以相等的金额，记录在一个账本中的两个相关条目上的记账方式，被称为"复式记账法"，英文是Double-entry accounting。仅从英文的字面意思，也能说明这种记账方式的精髓是双重（Double）入（entry）账（accounting）。

复式记账法进一步发展，衍生出增减记账法、收付记账法以及目前使用最为广泛的借贷记账法。借贷记账法规范了记账科目，即账户。经济组织的经济活动被高度抽象成账户的货币活动。为经济组织外部利益相关者以货币计量方式了解经济组织经济活动成果提供了科学、精确且可验证的技术工具。当金融机构作为不同经济组织的账户活动中间人出现时，账户活动开始具备了权益传递的能力，由此反映出价值传递的情况。金融机构为其服务的各个经济组织建立了统一的账本。不同经济组织之间的权益传递活动，由完全的实物交换，演变为实物交换与记账活动共存的混合体。

从复式记账法发明至今，伴随着产业经济不断发展成熟，成为产业经济运行的基本秩序之一。

● 现代金融的基础是记账活动与银行账户

对于不熟悉现代会计的读者来说，可能会对复式记账法的可靠性存疑，对记账活动传递价值存在困惑。财务造假事件时有发生，更是加重了这样的质疑与困惑。下面来简单浏览一下现代账户体系。

现代账户体系建立在现代财务制度规范的基础之上，核心技术是财务会计。财务会计的基本活动是记账，记账的基础是账户的规范化，账户是对同类记账事项要素进行归集和记录的记账科目。经济组织的活动丰富多彩，经济活动结果都可能有各自不同的名称。如果以这些名称作为记账科目，不同经济组织有不同的账本。要了解经济组织的账本，首先要了解经济组织的经济活动。这对账本的使用者来说是一个挑战，也弱化了账本反映经济组织内部信息建立起更多互动联系的作用。

账户规范之后，以资产与权益平衡关系作为记账基础，对于每一项经济活动，都以相等的货币数值在两个或两个以上相互联系的账户中进行登记，系统地反映货币的运动变化结果，这便是现代会计。

一个完整的账户的基本结构至少应同时具备以下四个内容。

（1）账户名称，从会计准则中确定的会计科目。

（2）记账信息，记录经济活动的日期和概括说明经济活动的内容。

（3）货币数额，货币数量增加方和减少方的金额及余额。

（4）凭证号数，即经济活动记账依据的文档编号，以供查验记账的真实性。

账户是会计信息的基本载体。经济组织的经济活动产生了形式多样的结果，以不同计量方式的数据呈现在人们面前。这些数据按照会计准则进行确认，并分类记录到会计账户中去，便是会计信息。账户成了会计信息和非会计信息的界限。

记账的可靠性不但来源于账户的统一，还来源于记账的标准化。在这两百多年的产业经济发展中，会计体系不断完善，构成了一套极其严格的制度与流程。这里就不展开叙述了。只是简单将会计记账活动分解成四个步骤。

第一步，形成会计分录。会计分录是记账的基础信息，是对每项经济活动列出相对应的双方账户及其金额的一种记录活动。在登记账户前，通过记账凭证编制会计分录，能够清楚地反映经济业务的归类情况，有利于保证账户记录的正确性和便于事后检查。这里涉及一个会计假设是货币计量假设。显然经济活动不可能完全用货币计量出来，但为了达成记账共识，只能将其统一为货币共识，用货币进行计量，并人为假定在周期内货币价值尺度是稳定的。记账活动只能用货币计量的经济活动成果，对于暂时无法用货币计量的部分，现有的记账方式直接将其忽略掉。

第二步，将会计分录逐笔记入明细账。这是将会计分录信息，按照明细分类账户逐一记入对应分类登记账本。明细账是对总分类账信息进行补充，对经济活动的详细内容进行核算，与总账平行运行。对于同一笔经济业务来说，既要对总分类账进行总括登记，又要对相关的明细分类账进行明细登记。

第三步，编制试算平衡表，并根据试算平衡表登记总账。试算平衡表是指某一时点上各个账户变动结果的列表，是用于检查借贷方是否平衡，检查账户记录有无错误的一种会计列表。总账是对明细账的总括登记，可以根据各种记账凭证逐笔登记，也可以把记账凭证按照一定方式进行汇总，编制成科目汇总表或汇总记账凭证等资料后再登记，这一切依据会计核算形式而定。这里涉及的会计假设是分期假设。经济活动一般是连续进行的，不可分期。但试算平衡需要有一个明确的断点。由此可以人为地切割出一个断点，以便在一个固定的时期内进行试算平衡。

第四步，根据总账编制报表，对外输出记账结果。这就是我们日常所说的三张表，利润表（损益表）、资产负债表和现金流量表。人为切割出的断点，也是财务报告期。一般有日报、月报、季报、半年报、年报。这里涉及两个会计假设，一是实体假设，二是持续经营假设。

实体假设可以明确记账范围，区分自然人与法人的经济活动。在产业经济时代，经济活动大部分发生在物理世界中，记账的范围明确、清晰。但随着经济活动在数字空间的增加，这个假设开始发生变化。

持续经营假设是为了保证账户记录权益的可靠性。借贷记账法采用的是权责发生制。简单地说就是以账户的权益转移作为记账依据。权益转移引起的货币的转移可以是同步，也可以是不同步的。如果经济组织经营中断，记录在账户上的权益未必都能最终完成货币的转移。当假设经济组织持续经营时，这样的问题就可以得到解决。在产业经济时代，记账对象所面临的经济环境是相对稳定的，变化平缓。经营恶化一般会有先兆，极少出现经营突变的情况。所以在会计处理中认为除非存在明显的证据，否则都将假设一个主体的经营活动是连续的。

上述种种，不过是揭开了烦琐会计流程与制度的冰山一角。现实中的会计活动已经复杂到了成为一门单独的学科。虽然财务造假事件时有发生，但是整个财务制度还是匹配于产业经济的发展，并在各种危机中不断地自我进化完善。会计记账活动不仅登记了经济活动的成果信息，还登记了不同账户的权益与变动情况。

账户在用货币计量方式记录经济活动结果的同时，也一并记录了经济活动产生的以货币计量的权益。也就是说账户上的货币数额，既反映了经济活动的成果，又反映了经济活动产生的权益情况。账户便成了权益的主体。在相同的货币计量体系中，不同账户的货币数额的大小便是账户所拥有的权益多寡。借贷记账法通过交易驱动账户的货币数额变化，实现了不同账户间的权益流动。

所以，记账活动是权益流动的一个重要方式。对于一个经济组织，权益的流动，可以是被经济组织内交易触发的，也可以是被外部交易触发的。

外部交易触发的账户活动，必然要与另一个经济组织的账户发生联系。从经营活动看，是商品与货币的交换过程。从记账活动看，表现为双方不同账户上的货币数额变化。账户的货币数额变化即为账户权益的转移。但是记账活动由不同的经济组织各自完成，形成的账本各自保管，互不相干。在这样各自记账的情况下，各自的记账活动难以被对方承认。这样的记账活动并不能实现权益的转移，需要有一个双方都认可的"中间物"来连接各自账本上账户的权益流动。这个"中间物"即为货币。货币不但连接了交易双方的账本，还承担了平衡各自账户的功能。账户上的货币变动，可以由货币或货币凭据的实际交换而驱动。但这样的交易效率并不高，交易成本高昂。不能适应产业经济大生产，大销售的模式。

当金融机构开始介入交易的记账活动后，连接双方账本的"中间物"变成了金融机构的账本。对于金融机构而言，不同的账户可以代表不同的经济主体。外部的交易指令驱动内部的账户活动，账户的变动意味着权益在不同经济组织间的流动。我们可以发现，金融机构的账本作为一个中间人，为不同的经济组织架起了经济互动的桥梁。金融机构的记账活动，完成了双方在金融机构中的账户上的变动，实现了权益的流动。这样的权益流动与货币的直接交换是等效的。所以，我们也可以看成是货币的流动。为了进一步扩大经济活动，金融机构还通过记账活动开发出诸如赊销、预售等一系列的交易模式。

金融活动不断进化，经济组织的账户几乎全部通过金融机构的账户与外部发生经济互动。经济组织的经济活动信息几乎能在金融机构的账户中完整地呈现。金融机构可以全面了解经济组织的经营能力，通过记账活动，创造出"信贷"，为经济组织提供动员经济资源的能力，出现了金融服务。金融机构的记账活动还为政府征税活动提供了解企业经营信息的基础。

在产业经济中，金融机构主要是商业银行，经济组织是各类企业。银行、企业、国家遵循共同的财务规则，通过银行账户体系紧密地联系起来。这是产业经济下的金融基本状态。没有银行账户体系，现代金融便失去了基础。

● 银行账户不匹配于数字空间的经济活动

产业经济活动绝大多数是在物理世界中进行的，经济活动的时空边界非常清晰。银行账户体系及其财务制度在进化了两百多年之后，已经完全匹配于这样的经济活动。虽然造成了大小不等的各类危机，但总体看还是促进了产业经济的不断发展。

当经济活动开始在数字空间展开时，现有的记账活动就出现了诸多不匹配现象。

首先是账期的不匹配。物理世界的经济活动在生产环节看，可以是连续的，一般分割出账期进行记账。但这个账期是经济组织内部的分割，与外部，特别是银行账户体系关联不大，记账的分割并不影响经济活动的连续进行。在交换与分配环节，物理世界基本上存在着明显的断点。商铺有关门时间，即使是金融产品，交易所也有停止交易的清算时间。而数字空间的经济活动完全破坏了这个规则，交易成为一种连续进行的状态，打破了物理时间的限制。银行账户体系依然遵守会计制度与流程，为每一笔交易进行复杂的记账活动。如果一笔交易在银行间的账户发生，记账时效还要受到央行支付与清算体系的制约。一笔面对面的电子支付背后是一系列记账活动，才能将一个账户上的价值跨过"万水千山"转移到另一个账户上。记账活动的账期，人为地分割了记账活动的连续性，阻止了账户间的数额变化，影响了正常交易秩序，甚至出现交易的中断。当然，银行账户体系还是在个人端进行了相应调整，有效降低了物理世界的账期对个人数字空间活动的影响，但并没有完全解决。例如，在长假期间，会对一些银行业务做出限制。另外，企业端的改进也是极其有限的。

其次，现有记账活动依附于银行的记账活动展开，而银行记账是物理世界的金融活动安排，银行记账活动是从物理世界货币的延伸。银行记账效率终将落后于数字空间的经济活动效率，而拖累数字空间的经济活动效率。银行账户货币物权与债权的法理争议，出现了以银行法为基础的整套银行行为规范，以及一套严格且复杂的财务制度。这是为了保障银行账本上记录的各个账户的货币数额，能够无条件地兑付给账户对应的主体。每一项经济活动都要记账，每一项记账活动都要受到法规与制度的约束，这是铁律。为了提供不同的记账服务，每一个对外服务的主账户背后，还有由不同类别的子账户（或记账账号）组成的内部账户结构。庞大的后台设施严重拖累了银行的记账效率。数字空间的经济活动却需要机动高效的记账方式。保证交易与记账的同步，以实现交易的连续进行，这一点银行账户体系是做不到的。交易可以即时达成，而记账依赖于后台的运转，与交易并非同步进行。交易的笔数增加之后，记账的滞后将形成记账活动的"堵塞"，进一步恶化就会出现账户活动的中断，限制交易的进一步扩张。为提高交易性能，银行账户体系采取了交易与账务分离的措施。在支付交易处理完成之后，前端交易处理系统即可根据业务场景将交易分实时和非实时记账的方式，将成功的交易以流水的形式提供给账户系统。但依然没有改变银行记账活动的低效。数字空间正是通过扩张交易而提高分工水平，提高经济效益。银行记账活动的低效，也让小额资金的理财被排斥在银行系统之外。在2013年之前，小额资金基本上只能放在银行的活期账户里面，用于日常支付。几乎没有面向大众的小额资金理财工具。

再次，现有记账活动的基础是货币。这种货币来源于银行体系，一出生便带有"利息"属性，成为银行记账活动时刻背负的成本。另一个隐性成本是银行的"信用"。虽然银行在"中间人"的记账活动中收集了足够的经济活动主体的账户活动信息，能反映出经济活动主体的经济活动能力，但是这仅仅是对于账本规范的大型经济组织有效，对于个人以及中小经济组织是不全面的。也就是说，大型企业具有完备的财务制度，账户活动可以反映企业的经济活动能力，而中小企业以及个人不具备完备的财务制度，银行账户活动难以全面反映经济活动能力。经济活动清晰且能力强，显然会降低银行服务的成本。经济活动能力不清晰，自然会加大银行服务的成本。面向公众的商业银行本身也是营利机构，服务覆盖的对象自然也是以营利为目的的。在成本的约束下，银行的账户服务难以实现全员覆盖。在中国，中小微企业通常被排斥在银行的融资服务之外。当中小企业以及个人在数字空间的经济活动增加后，银行服务的覆盖空白点更加明显。数字网络的支付依赖于银行卡，而个人以及众多小微企业没有接受信用卡付款的能力。付款与到账的时间差，增加了信任成本，拖累了电子商务交易的扩大。在美国，即使金融服务业高度发达，依然存在银行服务无法覆盖的个人。美国联邦储蓄保险公司 2015 年的调查显示，美国有将近 7%的家庭没有银行账户。"账户费用太高"是其中原因之一。2020 年美国联邦新冠纾困金有一部分以现金支票的形式发放，也可以从侧面印证这个事实。利息成本还抬升了银行记账活动的成本，这一点在跨境支付中显得尤其明显。跨境支付过程中，有相当大的成本是资金占用的利息成本。跨境支付实际上是不同银行间的记账活动，鲜有实际的货币往来。为了保证记账活动形成的权益能够正常兑付，参与跨境支付记账活动的银行不得不在对方银行户头上存入足够支付的货币，用于对外支付。这些货币的利息成本和机会成本，只能由跨境支付的银行承担，最终分担到每个消费者身上。数字空间已经模糊了地域边界，越来越多的跨境经济活动会在数字空间中开展，对此现有记账活动更是无能为力。

最后，现有记账活动并不能记录全部的经济活动成果。在现有的记账体系下，所有经济活动都要量化成货币单位。量化的方式大致有三种，一是成本法，即按照取得的成本或者是可比照的成本进行货币计量。这是计量的主流手段。二是收益法，即按照预期取得的收益进行货币计量。三是市场法，即按照公允市场价值进行货币计量。这三种方法基本涵盖了物理世界经济活动成果的大部分场景。而在物理世界与数字空间共同作用下，经济活动生成了大量的数据。这是经济活动迁移到数字空间的必然结果。这些海量的数据资源被现有的记账方式完全忽略。一个基本事实是，这些被现有记账体系忽略的数据资源已经创造出了经济价值。

网络账户改进了记账方式

● 改变从支付开始

数字网络出现之后,信息的传播速度和容量成倍增长,但信息的真实性几乎没有变化。彼得·施泰纳(Peter Steiner)在1993年《纽约客》上发表的一幅漫画《在互联网上,没人知道你是一只狗(英文:On the Internet, nobody knows you're a dog)》(见图5-1)无意中揭开了这个事实。现代经济活动的基本逻辑是互联互通、生产互动关系。这个基础是信任的传递。在物理世界中,通过法律规范与财务流程构筑的记账活动,特别是银行账户的记账活动,实现了信任传递,反映了价值流动,建立了经济互动联系。当经济活动迁移到数字网络空间后,信任的转递和价值流动依然是由记账活动实现的。只是从账本到账户的设置,甚至记账方式都发生了根本性变化。

图 5-1 漫画

支付服务是为个人或企业用户提供资金存、收、付、管的一种基础性金融服务。整个支付系统的底层基础是账户体系和记账设计。支付的变革背后是账户体系与记账方式的变革。

产业经济是企业主导的经济形态。经济活动的驱动力在于企业部门。数字空间的经济活动最初也是从企业端开始的，是企业部门在物理世界经济活动的一个补充与辅助。例如商品推广、信息沟通等。参与数字网络经济活动以企业为主。企业的经济活动需要服从于产业经济的基本秩序安排，运转要依从于银行账户体系，规范与流程要符合财务法律体系要求。数字空间的信任内容大多在信息的真实性上，鲜少涉及权益传递。这样的信任关系可以通过多次交易博弈建立起来。交易过程的权益传递一般通过银行记账活动完成，即银行体系的支付活动。诞生于1998年的中国第一笔网络电商交易是通过中国银行的长城卡进行网上支付的。2000年前后出现的中国最早的第三方支付，如首信易支付、环迅支付等，也是定位于提供网络交易的资金流转和结算服务，属于早期的互联网支付网关企业。这些支付服务的背后支撑是银行账户体系，运行的基本逻辑依然是物理世界的银行柜台。2002年，银行体系版的支付网关企业——银联孕育而生。这是一家由国内80家金融机构共同发起，经中国人民银行批准设立的股份制金融服务机构和银行卡组织，从事跨行信息转接业务。通俗地说，就是为各发卡银行建立一条必走的共同的清算通道。由于当时企业在数字网络空间的经济活动依从于物理世界，银行账户体系匹配于当时的企业在数字网络的经济活动。

个人的活动开始上线之后，情况发生了变化。个人及家庭在产业经济中的自由度普遍小于企业部门。在物理世界中，个人及家庭的经济活动安排必须符合包括银行在内的企业部门的安排。我们只能在商店营业时间购买商品，只能在银行营业时间接受银行的服务，只能单向接受企业的市场营销，只能对有限物理空间内展示的商品进行选择，诸如此类限制我们的经济活动。数字网络的出现，特别的是个人电商的出现。我们的消费选择开始打破了时空限制，任何时间、任何地点、交易任何商品的场景开始形成。这个场景成为现实的关键是陌生人间低成本的信任建立与权益传递。抽象地看，还是可信的记账问题。

产业经济中，个人的账户是放在银行账户体系中，但银行账户无法覆盖这样的记账场景。个人的交易有大额部分，更多的是小额的日常交易。金融服务的特点是单位金额的服务成本随着金额的增大而降低，单位金额的服务收益随着金额的增大而增加。银行欢迎个人的大额交易。例如按揭贷款，是银行争抢的个人金融业务之一。对于个人小额日常交易部分，银行避之唯恐不及。特别是个人间的金融服务，银行一度通过收取手续费弥补金融服务的成本。银行账户体系是一个封闭的自我运转体系，难以对外界开放。外界从银行的账户体系中，建立经济活动信任关系的成本非常之高。

数字网络空间给个人更多的选择，提升了个人经济活动的自由度。个人在数字网络经济活动频繁发生，刺激了信任与权益的传递需求。银行账户体系和财务制度并不会对个人的经济活动产生约束。简而言之，个人没有独立记账要求。个人端为经济活动在数字空间做出变化的羁绊更少，更易实现。能实现权益转移的网络账户先从个人端出现，准确地说是支付的变革开始。

最早 PayPal 创始人从发现 eBay 小规模卖家因不能接受信用卡付费，而不得不接受缓慢且高风险的邮寄支票开始，尝试用信息技术来模拟现金，实现个人点对点的支付。这个想法推动了记账方式的变革，出现了最初的可以用于支付服务的网络账户。从形态上看，用于支付服务的网络账户是在数字网络空间的一个地址。电子邮件应用是互联网的基础应用之一。早期，用于交流与沟通的互联网应用非常有限，电子邮件成为最为普及的信息交流工具。用户在首次使用互联网时，基本上都要注册一个电子邮箱，用于数字网络空间的交流与沟通。电子邮件账户在数字网络空间的用途，几乎可以等同于身份证（卡）在物理世界的作用。于是，出现了用电子邮箱账户地址注册的数字账户。今天使用广泛的支付宝账户就是一个邮箱账户地址。

比起银行账户烦琐的注册登记过程，注册支付服务的网络账户，简单又快速。注册过程一般只需填写有限的基本信息，数分钟即可完成。这个账户使用更加简单，用户可以直接将对方的电子邮件地址作为收款账户，进行权益的转移。收款方如果是注册用户，在他的账户下面就会多出对应的金额。如果不是，也能通过简单的操作注册一个新的账户。新的账户注册完成之后，便有了对应的收款金额，这就完成了一次支付服务。收款方可以用这些数字进行再次支付，也可以通过绑定银行账户或现金支票提现。这样的网络账户和支付体系诞生之初，被用户形象地称为"电邮货币"（e-mail money）。

对于活动于数字空间的个人用户，个人网络账户相对于银行账户没有任何门槛，任何人都可以自由免费注册，持有费用几乎为零，支付时，不需要绑定任何银行账户。网络账户还是一个全时段服务账户，网络账户的权益传递独立于银行记账体系，不受银行记账时效与账期处理的影响，几乎可以实现任意时间的"秒达"。同时，网络账户的权益流转环节，不涉及银行记账活动，不存在银行账户货币的成本问题，交易费用远低于银行账户，网络账户建立起来的支付体系初步满足了个人在数字网络空间的经济活动。

同样，中国的网络账户也是从个人电商开始的。2004 年 12 月支付宝诞生，依托淘宝电商平台，快速成长。支付宝成长之后，市场看到了数字网络交易对网络支付的强劲需求，各种形式的网络支付平台相继出现，如拉卡拉、云闪付、安付通、买卖通、微信支付、e 拍通、网银在线等。这些支付平台有一个更为正式的称谓是"非银行支付机构"，俗称"第三方支付平台"。之所以称"第三方"，是因为这些机构都是非银行机构，支付过程不涉及资金往来，仅是支付信息的传递。第三方支付一般有三种形式，最早期出现的是支付网关模式。支付平台相当于一个网关路由，当消费者选择某一网银进行付款时，支付平台将自动连接网银接口，帮助消费者将资金通过银行账户体系转移到商家的银行账户。为了解决网络电商信用缺失、银行账期等一系列问题，随后出现了信用担保模式。消费者在电商购买商品时，先将货款转移到第三方支付平台进行保管，确认商品无误之后，再通知支付平台将货款支付给商家。目前占第三方支付主要支付份额的形式是网络账户模式。与前两种支付形式不同，所有支付平台用户都需在支付平台上开设支付账户。早期支付账户开设几乎没有门槛，且不要求绑定银行账户，用户只需将资金存入支付平台，兑换出支付平台提供的数字支付"货币"即可。这种货币不是真正意义上的货币，而是一种支付工具。用户通过对支付平台的网络账户进行操作进行支付与收款，交易双方必须通过支付账户进行资金转移。第三方支付平台不断引入各种金融服务，逐渐发展为具备多种金融服务功能的"类金融机构"。

事实上，这些支付平台从出生之日起，就游走于中间地带。面对新生事物，没有有效的金融管制供给，长期处于金融管制的空白，甚至对于支付平台的定性也左右摇摆。2011 年，中国人民银行颁发了 101 张《非金融机构支付业务许可证》后，第三方支付平台开始被纳入监管范围，明确了第三方支付平台的合法地位。

第三方支付行业开始如火如荼地发展起来，引发了支付行业的大混战。以银联与各大银行为代表的传统金融机构、以支付宝为代表的既有第三方支付企业、以微信支付为代表的后来者，甚至还有以中国移动为代表的运营商，纷纷加入"支付大战"。

"大战"第一阶段是传统金融机构与互联网第三方支付平台的对抗。2013 年是这场对抗的高峰，先是支付宝在 6 月份推出余额宝业务，赋予了个人网络账户储蓄与投资功能，极大地提高了个人账户的余额留存量，更重要的是普及了网络账户的概念。用户对网络账户的认知从支付担保工具转变成类银行账户。较银行账户更具优势的是不但投资储存收益高，且支持小额零散资金。由此，逐渐逆转了支付账户和与之挂钩的银行账户之间的关系。银行账户渐渐变为辅助账户，而网络账户成为个人用户的主账户。同年 7 月份，中国人民银行发布《银行卡收单业务管理办法》，取消了线下交易"必须要用银联渠道"的规定，为第三方支付从线上走到线下提供了便利，第三方支付对传统金融机构的威胁从线上走到了线下。

面对危机，传统金融机构开始行动。2013 年 8 月，爆发了一场银联与支付宝的"招安"与"决裂"之争，成为当时支付界的热点。银联"招安"各个支付平台的计划，被支付宝以停止所有线下 POS 业务反制，这也意味着支付宝线下业务走上了另一条道路。

2015 年的混战是老牌第三方支付平台与新入局者的红包大战。红包大战的结果是形成了第三方支付两强争霸的市场格局：一个是背靠庞大的电子商务体系，一个是背靠庞大的社交网络。第三方支付两强的共同特点是都从个人端发力，向"类金融机构"发展，覆盖传统银行覆盖不足的个人用户和小微企业用户。红包大战更大的意义在于培养了用户的电子钱包认知，将网络账户认知从类银行账户转变为个人钱包。在移动端的加持下，以扫码支付为代表的线下移动支付模式，更是加深了用户对个人钱包的认知。2017年，两大第三方支付巨头更是掀起一场轰轰烈烈的"无现金"运动。当然，"无现金"的现金指的是银行纸钞。"无现金"本质上是支付的一场革命。

在一轮又一轮的用户诱导与补贴下，两大第三方支付巨头从银行服务覆盖不足的支付场景，蔓延至整个个人端的大部分支付场景，并触及个人金融投资的各个领域，从证券到保险。第三方支付平台事实上承担了银行间清算职能。由于现行的金融管制基于银行账户体系，网络账户体系并没有有效监管。第三方支付平台的清算游离于监管之外，通过第三方平台的银行账户活动不被央行监管，为互联网金融乱象提供了滋生的土壤，成为金融稳定的风险。于是，央行牵头成立了网联清算有限公司，进行网上支付跨行清算，俗称"网联"。之后，对第三方支付平台的监管进一步加强，从2019年1月14日起，第三方支付平台所提交的预备金从20%调整为100%。

究其原因，网络账户模式的第三方支付，不仅提供了一个便捷的支付工具，更是在银行账户体系基础上，衍生出一个新的账户体系与记账方式，整个账户体系匹配于数字网络空间的经济活动。

● 网络账户改变了账户体系与记账方式

在讲述网络账户通过支付方式的改变而改变账户体系与记账方式之前，有必要再简单回顾一下支付的三种模式，即双方模式、三方模式、四方模式。

最简单的是双方模式。支付参与的主体只有卖家与买家，除了一手交钱，一手交货的现钞支付外，还有一种是卖家向买家发售预付凭证，例如预付卡、提货券等。买家与卖家进行交易时，用卖家的预付凭证进行双方点对点的支付。从账户活动的角度看，支付过程是卖家账户间的变动，是卖家的记账活动。这种模式广泛存在于日常生活中，例如我们在各类型商家的预存款。虽然这样的支付方式效率高，支付环节少，对于个人消费行为的隐私保护最好。但是，账本与记账活动的正常进行完全依赖于商家的信用，商家的信用约束来源于商业活动的盈利。当商家开始亏损时，商家的信用便一文不值。因此，商家跑路事件时有发生。双方模式通常退位于即时的点对点现钞支付。

支付平台在引入支付功能后，商家与支付平台共同承担了支付的职责，由此诞生了三方模式。三方模式的三方指的是买方、卖方和支付服务方。买方与卖方的交易行为产生的资金流动通过支付平台完成。具体过程是，买方将钱转入支付平台，支付平台冻结这笔资金，并通知卖方提供商品，当支付平台收到卖方商品到货信息与买方的收货信息后，将货款付给卖方，支付平台即完成了清算。从账户活动的角度看，支付过程是支付平台的记账活动。买家的账户数值增加、冻结、减少；卖家的账户数值增加。支付平台的记账效率决定了支付效率，三方模式的支付安全性显然高于双方模式，账本与记账活动的正常进行依赖于支付平台的信用，且不受买卖双方商业利益的影响。而信用是支付平台生存的根本所在，支付平台会不遗余力地维护信用。这个模式要求交易双方必须在同一个支付平台开户。这既加剧了支付的烦琐程度，又容易形成支付平台的垄断。

将支付平台上的支付信息流与记账的资金流活动分离，由银行账户体系承接记账服务，构成资金流，由支付平台承接支付的信息流服务，这是目前最为常见的支付模式，而且要求第三方支付平台也实行这样的支付模式。在现实生活中，支付平台一般被称为清算组织，或卡组织，较为出名的有VISA、Master、中国银联等。从账户活动的角度看，账本与记账活动完全遵从于银行账户体系，或者说就是银行账户体系。由于这样的支付方式符合现行金融监管体系，现有的支付方式都被要求遵从四方支付模式。简而言之，支付活动的账户活动要在银行账户体系之下。

不难看出，双方和三方模式可以不基于银行账户独立运行，具备形成新的账户体系与记账方式的前提，网络账户创新也确实是从三方模式开始的。网络账户相对于银行账户的创新可以归纳为以下三点。

首先，网络账户在账户体系和记账方式上发生了变化。简而言之，买卖双方的交易指令作为记账依据，同时改变了买卖双方的网络账户金额，完成记账活动。支付平台仅负责交易指令的确认与账本的维护，不参与买卖双方的网络账户活动。与银行的借贷记账法及账户活动由银行作为"中间人"不同，网络账户活动直接在买卖双方之间发生，一方的增加数额与对方的减少数额相等。有人将这样的记账方式形象地称为"三式记账"①（Triple Entry Accounting）。三式指的是买卖双方的复式记账法，加上交易平台的支付指令记账，构成了一笔交易的三处记账。这种记账方式的实质是将复式记账法的结果记账，扩充为结果与过程的共同记账，以解决高频次账户活动中结果一致下的过程相异造成的记账信息缺失问题。当然，这三处记账形成的账本都是由支付平台维护的。

其次，在网络账户体系下，由于支付平台不与买卖双方发生账户联系，网络账户里面支付货币权益完全属于账户主人，支付平台无法通过网络账户体系的记账活动，动用任何一个网络账户里面的支付货币。也就是说网络账户完全受账户主人控制。账户主人可以像使用自己的钱包一样，在任何时候，任何地点，进行任意的支付。当然前提是有数字网络的基础服务。这样的处理方式也许是为了符合监管要求。第三方支付平台被定性为非金融机构，不能合法吸收公众存款。账户方式的第三方支付模式，必然会带来账户余额的问题。账户余额的处理方式必须符合"不得从事吸收公众存款等商业银行业务"的监管要求。只是将账户余额的控制权完全交予用户，支付平台只参与记账，而不参与账户活动，以保证账户系统与金融服务的分离，满足这样的监管要求。从一定程度上可以认为网络账户是个人用户自己的数字现金钱包。这个变化获得了三个效果，一是网络账户体系完全无法派生货币，既提高了网络账户体系的金融稳定，又降低了支付平台的资金成本，支付平台无须为网络账户里面的支付货币付息；二是支付指令即交易，交易完成即到账，没有其他中间环节，极大地提高了支付效率；三是网络账户体系与银行账户的记账逻辑不同，两者之间不是转账关系，而是兑换关系。网络账户体系匹配了个人在数字网络快速灵活的

---

① 此处所言"三式记账法"与美籍日裔会计学家井尻雄士（Ijiri Yuji）在《二式簿记和收益动量》一书中提出的"三式记账法"有所区别。两者的基本逻辑都是一致的，扩充过程记账。两者实现方式是有区别的，网络账户体系改变了记账方式，而井尻雄士改变了核算方式。在第八章中有详细阐述。

经济活动。有人可能会以支付宝的"花呗"反驳，称"花呗"不是一种信贷消费吗？没错。"蚂蚁花呗"是在2014年12月推出的一款信用消费服务。但是我们可以清晰地看到"蚂蚁花呗"是蚂蚁微贷旗下的产品，与支付平台没有直接联系。蚂蚁微贷也是支付平台的用户，网络账户中的一员，并不参与网络账户的记账活动。支付平台本身是无法提供信贷服务的。

最后，支付平台在记录交易指令的同时，也记录了交易的详细信息，网络账户的账本信息更加丰富。在产业经济中，个人与企业的博弈是不对称的博弈，个人的经济决策要让位于企业的经济决策，最典型的表现就是品牌的力量。个人的经济决策更多地被品牌所左右，而非自己的需求。当每个人的经济活动被网络账户记录下来时，点滴的数据便汇聚成一股强大的经济力量。企业不得不正视这些数据，从数据中挖掘个人的需求。企业的经济决策开始不再唯成本论，而更多地考虑用户需求。网络账户记录的丰富信息还能成为网络账户信用的一个评价体系。与传统的征信数据仅限于银行信贷与还款记录不同，网络账户的信用评级范围覆盖了网络账户的全部活动信息，例如购物、转账、理财、社会交往等，信用数据可信度更好。

毫无疑问，网络账户体系的记账变化实现了连续不断的实时"点对点"权益转移，达到了金融服务全时段覆盖的目的。网络账户体系实现了用户对网络账户的完全控制，降低了账户体系的记账资金成本，进而降低了用户的进入门槛。网络账户记账内容拓宽了记账范围，丰富的账户信息将吸引更多的金融服务提供方参与并提供金融服务，拓宽了金融服务的覆盖面。从中国的两大支付平台上看，事实也是如此，不过大部分金融服务提供方与支付平台有着千丝万缕的联系，网络账户体系已经露出了数字金融账户变化的曙光。

● 网络账户是方向，不是终点

用历史的眼光看，电子货币是对银行现钞的创新，数字支付工具或支付指令是对电子货币的创新与超越，诞生了网络账户体系。网络账户体系很好地适应了数字网络空间的经济活动，为个人以及小微企业主提供了银行账户体系未曾覆盖的金融服务。正因为如此，支付平台在网络账户体系下蓬勃发展，并从线上走到了线下，成为日常支付服务的主要工具之一，已呈现出在日常生活中替代纸钞的趋势。

2019 年，银行共处理电子支付业务 2233.88 亿笔，金额 2607.04 万亿元，而非银行支付机构（第三方支付平台）发生网络支付业务 7199.98 亿笔，金额 249.88 万亿元。这其中，未统计红包类等娱乐性产品（非交易）的业务数据（此部分被忽略）和实体商户条码支付业务数据（此部分归属于银行收单业务）[①]。从第三方支付平台的支付笔数是银行的 3 倍多，但金额仅为银行的十分之一强，可以看出数字支付在日常小额的支付场景应用更为普遍。这是由于公共部门对在数字网络空间的经济活动提供的货币支持并不充分。面对日益兴起的数字网络空间的经济活动，公共部门不得不将一部分公共权力转移给私营部门。在中国，公共部门的权力让渡给了第三方支付平台，数字支付的需求因此从支付平台的供给中得到满足。数字支付的便利性无须多言，这是有目共睹的事实。然而，网络账户并不完全匹配数字金融活动，难以成为未来数字金融的基础账户与记账体系。

1. 可靠性问题

日常小额支付是达成货币共识的基础之一。用户对数字支付高频次的使用，自然衍生出对数字支付工具的货币共识，网络账户记录的数字也从支付工具认知向货币认知转变，这个认知在中国已经成为事实。我们的数字支付工具使用不但在交易场景，还习惯在社交场景中，从数字"红包"的普遍使用，可见一斑。支付平台建立的网络账户体系事实上成为货币在数字网络空间的一种新形态，支付平台的账本成为这种货币形态稳定的基石。网络账户顺畅运转的重要支撑是账本的可靠性。

账本技术上的可靠性实现难度可控，且已经初具规模。两个支付平台巨头之一的支付宝，目前采用"三地五中心"的机房布置方案，在三座城市部署有五个计算中心。即使有其中一个或两个计算中心发生故障，故障影响的流

---

① 中国人民银行. 2019 年支付体系运行总体情况 [R]. 中国人民银行，2020.

量将自动全部切换到其他正常运行的计算中心，并能保证数据保持一致和零丢失。

　　账本在经济关系上的可靠性实现困难很大。构成网络账户的三式账本的保管与记账工作完全依托支付平台，而支付平台仅仅是一家以营利为目的的企业。为了约束私营部门的营利冲动，公共部门可以加强监管，如100%备付金制度，禁止经营金融业务等，保证支付平台严守提供网络记账服务的底线，不参与账户活动，以及通过对网络账本的数字化全面监管，保证记账的真实可靠。可是，我们不可能强制要求私营部门承担公共责任，放弃营利目的。支付平台虽然自己不能参与金融活动，但天生具有营利的动机将促使支付平台利用其垄断支付环节的优势，垄断网络账户体系金融服务的入口。它们可以按照自己的标准筛选入驻的金融服务机构，可以优先于对支付平台营利有帮助的金融服务机构，而变相侵害金融服务消费者的利益。更为严重的是，现行的金融监管主要是以银行账户体系为主干对于网络账户体系的监管尚未完备。金融活动在网络账户与银行账户共同存在时，银行账户的监管合规，并不意味着金融活动的全面合规。某些支付平台在营利的压力下，成为非法金融活动滋生的平台，成为金融稳定的风险。以P2P为代表的互联网金融的大面积违约，便是典型的例子。此外，支付平台保证的网络账户与银行账户1∶1的刚性兑付，完全依赖于支付平台的金融自律。支付平台可以通过提高兑换手续费的方式，降低兑付比例。两大支付平台纷纷提高网络账户余额转到银行账户的手续费便是前兆。

　　经济关系的可靠性难题还表现在用户数据的使用透明度上。支付平台记录了全部的用户账户活动数据，可以清晰地反映用户的经济决策，并对用户的经济活动做出预测，出现"大数据杀熟"的诡异现象，其本质都是支付平台的营利冲动。用户经济决策数据具有较高的商业价值，对支付平台是极大的营利诱惑。在支付平台与用户的博弈过程中，用户处于劣势，而平台处于优势，用户的数据权益普遍让位于支付平台。用户使用支付平台，就必须同意支付平台对自身数据的使用，没有仅使用支付功能而不同意数据使用的选择权。对于用户而言，支付平台的数据使用是一个"黑箱"。随着用户对经济活动数据敏感性的增强，用户与平台的数据权益矛盾必将加剧，进而直接影响到了数字支付适用领域的扩张。

2. 可用性问题

与个人经济活动没有账务要求不同，企业的每一项经济活动都需要记账入表。记账入表就需要有法律与财务的安排与支持。简单概括起来有两点，一是法律上可以确权，二是财务上可以计量。支付平台上的网络账户对这两点都难以突破。对于个人而言，可以将网络账户视为个人电子钱包，将余额视为钱包中的现金。但是对于企业而言，网络账户应归属于哪个会计科目本身就是一个难题。

从法律关系上看，企业与支付平台之间是服务合同关系，但网络账户的余额又可以视为企业的债权资产，双方构成金融的债权债务关系，法律关系的复杂性带来了支付平台网络账户余额确权的不确定性。事实上在中国至今没有一部法律，对支付平台网络账户余额的属性进行严格定义，人们对权属的认识来源于日常经济活动实践。从官方拒绝用第三方支付平台的网络账户余额进行缴税，也可以看出官方对网络账户余额确权的犹豫态度。

从财务上看，计量也并不清晰。网络账户的余额可以视为支付平台对企业的债务，债务的履行依靠支付平台的信用保证。支付平台的私人部门性质，存在违约风险。在极端情况下，支付平台可以通过记账活动，创造用于支付平台流通的支付工具，虚增"货币"。如何计量这种违约风险，将是对会计计量的一个重大挑战。既不能简单地等同于现金，又不能找到一个合理的折现依据。网络账户具有现金性质，现金管理对于企业是非常严格的，这源于现金使用的不透明。而网络账户的所有账本和记账活动完全由支付平台一家企业掌握，难以保证其账户使用的透明性。

另外，网络账户对企业的财务管理也提出了新的挑战。一般而言，出纳人员负责企业的票据，货币资金及有价证券的收付、保管与核算。会计人员负责企业日常账务的核算与监督，公司成本的核算、控制和管理。会计与出纳形成互相监督的制约机制。网络账户既具有现金的灵活性，又担负着记账功能。无论是出纳人员还是会计人员负责网络账户的账务处理，都存在监守自盗的风险。这也是支付平台对公业务限制重重的根本原因之一。

因此，网络账户发轫于个人端，并不等于就能顺利迁移到企业端，乃至政府端。网络账户体系在个人端可用性达成的主要原因，可能是银行账户体系对个人金融服务的忽视，而网络账户在一定程度上提升了个人金融服务质量。这仅仅是个人在产业经济中弱势的延续。

3. 可通性问题

支付平台的私营部门性质，没有对其他竞争性私营部门开放账本的动力。必然导致每个支付平台都必须建立自己的封闭式账本，对外无法互联互通。这也使两大支付平台之间无法直接进行支付。最直接的感受就是无法在两个支付平台之间发"红包"。

从支付平台上看，存在显著的头部效应。头部企业用户规模大，市场信誉好，应用场景广泛，更容易吸引用户。与商业银行需要同业的互联互通才能拓展自己的服务范围不同，支付平台提供的服务不受空间与时间的约束，只要有网络，便可以向用户提供良好的服务，无须与同业合作。支付平台没有动力去打通互相间的记账壁垒，而实现"全支付"。两大支付平台的竞争，从线上的"红包大战"，打到线下的实体店扫码支付，无一例外都是在争夺用户。

从记账方式看，不同的支付平台执行的记账标准多少存在差异。互联互通必然增加账务的处理成本，从而增加企业的运营成本。这样增支无益的互联互通，支付平台自然是没有积极性的。从流通的角度看，又需要不同的支付平台互联互通。网络账户体系下，可通性成为一个难题。

综上所述，现有的第三方支付系统，无法满足企业间的全面数字化支付需求。现有的网络账户安排也许仅仅是一个过渡性安排。随着产业数字化进程的加速，物理世界与数字空间的融合加速，企业的数字支付需求将愈发强劲，必然形成一套覆盖个人端、企业端和政府端的全新数字账户体系服务于经济活动，推动金融的全面数字化。

数字账户开启数字金融之门

● 从新货币经济学思考账户体系的创新

上一节讲述了一个从现行会计制度演进而来的记账方式。有别于复式记账的结果记账方式，三式记账法在一定程度上体现了过程记账的精髓。无论账户体系如何变化，记账方式如何变化，共识作为记账的基础不会被改变。数字金融的记账方式与账户设置一样要遵循共识原则。会计记账的根本业务共识是货币，法币确立之后才是法币。众所周知，货币在经济活动中并非天然产生，而是价值共识和交易便利的产物，是对物理世界高度抽象的结果。当经济活动在数字网络空间大规模发生时，记账活动的改变也许就从货币的改变开始。

20 世纪 70 年代，经济学家费希尔·布莱克（Fischer Black）做了一个著名的思想实验。他设想了一个完全不受政府干预的自由竞争市场，认为社会的支付体系可以建立在精密的实物性资产和权益性资产交换①基础上，而不存在任何外在货币。之后，经济学家尤金·法马（Eugene Fama）也设想一个"纯粹的记账交易系统"。这是一套不需要使用货币的竞争性支付体系，在这套体系中，记账机构可以通过会计科目之间的记账活动来实现财富的转移，而记账的单位不一定要用货币单位。法马坚持认为，没必要用外在的货币维持账户交易系统。罗伯特·霍尔（Robert Hall）将上述设想付诸实践，提出了"新货币经济学"，并设计了一种由多种商品组合而成的记账单位 ANCAP。智利政府从一定程度上实践了这个理论框架。1967 年，为了应对通货膨胀带来的本国法币计量的不稳定，智利政府定义了一种以消费物价指数为基础的指数化计价单位——发展单位（UF）。"发展单位"是智利的一种记账单位，以保证用

---

① 布莱克列举了五种交换方式：直接物物交换；以普通股票为交换媒介；以公司债务为交换媒介；以经"银行"确认的公司债券为交换媒介；以纯粹的银行负债为交换媒介。

其计价的商品具有稳定的价格，实现商品间固定的比价关系。这三位经济学家姓氏的首字母组合在一起，便是著名的"BFH体系"。这个体系是新货币经济学的一个重要分支。这个体系发展出了货币职能分离理论，核心思想是货币职能，特别是交易媒介和记账单位两种职能，可以由不同的实物性资产和权益性资产分别承担。

新货币经济学的另一个分支是法律限制理论，代表人物是尼尔·华莱士(Neil Wallace)和托马斯·萨金特(Thomas Sargent)。他们认为现有的货币金融体系是法律限制或政府管制的产物，而非市场自由竞争和演进的结果。法律限制学派的经济学家用均衡模型论证了这个理论存在的合理性。这个理论的更大意义是说明了传统货币理论中存在的问题。

综合两个分支的研究内容，就可以获得新货币经济学的基本理论框架。在完全自由竞争的市场环境中，货币的记账和交易两大职能可以分离，由不同类型的资产承担。货币的交易功能可能严重退化，最终被"精密的物与物交换"所取代。这个理论框架不是对货币的批判，而是从历史事实出发，承认货币从"无"到"有"的过程，进行逻辑推演形成的理论框架。这是有别于传统货币理论预设了货币存在的前提条件的全新分析视角，也是被人称为"新"的原因。

新货币经济学诞生于20世纪70—80年代。当时以美国为首的西方世界全面陷入滞胀危机中，货币政策普遍失效。新货币经济学理论为解释危机、应对危机打开了一条思路。遗憾的是，在信息技术尚不发达的年代，这样的理论推演只是理论的逻辑完备，几乎没有实用价值，因而逐渐被人淡忘。信息技术的发展，为这个理论的实践提供了技术基础。目前普遍使用的数字支付，就在一定程度上实现了货币职能的分离。货币的交易职能被数字空间的交易指令所替代。网络账户体系构建了一套新的记账交易体系。在这个记账体系中，货币退化为记账单位。这是对新货币经济学的实践。

可以预见，未来数字网络空间的经济活动将日趋频繁，企业全方位的数字孪生将成为可能。数字化将从企业的生产部门延伸到经营部门，企业的数字化交易活动将变得稀松平常，数字金融由此生根发芽。这些金融活动将依靠数字空间精密的记账系统实现。账本一定会脱离纸质账本的束缚，而呈现出"五光十色"。记账共识将在货币共识基础上继续演进，发展出新的形态。记账方式也将发生相应变化，而账户形态的变化更不可避免。面对这纷繁杂乱的变化，目前尚未形成一致的认知。我们从实践认知出发，归纳总结了账户体系的创新。

1. 记账共识的创新

与现行的账户体系同理，数字账户的记账活动虽然建立在共识的基础上，但将发生根本性变化。记账共识的变化将从记账单位的变化开始。现有的记账单位是货币，这是源于纸质账本的记账共识。纸质账本只能以书写的形式记录信息，账本使用者也只能从书面文字中还原信息。数字比文字表述信息更为精确。用货币作为计量单位，进一步统一了量化标准，从而达成了记账共识。

当账本从物理世界迁移到数字空间后，记录的内容不再受纸质账本单一文字信息的约束，而变得更加丰富。记账将从单一的货币维度，延伸出更多的维度。计量单位也将从单一的货币单位，扩展到其他单位。账本将呈现出"多媒体"的形态。这样无疑让记账对象在账本上表现得更为清晰，更为透明，但必然造成计量标准的多样性和账本的复杂性。无论从账本使用难度，还是从预防造假的成本上看，都将成倍增加。在物理世界中这样复杂的记账共识几乎没有达成的可能性，原因在于物理空间的共识主要依靠制度与经济关系维护，制度是以成文法形式固定下来的，天生排斥公式。以此作为记账标准，其可靠性难以维护。经济学研究的是经济变量关系，形成的公式反映的是经济变量关系，并非经济关系。经济学公式也难以成为记账的标准。

在数字空间则有可能达成复杂的记账共识。数字空间是由代码构建的世界，所有的规则与互动关系都可以按照代码形式固定下来。代码是数学公式的产物，用数学公式反映的规则与经济关系，较法律条文，降低了解读难度和执行成本。更大的变化还在于代码被计算机系统执行，几乎不受人为影响，可以获得不可抵赖，不可反悔的结果，降低经济活动的信用成本。这便有了达成更复杂的记账共识的基础。

虽然记账共识将会以代码的形式写入数字账户中，自动执行。但是共识达成的过程依然不会改变，将是记账参与各方反复博弈形成的均衡。美国著名经济学家詹姆斯·布坎南（James M. Buchanan, Jr.）的公共选择理论也许是达成记账共识的一种途径。记账共识是由私人的个人选择转化为集体选择的一种过程。

可以设想一下，当经济合同以共同认可的代码形式确定下来，按条件触发执行的时候，合同不同主体之间的经济关系就实现了公式化。当条件满足时，合同类似于公式计算一般自动执行，得出结果，不可抵赖，不可违约。毫无疑问，这样的经济活动能提高经济活动的总体效率。当经济活动越来越多地发生在数字空间时，大部分经济关系和经济规则可以用公式精确地表达出来。更精确，更清晰地度量经济活动的需求，将推动记账活动在整个经济活动的不同层级中开展。这一系列公开的公式与代码，被经济活动的主体认可后，构成了新的记账共识。总之，记账共识将在货币共识的基础上进一步变得更复杂，并用数学公式精确地表达出来。

一个基本常识是数学公式的成立是有边界条件的。同理，由数学公式构成的记账共识也是具有边界的，由此构成了记账共识的层次。我们今天也能隐约看到记账共识的边界。例如，主权国家用主权货币（法币）作为会计计量单位，计量经济活动。即使这些经济活动是在境外进行的，整个经济活动并没有使用计量的主权法币，依然要折算到主权货币上。法币的使用范围就是我们记账共识的边界。

因此，我们认为未来的记账共识将有可能全面公式化、代码化，并构成不同层级的共识。

2. 记账方式的创新

面对公式化的复杂记账共识，人工或以计算机辅助的人工记账方式显然无法适应这样的变化。同时，人工记账的偏差，也会影响复杂共识的达成。记账代码化将是记账的主要变化方向，将记账代码公开，已成为记账共识。让计算机执行代码自动完成记账活动，是未来的主要记账方式。当然这些都要依赖于科技的发展，更快的计算速度，更低的网络延时以及更广泛的信息基础设施覆盖。

更大的变化可能来自多方记账的实现。经济活动由不同主体参与，构成互动关系。从公平的角度看，任何参与方都具有记账的权利，都应能平等地参与记账活动。事实上，在物理世界中，是不可能实现的。物理世界纸质账本为根基的记账活动，只能完成单方的一份账本的记账活动。多方记账带来的账本的一致性和同步性，是个无解难题。一方记账，其他各方监督记账的准确性，成为物理世界记账的常态。例如，企业的账本由企业自己完成记账活动，由外部审计机构审计确认，并对外公开部分结果数据。这既是一种信任成本较高的记账方式，又是一种记账效率不高的记账方式。账本的使用者需要依靠第三方的回溯校验，才能确认账本的真实性。第三方校验并非实时完成，而是定期的审计工作。账本使用者既要承担第三方审计的信任成本，又要承受定期审计带来的可信账本信息的滞后。

在数字网络空间，多方协同工作成为常态。从最初的 BBS 开始，无不呈现出多方共同维护的工作状态。分布式账本技术更是为多方参与记账，共同维护账本，实时记账校验提供了技术支撑。经济活动的参与方在共识基础上，对等地共同参与记账活动，获得的账本不需要外部审计而被相关利益方认可。现在数字网络空间已经出现了这样的记账方式，本书将在第八章中详细阐述这些记账方式的具体实施方案。现在的网络账户由单方维护，进一步演进成多方共同参与的记账方式，存在较大困难。未来数字空间的记账方式与现存的记账方式相比，将有较大变化，特别是在企业数字账户方面，甚至可能出现颠覆性变革。

因此，我们认为未来的记账方式是程序运行的自动记账方式，是多方参与的记账方式。

3. 账户形态的创新

尽管会计信息化水平不断提高，大量的记账活动可以在计算机乃至数字网络空间完成，但是最终的账本依然要保存成纸质。因此我们的账户形态依然保存着纸质账户的基本框架。大体上看，是栏目式固定的科目记录着财务计量的数值结果。

首先，数字网络空间的账户形态会脱离纸本的束缚，而变得更复杂。账户的形式不再一成不变，而依据记账共识和记账需求进行相应调整，呈现出丰富多彩的形态。不同的经济活动，可能生成不同的账本。在信息技术的加持下，任何账户都有可能被处理，获得所需的记账内容。账户形态可能会被重构，账户形式将变得不再重要。账户演进成为账本中一个固定的存储空间，存储的内容是记账共识下的账户活动信息。通过记账共识操作账户。

其次，账户依据记账共识的分层而分化出不同的层级。数字网络空间中进行的经济活动，将可能依据记账共识分类，驱动对应层级账户活动。在经济活动中，我们无法增加时间的长度，但是我们可以通过账户的分层，实现经济活动的并行，从而扩展时间的宽度。账户的复杂性需求，将刺激数字网络处理账户能力的提升，数字网络空间处理账户能力又将拓宽账户的使用范围。账户必将从自然人、机构法人拓展至万"物"。账户活动的独立性将大大增强，人们可能参照组织活动的独立性，赋予法人地位的做法，赋予账户法人地位。账户间的关系可能以公式呈现出来，账户间的交易将基本上被程序所驱动。

最后，账本将以共同维护的分布式账本形式存在。所有参与经济活动的主体都平等地拥有记账的权利，且都能参与记账活动。与现在的网络账户不同，某一私人部门提供的仅仅是记账工具，而非记账服务。当然授权的代理记账活动也一定会存在。正是这样的直接参与记账活动，金融活动的间接联系将变成直接联系。商业银行作为"中间人"的角色将蜕变为"中介人"的角色，点对点的账户活动将成为普遍的状态，金融服务也将呈现出点对点的形态。国家部门将提供数字治理的根本制度与基础协议，并强力保证制度与协议在数字空间的执行，为账户活动提供法律与财务关系的保障。数字账户活动将成为数字金融主要活动形式之一。

综上所述，我们认为数字金融的记账方式将是一种完全的过程记账，账务处理将极大地依赖于数字网络和程序。制度极有可能公式化、代码化，这是金融领域的重大变革，这些都需要有相匹配的记账方式与账户体系。目前这样的体系已经初现端倪，为了与现行的银行账户以及由银行账户衍生出的网络账户、电子账户等进行区别，暂且我们将其称为"数字账户"。数字账户将是一种全新的账户体系，匹配于数字产业的发展进程，是数字经济的主要账户形态，承载全新的数字金融服务。数字金融之花，诞生于数字账户中。

当然，数字账户与银行账户不是替代关系，而是共生关系。数字账户代表着数字空间的金融活动，银行账户代表着物理世界的金融活动。正如线上与线下的融合，数字账户与银行账户之间也将互相交流，取长补短，呈现出融合态势。

● 数字账户将改变货币的形态

在我们的日常生活中，随处可见的是银行账户货币的电子化表达，以电子支付指令完成支付的银行货币。但银行账户货币的电子化表达依然离不开银行账户，依然受到银行账户体系的后台约束，无法成为数字金融的货币来源。

所以，依附于银行账户的信用货币，必然随着数字账户的出现，其形态发生变化，进而出现了数字化的货币形态。这将是一种原生于数字网络空间，由数字共识形成，以程序驱动的全新货币形态。我们暂且称之为"数字货币"，数字货币依然没有脱离货币共识的本质。数字货币共识的本质依然来自日常交易与对公使用两个场景。与金属货币向纸币形态过渡类似，数字货币的主要货币共识将来源于现有的货币共识。数字货币依然需要遵循货币的发行、流通与回收流程。数字货币与银行账户货币不同的是，数字货币诞生于数字账户中，类似于个人数字支付的电子钱包。数字账户有可能成为未来经济活动主体的数字钱包，用于支付与交换。从这个角度看，数字货币类似于现金，账户拥有对数字货币的绝对控制权，是企业数字化经营活动的支付工具。较纸币现金更具优势的是数字货币的使用过程处处留痕，与落纸为证一样，这些痕迹可以被数字网络永久保存。这为穿透式监管，有效追踪非法金融活动提供了便利，也为数字货币的使用者积累了更多的信用。企业的数字化交易需求将推动企业对数字货币的需求。企业数字货币的使用增加，又将推动企业账本的数字化。

数字货币与银行账户货币形成的是兑换关系，类似于不同国家法币之间的兑换，正如汇率可以是浮动的，也可以是固定的一样，数字货币与银行货币之间的兑换比，可能是固定关系，也有可能是浮动关系。在数字金融活动空间内保证数字货币的计量功能稳定，便能保证金融的稳定，兑换关系可以视为外部的扰动。当数字金融处于成长期时，更有可能形成固定兑换关系。当数字金融进入全面成熟期后，兑换关系可能以浮动兑换为主。那时候的数字货币主要由数字网络处理，人类未必能感受浮动对个人的影响。这个类似于黄金与纸币之间的兑换关系。纸币发行制度不成熟时期，以固定兑换为主。甚至于要用法律的形式确定纸币与黄金的兑换关系。当纸币发行制度成熟之后，纸币与黄金全面脱钩，黄金将成为一种商品存在。在日常生活中，我们并不能感受到黄金价格的涨跌对生活的影响。

数字资产具有良好的流动能力，第六章将详细说明数字资产，这里先一笔带过。我们认为数字资产是具备实物性资产价值信息清晰、归属确权简单的优点，又具备权益性资产分割交易便利、流动性良好的特征的一种全新资产形态。数字资产有可能实现新货币经济学中倡导的"精密的物物交换"，数字货币的货币职能可能出现分离，交易媒介的职能可能被数字资产精密的物与物交换所取代，而只保留计量职能。当然，这个设想的实现，需要一系列法律和财务制度的安排。一般而言，实践探索先于法律和制度的安排。

直至今日，人们依然处于数字货币的探索期。可以预见的是未来数字货币将是继纸币之后，人类货币形态的再一次巨变。人类货币从无到有，未来也许会走回"无"的状态。当货币数字化之后，大部分与货币相关的业务可能交由可信数字网络和可信计算完成。与数字支付让我们接触纸币机会减少类似，数字金融将让我们感知货币的机会降低。人们将不再关心货币的运转，也不再关心数字账户的运行，而将精力集中于自己的经济决策。

● 数字账户重构数字金融基础设施

从表面上看，当下的金融设施运行在数字网络空间。我们可以在网络上提供支付、理财、贷款、交易等一系列金融服务。但这是从银行纸钞与纸质账本演变而来的系统，并非数字化的产物。一个基本常识是现代金融服务以银行纸钞作为一般性交易工具，金融服务围绕银行账户进行。我们的存贷付大部分发生在银行账户体系中，少数发生在网络账户体系中。我们的各种理财活动背后依然靠银行账户体系支撑，证券交易离不开银行账户体系，各种金融产品交易同样离不开银行账户体系。银行账户体系的根基是物理世界的账本与柜台，金融活动流通的是纸币。为了让纸币能依靠电缆和光纤在数字空间流通，以提高金融活动的效率，人们才将纸币与银行账户映射到网络空间，通过电子"符号"的方式进行呈现，以电子化银行记账活动实现价值的传递。为了保证记账的准确性、真实性和不可篡改性，电子化的记账活动最终依然要落到"纸面上"。纸质账本必然只能实现一方的记账活动，只能记录单一的书面信息。这都是难以满足数字金融记账方式发展趋势的。

从账户体系的变革开始，诞生了全新的数字账户，重构数字金融的基础设施，为数字金融活动提供了与之匹配的活动空间。新的金融基础设施发端于数字网络空间，完全摆脱了"纸币""纸质账本""柜台"等物理世界的后台束缚，而完全发生在数字网络空间。发展了几百年的纸质账本曾经是金融体系重要的信任技术与工具，将在数字网络中被重构。一系列基于数字网络空间的记账技术，可以构建一个自动记账，平等记账，共享账本的全新的记账体系，这是几百年来记账技术发展的新高度。这个记账体系既摆脱账户活动的时空束缚，而且大大增加了记账信息的维度，实现了账户活动由账户所有人完全控制的愿景。点对点的账户活动成为一种新的账户活动方式。金融活动的灵活性将得到增强，金融服务的便利性进一步提升，金融服务的成本极有可能大幅度降低，金融服务的覆盖面将不断扩大。目前，各种数字记账技术依然处于一个自由探索且互相竞争的阶段，依然是数字记账探索的初级阶段。需要更多的公共部门、私人企业以及科研机构加入这样的探索中。随着越来越多经济活动迁移到数字空间，纯粹数字化的记账技术将变得更加成熟而被广泛接受，并得到官方认可，成为新的数字金融基础设施。

虽然有可能出现金融活动的分流，当时与账户一样，现代金融基础设施与数字金融基础设施不是竞争关系、替代关系，而是共享关系、并存关系，更重要的是融合关系。当下便利性极佳的个人数字支付,就是网络账户体系与银行账户体系充分合作的结果。遥想双方竞争时代,数字支付的便利性体验较双方合作时代差得多,甚至出现支付"梗阻"。

记账活动是金融活动的核心。记账活动的形态决定了金融活动的基本形式。账户的变革将引发一系列金融活动的创新。这样的金融创新有别于现在为了规避金融管制的创新,而是真正面向提高整个社会生产水平的金融创新,进而诞生全新的金融形态。记账方式的变化与账户体系的变革将开启全新的数字金融新时代。新一代的金融基础设施建设也将在这样的创新中不断建设完善。

第六章
资产的数字化之路

资产的灵魂

● 价值是资产的基础

麦肯锡的高级咨询顾问、牛津大学新经济思想研究所的掌门人埃里克·拜因霍克（Eric Beinhocker）在他著名的论著《财富的起源》一书中讲过这样一个故事。在一次调查中，拜因霍克前往肯尼亚西南地区的一个偏远乡村。他偶遇了一位马赛族人。而那位马赛族人一直在试探着询问拜因霍克的故乡，但更多的是他的经济实力。

在得知他家里一头牛都没有时，马赛族人感到费解，这个连一头牛都没有的人是如何挎着昂贵的照相设备，并且坐着飞机一路来到非洲。在进行了详细的交谈之后，"秘密"终于揭晓，因为拜因霍克的叔叔在马里兰州的农村有着一大群牛，马赛族的长者们这时才恍然大悟，原来这个"败家子"是一直靠着叔叔大笔的"牛资产"所形成的财富，才能一路这么游山玩水。

牛，在马赛族人的眼中，象征着权力、地位与财富。而牛也成为马塞族人流通的基本货币。作为部落间往来的基础共识，牛可以作为等价物来兑换多种商品及服务。从马赛族人的历史上可以看出，牛制品几乎满足了整个部族的吃、穿、住、行。从日常饮食的牛奶制品到牛肉类制品，到牛角制作的饮水器皿，再到牛皮制作的服装，甚至还可以用 4 头牛换一个妻子。而牛之所以能一直成为马赛族人的通货及资产的储存形式，这与马赛族人长期保持其原始的生存方式是密不可分的，即便是在英国殖民时期，马赛族人也没有感受到社会化大分工所带来的经济结构的转变。

同样是牛，在所谓现代文明的社会及经济发展中，已经从家畜类的生活资料转变为具有多种属性的生物资产。这种由工业及技术革命的不断推动造就的经济结构的转变，在资本的助力下，资产的形式也不断被改变。正如诺贝尔经济学家西蒙·史密斯·库兹涅茨（Simon Smith Kuznets）所描述的那样，"经济史的变迁过程或许可以被划分为经济纪元，那些人类进步中的重大突破才是长期持续增长的主要源泉，他们扩散到了世界相当大的部分，可以称之为划时代的创新"。可以看到，人类文明中的"重大突破"从工业时代的工业技术突破，转变为更多地出现在科学与计算机技术为基础引领下的科技突破，由新的科技革命取代了过去的工业革命，在技术革命的过程中，新的技术通常改变甚至颠覆了过去的技术在生产力中的地位。通过创新的方式及手段，产生了新的科技业态，同时也生成了新的经济形态。

资产的形态随着社会的变迁而不断改变。从实物到账本上的数字，从眼见手握，到法律确权。我们又不禁追问：资产的本质是什么？今天，现代会计学已经将企业资产的分类变得越来越细致，从会计学对于资产的分类来看，资产的分类比较广泛，如有形资产、无形资产等。从现存资产的定义来看，资产是指由企业过去经营交易或各项事项形成的，由企业拥有或控制的，预期会给企业带来经济利益的资源。由此定义可以看出，资产首先是资源，资源意味着"有用"，即有价值。其次，资产一定要有明确的控制权。空气对于人类来说是有用的，但是大部分时候，我们不能将其称之为资产，其原因就是没有明确的控制权。

● 交易活动计量了价值

马克思在《资本论》第一卷中也有类似的论述，"商品首先是一个外界的对象，一个靠自己的属性来满足人的某种需要的物"。"物的有用性使物成为使用价值。但这种有用性不是悬在空中的。它决定于商品体的属性，离开了商品体就不存在"。由此可见，有用性是价值存在的基础。

但是，价值并不是天生固有的意识，而是来源于普遍的交易过程。从旧石器时代到原始社会的早期，由于工具当时还未得到完整的开发和使用，导致原始社会的生产力还处于萌芽阶段，食物采集有限，产生剩余甚少，偶尔发生的物物交易，难以形成价值的普遍意识，这也是原始共产主义得以存在的原因之一。

人类社会的发展，生产工具的优化，生产关系的改进，劳动生产效率大幅度提升。进入部族阶段时，农牧文明开始取代采集文明，促进了生产力的发展，生产剩余普遍出现。由于生产方式和自然禀赋的不同，产品剩余的类型也有所不同。互通有无的需求，让交换开始变得频繁起来。此时的"物物交换"并不遵循固定的比价关系，甚至没有比价关系。农牧文明的不断发展成熟，生产剩余不断增加，物物交换逐渐成为日常生活的一个组成部分。频繁的物物交换才形成了一般性的大致固定的比价关系。

随着人类文明的发展，价值意识在演进中不断丰富。价值的有用性开始脱离了物的边界，"有用性"的概念一部分被人为地分离出来，脱离了物质本身的"有用性"，形成了新一层面的认知范畴的"有用性"。在古代埃及，人们把对太阳的崇拜，转化为对黄金的崇拜，人为地将黄金等同于太阳的"真身"。谁拥有了黄金，就等于最大限度地接近了神明，并且将这种对黄金的崇拜散播到两河流域及希腊。这种由文明的演进而导致黄金在认知上的"有用性"被人为地抽离出来，而黄金自身"有用性"也同时独立存在。

之后，出现了货币共识，用于计量物物之间的比价关系。用于交换物品的价值有了可以计量的单位，而被外在地表达出来，成为所谓的"价格"。资源的价值意识开始稳定到用货币计量的价格上。

以今天的眼光来看，交换能达成的前提条件是双方在交换过程中对所交换商品的量比或质比达成共识，即实现所谓的等价交换（剔除信息不对称的干扰）。比价关系由货币度量的商品价格确定。商品的货币价格从某种意义上来说就是商品价值的表现。

这里有一个逻辑悖论，就是货币本身有没有价格呢？是不是资产？在第四章的讨论中，已经明确了纸币本身没有价值的事实。那么没有价值能不能成为资源，成为资产呢？毋庸置疑的事实是，纸币无论在会计中，还是在人们的日常生活中,都被认定为资产。纸币的价值来源是纸币的发行者,而非纸币本身。纸币仅仅是记录资产价值的凭证。纸币的发行者需要保证纸币能被无条件地兑换成任何合法商品,这就是纸币的无限法偿性。这个保证的前提不仅是依靠国家暴力机器,更要依靠纸币的发行与回收机制。纸币发行者必须考虑纸币的全额回收,以保证纸币兑换商品价值的基本稳定。民国时代,发行的法币经历了从资产到"废纸"的过程。在一些二手古玩市场上,偶尔还能见到写有名字和短语的民国法币,金额以五圆为主。这些法币是准备上战场的战士拿到军饷之后,寄给家人的钱。由此可见,法币发行初期是有购买力的。由于当时银行系统并不发达,大部分场景要依赖于现钞流通,我们才能看到这样的现象。之后,通过国债发行纸币不断增加,而回收不畅,或者干脆无法回收。民国法币的供给大于需求,引发了大规模的通货膨胀。相同币值的纸币可兑换的商品越来越少,也就成了"废纸"。因此,货币之所以是资产,前提条件也是有价值的。

由此可见,价值源于"有用性"的判断,形成于普遍交易的比价关系,目前具象到以货币共识作为计量单位的价格上,未来这些可能出现新的变化。但是在资源交易中达成价值共识的基础不会改变。时至今日,记账的准则依然以货币作为记账基本单位,并且基本会计模式和准则没有发生根本性的变化。

记账活动确立了控制权

资产的另一个问题就是控制权的问题,用专业术语称之为"界定利益归属问题"。在没有私有观念的原始社会,共产共享,族群内部不存在利益归属问题,一定没有资产概念。有了交换之后,利益分配问题出现了,便产生了控制权问题。

从理论层面看,控制权的实现方式大致有两个方向,一种是概念主义,其根本思路就是将资源"物"化。在现行法律框架内,产权通常被赋予至高无上的权能。权能是指权利人在实现权利时所能实施的行为。简而言之,就是控制人可以任何处置资源。另一种是工具主义,从经济学角度看,可以将资源控制权视为一种制度和规则体系的安排,维护人控制资源相关的权利。吉多·拉卡布雷西（Guido Calabresi）和道格拉斯·梅拉米德（A. Doulgas Melamed）在"财产规则、责任规则以及不可渡让性：大教堂景观之一"一文中，建立了一种通过不同规则来维护控制资源的权利框架。不同规则包括财产规则、责任规则和不可渡让性规则。受财产规则维护的权利可以被正常交易，受不可渡让性规则维护的权利不能交易，受责任规则维护的权利可以有条件交易，可能以一个由第三方确定的价格（或代偿）作为对价，向相关利益者支付的形式取得权利。

从实践层面看，控制权是对制度安排的记账问题。用记账的方式确立了控制权的归属。一个基本常识是并非所有的资源都是可见、可握的实物。解决这些资源的控制权问题，只能采用记账方式，特别是有公信力的记账。

旧石器时代产生剩余产品之后，对剩余的产品进行记录形成了早期记账确立控制权的雏形。随着生产力的进一步提高，需要记录的情况也越来越多，普通"刻画"的方式已难以满足当时的日常需求，因此急需一种更加快捷、方便记录的记账形式，这便是"结绳记事"。对此我国古代文献早有记载。根据《周易·系辞》所云："上古结绳而治。"在《春秋左传集解》里所云："古者无文字，其有约誓之事，事大大其绳，事小小其绳，结之多少，随扬众寡，各执以相考，亦足以相治也。"甚至在西方社会，马克思在他的《摩尔根＜古代社会＞一书摘要》中，也曾说明印第安人的结绳记事过程，印第安人的"结绳"是一种用各色贝珠穿成的绳带。"结绳记事"不仅是人类文明发展的里程碑大事件，同时也是早期记录和信息传播的最重要手段之一。这种方式就是将需要记录的对象从符号化、概念化转变成为数量化和结果化。可以看出，"结绳记事"不仅是数学的基础，同时也是信息和文字产生的基础。更重要的是，"结绳记事"让资源的控制权有了清晰的记录，并具有了可追溯的雏形。

工具质量的提升和生产效率的提高，促使经济发展水平日渐繁荣，需要记录的数量、频次、类型、范围都进一步增长。早在公元前5世纪，古希腊及古罗马奴隶社会的经济快速发展，出现了只按时间、物品名目等分类设置的账本结构。在中国西周时期也出现了"司会"一职，专门负责地方政绩核准、税收征收等方面的事情，按照时间、名录、金额等记账的方式。这时候我们统称其为单式记账法。文字与数字记录的账本将控制权记录得更加清晰明确。越来越多"有用的"事物通过记账活动明确了控制权。原始的金融活动也由此展开，如本书第四章提到的描述借贷关系的泥板。

随着商业不断蓬勃发展，单式记账法已无法满足商业往来中的记账需求问题。由于单式记账法记录的门类通常和现金相关，例如"库存现金"、账款等，其他账户不会设置，并且单式记账法只能记录一部分经济往来时发生的业务，不能总体平衡，而且贸易双方各自记账，难以让账目实现公允，所以，在这种背景下，产生了复式记账的方法。早期的资本主义使地中海沿岸的商业和手工作坊快速发展，人们急切需要获得生产经营活动的相关信息。中国的复式记账法起源于明末清初时期，以"龙门账"为主，之后又发展成四脚账；复式记账法对金融和财务的发展具有深刻的影响。复式记账法保证了企业经营的可持续性，并且记录了商业往来的资产、经营所产生的成本、已经通过交换所产生的商业利润等。其中关于会计记录的基本准则，也影响着现代会计制度的发展。现代会计制度与法律保障，确立了账本的可信度，记账活动明确了各种类型的资源控制权，以及控制权的转移。

直至进入信息技术发展的今天，个人计算机的普及以及通信业务的爆发式增长，记账的方式和方法也变得多种多样。ERP 和 CRM 等系统进行会计账目的管理，提高了信息化发展带来的爆发式业务增长。越来越多的资源被记账活动确立控制权，成为资产。这些资产离物理形态越来越远，甚至捉摸不透。

那么，那些以物质形态存在，并未记录在任何账本上的资源控制权又是如何确立的呢？一般来说，是以持有者确立控制权。进一步来看，物资资源与持有者之间的关系本身就是一个保存在参与社会活动的人们大脑中的公共认知，是公共账本的雏形。这个账本以信息的形式存在，并没有固化成一个特定物体。这是一个约定俗成的安排。当然，面对诱惑，有人会采取强制手段取得物资资源，而破坏了公共账本。为了维护公共账本的稳定性，不至于出现颠覆性的破坏，就出现了所谓的"暴力机构"，制裁违反公共约定，破坏账本稳定的个体。

综上所述，资产的灵魂是可计量的价值和确定的控制权，二者缺一不可。

资产形态的变化

● 对资产形态的认识是一个不断深化的过程

打开人类社会的发展史，可以清晰地看到人类对资产形态的认识是一个不断深化的过程。最初，对于资产的意识，来源于生存必需的实物，如食物、器皿、织物等，并且将资产与财富等同起来。由于交换活动的日渐活跃，人类对资产的概念逐渐转向了一些标志性实物，例如贝币，金属等。这些可以从考古发现中得到证明。这些资产都有两个共同特点，一是以物质形式存在，可见可触；二是持有人拥有控制权，约定俗成的安排，不需要任何额外的证明。我们将此类资产称为实物性资产。以借贷为代表的原始金融活动出现之后，实物性资产有了一些权益性外延，但本质依然是实物性资产。显然，实物性资产的归属权是清晰且简单的，大部分情况下持有者拥有实物性资产。实物性资产的价值也是清晰的，大部分情况下取决于人们对实物的需要性。交易是计量实物性资产的重要手段。然而，实物性资产的转移依赖于资产在物理世界的空间移动，成本高，难度大。此外，实物性资产的交换还有双重需求满足问题、分割问题、存储问题等。实物性资产之间的交换问题虽然在引入了货币作为交换工具后得到一定程度的解决，但是，实物性资产的特点还是限制了交易范围，难以实现更为广泛的交易，进而增加了价值计量的难度。因此，某些情况下，区域性的需求关系决定了实物性资产的计量价值，即价格。相同实物性资产在不同地域存在迥异价格也成为普遍事实。在自然经济时代，实物性资产是资产的主要形式。

工业革命之后，企业的大规模出现，需要动员更多的经济资源，增加了对资本的需求。实物性资产开始投入企业，成为企业账本上的数字。通过一系列法律与财务制度安排，企业账本上的数字被确权、被计量，成为权益性资产。我们将法律确权与会计计量过程称为"权益化"。大量的实物性资产被权益化，形成了权益性资产，极大地提升了资产的动员能力，更多的资产从个人部门流入企业部门。权益化的过程实现了资产在银行账户上的数字反映。通过银行的记账活动，增加了账户上的数字，从而扩大了资本的来源，刺激了生产的扩张。经济形态也由自然经济形态走向产业经济形态。显而易见，权益性资产活动可以通过账户活动完成，交易便利性较实物性资产大大增强。权益性资产易于分割，例如公司的股权，就是"分割"公司的一种形式。

当权益性资产的产生从实物性资产走向纯粹的经济活动时，权益性资产得到快速膨胀，演变成了账户上的数字变化。例如账户上商誉资产的出现。商誉（Goodwill）度量了企业预期的超额盈利的潜在经济价值，主要来源于企业间的并购活动。商誉没有实物形态，不能离开企业单独存在，无法单独计量，仅在进行并购交易活动时才能反映在财务报表上。这样的权益性资产已经完全脱离了实物性资产的形态，是人类对资产认识的又一次大突破。

与实物性资产不同，权益性资产确权过程较为复杂，账本记账活动完成后，权益性资产既要通过中心化的登记机构，又要中心化的信用背书，有时还要第三方进行核验。权益性资产的信息并不透明，权益性资产记录在纸质账本上。为了匹配纸质账本的记账，权益化过程裁剪了大量资产信息，形成了权益性资产使用者与生成者之间信息不对称的根本格局。账本中权益性资产的价格来自会计的记账核算，虽然可以用多种计量方法互相校验，但是无法避免人在计量过程中的道德风险。现实生活中，人类花费大量的资源，在一次次失败中建立起了一套制度安排和技术保障，形成了中心化的记账模式。因此，权益性资产在可信度创造和信用机制的形成方面一直难以有效突破。

人类认识的不断扩大"有用的"东西范围，并通过一系列计量技术将其量化，通过制度安排将其确权并成为资产。随着人类社会的发展，人们对于"有用性"认知范围不断拓展。在一系列科学技术与社会制度的安排下，资产的范围不断扩大，从"可见"的实物性资产，发展到"可感"的权益性资产，目前正在"无感"的数字资产发展。产业经济需要通过记账活动调动更大的经济资源时，实物性资产就无法适应经济活动的变化，因而引入了权益性资产。那么在数字经济下，新的资产形态一定会到来。我们将其称为"数字资产"。

时至今日，数字资产还是经济活动实践层面的名词，并没有上升至严格的学术定义或法律定义。原因很简单，现在还处于数字资产的摸索实践阶段。谁都有可能成为未来数字资产的执牛耳者。

资产数字化的开端

2008 年 11 月，英国蒙提·派森飞行马戏团的成员因为他们的表演被人偷拍并传到 YouTube 而百感交集。很快，他们想出了符合时代特点的解决方案——在 YouTube 上开设属于自己的马戏团频道。这颇具"大禹治水，疏而不堵"的方法立刻收到了奇效。不仅让喜欢他们表演的观众看到了官方版的高清片源，并且是免费的。同时，推出他们自己拍摄的喜剧电影及电视剧的 DVD 周边产品进行售卖。"杀手兔"的形象迅速根植于观看者中间，这本来看似是一个不得已而为之的做法，却在互联网的帮助下产生了奇效。三个月后，上百万人观看了马戏团的视频，而其 DVD 的销量同期扩大了 200 倍以上，成为当时亚马逊电影和电视剧销售榜单的第二名。如果这一切发生在传统物理世界中以门票和现金作为"价值交换"的情景下，几乎是不可能发生的。而派森飞行马戏团在互联网世界中的成本，可能仅仅只需要几次演出就可以了。因为网络宽带和基础的存储容量还是由 YouTube 提供的。

产业经济让人类的活动几乎遍及全球，经济活动的强度不断增加，伴随着大量被制造出来的商品的是海量的信息。当下我们已处在一个信息爆炸的时代。数字网络大大地降低了信息传播的成本，并提高了信息传播的速度。信息在传播的过程中具备相对自由性及可复制性，而可复制性作为数字网络的核心价值，在其被广泛应用之后，让信息的价值传播的边际成本近乎趋向于零。信息的获取简单到只需要随意地复制、粘贴就可以将其放到自己的空间中。信息本身的形式也是多样的，近乎只要能被数字化，并且存在于数字空间之内的就可以无限复制与分享。

于是，原本在物理世界由于时间、空间的制约，信息高效传播和精准匹配难以高速发生，从而制约着价值交换。但是在数字空间，信息高速有效的流转，强大的覆盖面让潜在利益相关者产生互联，并且最大限度地消除了时间带来的信息不对称性，同时也实现了信息的共享。可以说，数字网络最大化地加速了价值的产生、传播速度和交换频率。

在物理世界中，一部分商品的使用权和所有权在通过互联网将其虚拟化后，形成新的结构和形式，并最大限度地加以利用。在通过电子化、信息化、数字化的创新处理之后，不仅改变了其原本行业的发展轨迹，并且还推动了相关行业的商业模式变革，同时改变了产业链上下游的供应结构，最终影响了人与人之间关系的构造及社会财富的再分配。举一个比较典型的例子就是"电子书"的诞生。

电子图书的概念在20世纪40年代的科幻小说中就有了朦胧的雏形。随后的几十年间，人们不断地尝试创新，从SONY公司的研制的Bookman到Nuvo Medi公司推出的Soft book——火箭书（Rocket book）的问世，到现在第三代以阅读器和电子书结合呈现的亚马逊（amazon）kindle。互联网促进了整个图书产业链全新的提升。

电子书通过对实体书的数字化处理，将原来实体书难以分离的使用权和所有权分离，因为在线下，即使是图书借阅，也必须将图书的所有权暂时和使用权绑定，不可能有两个人同时借阅同一本读物。而将其数字化处理之后，"书"还是那本"书"，静静地放在图书馆里。但是在线上已经同时出借给了上百万人，这就是数字化带来的资产价值大规模上升的好处。

在物理世界中，还有大部分商品的使用权和所有权难以分离，通常使用权的转移也伴随着所有权的转移。但在互联网世界中，使用权与所有权可以通过数字化应用，很好地分离出来，出现了所谓的共享经济。相对于高成本的所有权，低成本的使用权依然可以满足人们的需求。人们越来越适应商品的使用权,而对于商品所有权的关注反而降低了。在数字网络的加持下,大部分物理世界的商品都可以通过对商品数字化,实现其所有权和使用权的分离,成倍地增长商品的效用,从而增加其价值。共享单车、民宿租赁等行业纷纷出现,充分地佐证了使用权的分离转移更被人们所接受。权利分离之后,资源的利用率可大幅提升,资源的价值被更大程度地挖掘。但也导致了权属情况趋于复杂,控制权在不同时空呈现出不同的状态,对权益性资产形态产生新的挑战。

由此可见,数字网络的出现,不仅产生了可以容纳物理世界,并作为物理世界映射的数字空间,同时出现了一些全新的经济模式,也让我们再次开始重新认识资产,重新为经济增长的要素进行排序。早在 1990 年,未来学家乔治·吉尔德(George Gilder)出版了历史上第一本阐述比特经济学的著作《微观宇宙》(*Microcosm*)就进行了这样的思考。从某种意义上来说,比特经济学是数字经济的前身。书中他提出"在每次产业革命的过程中,都会有某样关键的生产要素成本大幅度下跌。和从前的相同生产要素相比,在新产业革命中这种要素的价格几乎降为了零。例如,经过工业革命,和从前的用动物和人力相比,机械的动力成本几乎成了免费的。突然间,你就可以做之前办不到的事了。你可以让一个工厂 24 小时不间断地开工,源源不断地生产出产品,这在工业革命之前是难以想象的"。

进行这种思考,首先我们会想到数据的价值。数据对于数字经济的重要作用,几乎类似于化石燃料对于产业经济的作用。有人将数据比喻成数字经济的石油并不为过。以金融活动为例,用户在每一家银行可能都存在记账行为,但由于保密原则等方面的限制,银行通常不会在未授权的情况下公开记账数据,这就让金融机构之间存在着"信息孤岛"。银行业内人士一针见血地指出:"受核心数据来源所限,目前互联网小微信贷产品服务人群相对狭窄,客户准入门槛相对偏低。同时,由于税务、工商、司法等信息开放程度依然较低,而数据问题对贷后管理的影响尤为突出,除部分银行有高频电商交易数据外,大部分银行只能依赖行内交易数据及央行征信数据,据此进行贷后预警可能存在一定滞后性。"如果有更多的数据被开放出来,打破信息孤岛,成为经济活动的资源，那么互联网小微信贷产品服务人群将得到扩大，金融服务的覆盖将更广，有更多的人会在金融服务的帮助下走出困境。数据资源是否会以一种新的资产形式进入人们的日常生活呢？未来也许会。

因此，当经济活动越来越频繁地出现在数字网络时，特别是数字经济的进程全面开启之后，资产的形态必将再次发生变化。可以预见的是数字资产将成为数字经济的主流资产形态。

数字资产将成为新的资产形式

● 数字资产是数字金融的基础

直观地看，资产数字化与资产证券化有几分相象，但两者的基础是不一样的。资产证券化是物理世界在银行账户体系上的记账活动，为的是增加资产的流动性。资产数字化是在数字账户体系上的数字空间记账，为的是服务于企业数字化的经济活动，成为数字金融的基础。

产业经济中，大生产持续需要动员经济资源，不断扩大生产。动员的经济资源大部分形成了企业的资产，例如生产设施、库存、各种债权、股权等。毫无疑问，在企业的资产中，现金是使用最为灵活的资产，具有最好的经济资源动员能力。有的资产，例如固定资产、非流通的权益类资产等，难以流通变现，而降低了动员经济资源的能力。为了进一步提高这些资产动员经济资源的能力，便出现了各种金融产品。借用经济学名言"货币是罩在实物经济上的一层面纱"，我们可以认为金融产品是为底层资产罩上了一层面纱。这一层面纱成为资产流动的"护身符"。有了这个"护身符"，资产便可以具有接近现金的资源动员能力。以资产证券化为例，资产证券化是指用不便于流通但预期可以带来收入的资产，以预期收益为基础，通过一定的财务与法律安排，向资本市场发行债券，以满足融资需求的一种金融产品。

资产证券化是一个融资过程，需要第三方机构对用于底层资产的未来现金流进行评级。当市场中不止有一个"第三方"出现时，由于价值观不同，参考依据不同，不同"第三方"对于同一资产的判断可能会完全不同。一个"第三方"的价值判断尺度在进行价值转移过程中并不能完全或者根本不被另一个"第三方"所接受。解决的方法就是，资产必须经过大家一致公认的标准化后，才能自由地在市场中进行价值确认并形成价值的流转。而现今的做法是将资产进行证券化后，资产的流动速度会加倍增长，并且将资产的未来收益权进行切分。

金融科技的发展，资产证券化的过程形成了电子票据。有人认为这就是数字资产。但是我们认为这样的电子票据只是纸质票据的一种数字化表现形式，是电子化的证券。因为电子票据的记录内容仅仅是流通工具的那部分信息，没有全面记录电子票据底层资产的相关信息。证券化的过程中，不可避免地会产生信息削减及信息摩擦，即证券化过程后所传递的资产价值信息未必是准确的。一方面，资产的价值信息存在有效信息及由于宣传或其他误差信息造成的噪声信息之分，即真实信息和市场信息存在信息摩擦。从信息传递的有效性来看，时间因素始终无法介入资产价值展示环节，削弱了资产价值信息展示的有效性和持续性。正因如此，资产证券化的适用范围受限。另一方面，通过资产证券化手段层层打包之后，各种资产之间的关系错综复杂，变成了模型的变量关系。当外部情况发生变化时，例如人们的预期变化或者预期偏离实际较大等，底层资产出现波动。这个波动被层层打包的金融产品放大，形成了金融市场的大幅波动，甚至发生剧烈动荡。

与之不同的是，资产数字化是对资产形态的改造，使之更好地服务于企业活动的数字化，成为数字金融的基础。在经济数字化的进程中，产业数字化程度越来越高。直观地看就是越来越多的企业活动将在数字网络空间中展开。诸如社群营销等一系列在数字网络空间开展的营销活动可能成为企业营销活动的主要形式。与数字化营销相伴的电子商务可能成为企业的主要交易形式。面向客户的部分作为企业前台活动越来越多地在数字网络进行时，提供有效服务与产品的中后台支撑体系也因为适应了前台的快速响应而逐步上线，数字化车间、智能仓储、智能制造、灵活用工等概念纷纷落地。企业的数字化从前端逐渐向后端延伸，最终将遍及整个企业，形成数字孪。如果将企业的某些资源（或要素）以全量数字化信息的形式留存于可信数字网络空间，形成数字化账本，并以此动员这些资源（或要素），那么这些信息就具备了资产的属性。我们不妨将其称为"数字资产"。

数字资产从形式上看也许是企业数字账户中的一串密码字符；从运行上看，是企业数字经济活动的工具；从效果上看，将降低企业间分工与协作的成本，分工与协作的水平将大幅度提升，增加了经济活动的效率。

今天，我们已经看到了企业经济活动的数字化进程。电子发票开始取代纸质发票成为交易凭证，是企业交易数字化达到一定阶段的产物。电子化的交易凭证更好地适应了电子商务的灵活性，匹配了交易的数字化。

共享制造是企业生产制造数字化的表现。在浙江温州，广东深圳都已经出现了"共享制造"的苗头。2019年10月，工信部印发《关于加快培育共享制造新模式新业态促进制造业高质量发展的指导意见》，推进共享制造模式的发展，提出了2022年和2025年两个阶段目标。共享制造是企业动员资源方式的一种创新。

由此可见，数字资产不是空穴来风，也不是海市蜃楼，而是从物理世界资产形态进化而来的，以数字账本记录的全新资产形态。其目的在于服务企业的数字化经营活动。

● 数字资产的形成路径

与货币的底层逻辑是"共识"类似，资产的底层逻辑是"有用"。资产的形态演进是围绕着经济活动"有用"且"好用"展开的，数字资产也不例外。与权益性资产最初来源于实物性资产一致，数字资产的来源最初一定也是权益性资产与实物性资产，或者说物理世界的资源。我们认为数字资产发端于记账形态的变化。数字资产一定是记录在数字账本中的资产形态，而存在于数字空间中。与权益性资产记录在纸质账本不一样的是，数字资产记录的信息必将更加丰富，记录形式必将更加多样，将呈现出多媒体的记录形态。记录的变化还将带来资产权属的多样性。最直接的变化可能出现在所有权对使用权的让位。当资源的每次使用情况能够在数字账本清晰且可信地记录，并准确计价时，人们将更关注资源的使用价格，不一定谋求占用。此时，物理世界的资源权属可能变得非常复杂而难以处理。但在数字空间中，将通过制度的公式化，代码化处理，变得清晰。因此，更多物理世界的资源将通过数字账本映射到数字空间中。

记账形态的变化带来了资产确权方式的变化。数字资产寄生于数字账户之中，数字账户的确权方式变化必将影响到数字资产的确权方式。这里要分两层讨论。第一层是从物理世界的资源转换成数字资产的确权问题。这里之所以用"资源"，不用"资产"，是因为资源的涵盖范围大于资产。物理世界可能难以成为资产的资源，在数字空间中将以资产的形式呈现，数据资源是其中代表之一。从物理世界向数字空间转换的过程，可以视同实物性资产登记入纸质账本的过程，需要通过一整套法律与财务制度的安排过程，可以是中心化的确权方式，也可以是去中心化的确权方式，甚至是完全的分布式。但有一点是肯定的，转换过程中资源的信息将被大部分保留下来。目前可能以人工过程为主，未来制度代码化之后，将以计算机自动运行为主。我们将这个转换过程称之为"数字资产登记"，简称"数登"。为了维持金融活动的惯性，数登借鉴了资产证券化的成功经验，在形式上与之相似。第二层是数字资产在数字账本的确权，这个确权是以分布式账本形式存在的去中心化的确权。数字账户持有人对账户内留存的数字资产具有控制权，是所有参与人的一致共识，不需要单独的第三方进行确认。这类似于实物性资产，拥有即控制。

记账形态的变化还带来了交易形态的变化。数字资产的交易是数字账户的记账活动。这个交易活动既不需通过第三方认可，也不需要中间人确认，是点对点的交易活动，这是由数字记账活动的特点所决定的。数字资产交易的便利性，将极大地打开交易场景，增加交易频次。在交易中，有可能形成新的比价关系，数字资产的价值计量有可能更为明晰。

记账形态的变化将使数字资产分割更为灵活。数字资产的分割既有数字资产本身的分割，又有对物理世界资源的时空占有分割。数字资产本身的分割体现在数字账户中的"数字"变化。"数字"变化的灵活性决定了数字资产本身分割的灵活性。显然数字账户的"数字"变化具有极高的灵活性。在对数字资产映射的物理世界资源进行分割时，数字资产也表现出相当的灵活性。数字资产可以清晰地实时映射物理世界的资源使用情况，物理世界的资源使用权在时空的分布分配即可成为数字资产分割的一种方式。数字资产分割的灵活性，将有可能出现"精密的物物交换"而弱化货币的交易功能。

因此，我们认为数字资产是既集合了权益性资产的灵活性、便利性，又集合了实物性资产的清晰性、明确性的全新资产形态。虽然今天数字资产大部分还是数字化的版权，例如数字化的音乐版权、数字化的图像版权、数字化的影视版权等，少量的以加密资产形式存在。随着数字经济的发展，越来越多的物理世界资源将被转换成数字资产。正如产业经济通过企业不断地生产扩张，解决了生产短缺问题，数字经济将通过数字化进程不断扩张数字资产的来源，解决资本短缺问题。

数字资产的创新冲击

1. 成本的冲击

数字网络时代，如果仅仅是简单地将物理世界的资产以虚拟映射的方式呈现在数字网络里，极易出现对数字网络空间的资产信息篡改现象。信任的建立必须依靠第三方以及纸质账本。资产的价值依然不透明，信任成本依然高昂，金融活动成本不但没有降低，反而大幅度提升。最典型的例子莫过于互联网金融点对点借贷平台（P2P）。由于缺乏可信的数字网络空间，虚假信息在平台上横行。为了解决上述问题，平台充当了"可信第三方"的角色，用自己的信誉加盖"信用公章",让物理世界的资产信息最大限度地等同于数字空间资产信息。虽然一定程度上解决了信息准确度和可信度问题,也让资产能在互联网上产生有效的传递,但实际上是让物理世界的资产价值与其信用价值进行了捆绑。也就是说,当第三方的信用价值一旦发生损耗,其损害的是背书的整个物理世界的资产价值,形成金融动荡,导致大部分平台关闭。

所以,建立在由群体价值共识支撑的防篡改、可溯源特性的可信数字网络中的数字资产,根本性地降低了信任成本。由此,不但降低了金融活动的成本,还通过数字化的交易提升了分工与协作水平,提高了整个经济活动的效率。在这样的数字网络空间下,群体共识取代了第三方信用背书,实现了记账活动去中间人,以及点对点的资产交换,让资产在数字网络的流动更顺畅,交易更迅捷,资产配置更灵活。在这样的数字网络空间下,不仅保证了记账结果的真实性,同时具备了逆向溯源及环节认证性,也让价值的传导过程可追溯,实现了资产价值在数字网络的"自证"。在这样的数字网络下,更多的记账活动将由机器自动处理,自动审计,降低人为介入产生的错误成本和道德成本。中间环节的费用更为低廉,并且无信息摩擦。发行人由于大幅度减少了中间环节的介入,让其发行成本、时间成本、管理成本乃至机会成本均得到根本性下降。

数字资产因其资产信息的透明性和更新的及时性,将大幅度降低信任成本,降低经济决策的机会成本。

2. 服务的冲击

当资产成为数字资产时,资产价值的展现不再以普通信息形式展现,数字资产的价值传递从信息互动变为程序互动,资产之间的交互可以是代码与代码之间的交互。在以比特币为应用的区块链时期,价值的体现以点对点的双方转账方式呈现。在以"以太坊"作为区块链应用的区块链 2.0 时代,尤其是智能合约推出之后,数字资产可编程性的潜力被彻底发现。当数字资产在区块链上存储之后,资产可以脱离确权控制方,其可以自行由事先编辑好的代码及事先达成的共识进行控制,可以自动执行相关功能,例如转账、出借、调拨或销毁,而无须人工执行及干预。而执行期间人人都可以查看合约的具体执行结果及合约的相关代码，全部流程无法被篡改，实现了"代码即法律（Code Is Law）"的目标。

在可编程规则之下，数字资产不仅是资产数字化的结果，还将成为数字化的新金融工具。这样的数字化新金融工具将以一种可执行的数字化智能合约形式存在，以代码的形式融合监管规则、资本管理规则、记账规则，在不受任何一方控制的公共数字化计算工具上以不可抵赖的方式执行。

数字资产的可编程性可以让金融资产在市场流通时所受到地域、时间、区域司法的限制纷纷下降，由于其信息的透明性及参与者交易信息的不可篡改性，将洗钱风险及恐怖融资风险降到最低，并且依靠监管创新，将链上的反洗钱融合进来，提高犯罪成本，最终形成更加高效、透明的金融市场新秩序。

3. 来源的冲击

数字资产诞生于数字账户的记账活动。数字记账活动突破了纸质账本的记账限制。在物理世界难以证券化的资产，可以通过数字化的记账活动得到确权，并被拆分、被交易，共享制造便是这样的应用。工厂的生产能力通过数字化的记账活动变成数字资产。物理世界中的产能资源使用与数字空间的产能资产交易互相匹配，实现自动交易，实现制造共享的目标。物理世界的资源使用将更有效率，更好地提升经济活动的效能。成为哈佛商学院案例的海尔"人单合一"管理理念，将企业裂解成无数的微小创。这个管理理念成功的原因之一在于中心化的信任背书。微小创主体之间的交易依赖于海尔集团维护的中心化信任体系。如果更多的企业资产能够数字化，那么不同经济活动主体之间的信任将不再需要中心化的信任体系背书。海尔的商业模式将可以突破企业的控制边界。

数字资产更重要的冲击是让物理世界难以确权，甚至是无法确权的资源成为数字网络空间可以被更好利用的资产，数据资源便是一个典型例子。数据对于数字经济的重要性不言而喻。数据资源在物理世界中资产化的难度较大，而在数字空间将成为可能。数据生成于物理世界，是物理世界活动的量化与记录。随着数字网络与人类活动结合的日益紧密，越来越多的数据生产留存在数字网络空间，并在数字网络空间被使用。在物理世界中，无论是以纸质材料记录，还是以电子形式留存的数据，对于使用者、拥有者的确认都颇费周折。在可信数字空间中，这样的情况可能被改变，让数据资源真正成为生产要素。例如通过区块链技术可以让数据资源得到有效确权。区块链确权是指当用户对自己的资产进行权力归属确认时，权力确认后的数据会以"数据特征码"（例如Hash值）的形式存储到区块链上进行保存，再通过区块链分布式记账及加密算法等进行技术处理，有效保证所进行存储的数据不会被篡改，从而保障确权数据的真实性和原始性。同理，数据的使用者一样会在数据使用时留下痕迹。如此一来，数据的生产者与使用者之间的数据交易场景可能被打开。普遍的数据交易形成了数据间的比价关系。数据资源就有可能成为数字资产的一种来源。

由此可见，数字资产作为一种新的资产形式，可以对更多的经济资源进行更为便利的确权、计量和交易。可以预见的是，更多的经济资源将被纳入数字资产。数字资产来源不断扩大，冲击了传统意义上的资产来源，将形成"资产来源冲击"。

总之，数字资产有利于价值统一。传统的互联网资产由于确权形式及信息不对称的存在，在跨地域、跨时间等问题出现的时候，导致对于同一资产属性的价值判断容易产生重大分歧。数字资产由于线下信息被链上交易的信息所替代，并且保持不可篡改的特性，使数字资产的价格更具代表性和统一性（去除情绪因素的干扰），减少了目前在不同市场上交易所存在的价值分叉问题。

第七章
数字资产风险与监管

数字资产风险的新变化

● 数字资产信用风险特殊性研究

数字资产形成后，记账方式发生了变化。数字资产的交易和存储环境的变化，数字资产与底层资产之间的一一对应关系能否做到万无一失，还有待时间验证。从目前已有的数字金融实践和即将投产的场景来看，数字资产在信用风险方面的特征具有与以往金融资产不同的表现，主要表现在以下三个方面。

（一）信用风险的隐蔽性更强

1. 底层资产的风险暴露不足

一方面，作为数字金融的基础设施，数字资产的登记和管理设施，是数字金融环境不可或缺的重要环节，但从体系来看，数字资产及其管理系统并不能解决数字金融的所有问题，还需要通过与数字金融其他基础设施达成配套效果，并在健全的法律法规环境中才能健康运行。但从金融创新先行，法制建设往往滞后的情况来看，数字金融前期可能要在配套的体制机制并不完善的情况下"摸着石头过河"，在此过程中，由于基础设施、体制机制方面的原因导致的底层资产风险暴露不足，可能成为阻碍数字资产大规模推行的重要原因。

另一方面，数字金融技术本身是中立的，可以"全面"披露底层资产的信息，并与金融交易同步传递这些信息，理论上具有更好的信息透明度。但实际交易中，"后手"往往依据"前手"的行为和市场行情做出交易决策，难以真正全面处理底层资产形成的海量信息，并判断其真假。同时，作为底层资产的管理者或者拥有者，或者拥有对底层资产状况产生影响的主体，如果没有及时将资产改变信息传递到数字资产空间中，就有可能产生资产的风险信息暴露不及时问题，并由此导致信息不对称产生的资产交易风险掩盖问题。

2. 底层资产的风险洞察难度加大

数字基础在创设和传播过程中，特别是在形成资产组合和打包为资产池的过程中，需要经过复杂的数学模型计算，这种计算在完成对资产有效定价的同时，还会导致底层资产风险洞察难度加大。

数字资产不仅在创设过程中如此，在传播过程中往往通过借款人、投资者的"画像"（模型计算）系统进行精准匹配。这一方面为交易提供了便利，能提升整个数字金融的交易效率；另一方面，容易导致投资者过于依赖中心化模型推荐资产。虽然这种中心化模型有可能是通过分布式机器学习算法得出的，但是会不同程度地降低借款人、投资人判断底层资产风险方面的能力。简言之，作为投资者的风险识别能力与底层资产的风险状况有可能发生错配。

此外，数字金融环境还支持数字资产的自由组合和分割。当多个数字资产、多种数字资产"混匀"并"震荡"后形成资产库时，对中小型和个人投资者来说，要判断其中底层资产的风险难度可想而知。面对大规模的数据序列，非专业人士根本无法应对高度专业化的风险分析工作。电影"大空头"中，底层资产是上千套房屋抵押贷款形成的次级债券，面对庞杂的报表信息，很少有人能投入相当的时间和精力认真分析其中蕴藏的风险因素及可能的变动方向。

3. 风险信息被刻意隐藏

在数字金融环境中，交易对手更多地依赖信息化手段获取底层资产信息，但从现有技术手段来看，要实现对底层资产，特别是固定资产、动产类资产对应的金融资产来说，要实现"穿透式"风险识别，难度还很大。

以区块链溯源来看，区块链能将底层资产每个变动环节的信息都存储在分布式账本中，保证这些信息不会被恶意篡改，且保证每个账本的同步。但是，这并不能保证信息的真实性问题就得到彻底的解决。

我们可以刻画这么一个常见的场景。

从数字资产的常见形态——电子票据来看，假如 A 厂商与核心企业 B 进行一笔交易，向其提供了一台机器设备，并由此获得其承兑的一张商业承兑汇票，记作票据 α。A 厂商将该票据信息传递到数字金融环境，并创设一般对应的资产，记作数字票据 β。票据 α 和票据 β 形成传统金融环境与数字金融环境的一一对应关系，这种对应关系受到传统金融领域和数字金融领域两个空间法律法规的叠加管理，当然数字金融领域有些专有性规范不一定适用于传统领域。

A 厂商将票据 β 进行转让，依次从 B 到 E，共进行了 4 次交易，由此 E 获得对 D 的追索权。在票据存续期内，A 提供的机器设备由于质量问题产生纠纷，核心企业根据销售合同和质量保证政策对 A 提出索赔，A 不认可这种诉求，二者预备进入法律诉讼，由此导致票据 α 不能正常兑付，此时，票据信用情况的变化，可能导致票据 β 转变为票据 β'。

试想，A 有责任对出现的突发情况进行信息整理并及时传递到数字资产的交易场所中，票据 β' 成为对应交易的标的，但如果出于有意或无意，或对票据 β 转变为票据 β' 的转变根本不认可等原因，这种信息未能及时反馈，在交易链条中传递的还是票据 β 转变为票据 β'，则客观上造成了"风险隐藏"的结果。

4. 数字资产认知不足

数字资产加密后，其传递空间和交易场所的变化，对于那些并不熟悉这些新技术的投资者来说，从了解并开始掌握相关的应用技巧、从接触理念到最后接受这种新的资产交易方式，需要一个周期的积累，并需要通过进入交易市场的人越来越多地强化数字金融环境中数字资产的交易效应。

在数字金融和数字资产真正成为运行稳定、效率较高、安全性较好、配套体制机制较为规范的情形下，对那些较早掌握交易技巧，甚至熟悉交易环节漏洞、了解监管套利空间更多的主体来说，有一定的"先发优势"并导致其在技术上的优越性水平提升。如果这部分掌握先发优势的群体，包括交易者、投资者、系统开发人员等，他们利用技术和制度环境的不成熟性恶意造假或者关注于监管套利的话，则数字金融的"泡沫"和风险有可能会催生，甚至在局部造成风险释放，自 2017 年下半年开始的币圈卷款跑路、"空气币"、ICO 非法集资等现象基本符合此特征。

（二）借款人获得外部支持的可能性降低

就借款人本身来说，其产生信用背景的因素除自身外，主要依托为外部信用支持，如子公司获得了母公司在资产方面、特殊的品牌或产品销量方面、专有技术和设备方面等的支持，这能为借款人提升其现金流水平、提升其信用质量水平产生正向促进作用。即使对于私人部门，情况也近似，如在购买房屋、汽车等生活用品方面，子代获得长辈在资金方面的支持。因此，获得外部支持可能性及规模大小，是衡量借款人信用质量水平的一个重要因素。但是，在数字金融环境中，数字资产的借款人获得外部支持可能与传统金融交易环境中的情况有所不同，主要表现在以下两方面。

（1）对可能的支持人来说，支持意愿下降。在数字金融环境下，债务本息对应的契约关系通过区块链等系统进行传递，往往后手只对前手具有完全的追索权，对原始借款人的"把控"会出现新的变化。试想，如果一笔在转移过程中的债权来自在地域上分割的两地，则数字资产当前持有人对原始借款人的追索权有可能由于地域分割和区域性法律法规差异，甚至由于地方保护主义等原因，使追索权"打折"。特别是对于原始借款人可能的外部支持方来说，这些弱化的数字资产追索权，在其或有债务中的排序就可能靠后，并可能导致对借款人在该笔债务上的支持意愿有所降低，最终导致借款人获得外部支持的可能性降低。评估这种风险，难度是很大的。

（2）短期内，对借款人来说，获得支持的能力可能下降。在数字金融环境下，原始资产创设后，其获得外部支持的能力在创设后处于动态变化过程。这种变动，既反映整个资本市场的波动，又反映其支持来源和强度的波动。就支持来源和强度来说，最终确定了与数字资产对应的借款人获得外部制度的能力变化。逻辑上讲，借款人的外部支持获得能力并不因资产是否经过数字化改造，是否在数字金融环境中进行交易而改变，其最终变化的确定因素往往是外部偿债环境和内在偿债能力等多种因素的组合。但由于数字资产特有的法律机制和传输途径，对借款人外部支持的来源和意愿产生了附加影响，导致了借款人外部支持获得能力的变化。事实上，目前通过数字资产方式融资的借款人往往不是资本市场青睐的对象，其对应的数字资产也不是资本市场现有的优质资产，往往对应的是中小微债务本息。这些主体和他们发起的资产，通过数字化传递或真正转变为数字资产，原有的流动性水平可能有所提升，也可能导致其与传统资本市场的"距离"越远,获得传统外部支持的能力降低。我们相信,随着数字金融配套法律体系、会计体系、监管体系的不断完善,数字资产能真正成为大部分交易者愿意接纳的方式,借款人以数字资产的方式融资将成为主流方式。此时,以数字资产作为主要融资手段的借款人,获得外部支持的能力可能获得改善,甚至由于拥抱新技术提升融资效率,获得外部支持的能力变得更强。

(三)持有人的追偿能力和意愿降低

1. 有限的追索权导致数字资产追偿能力下降

如果数字资产被切割,则每个持有人只能对应于权益部分对应的追索权。以现有应收账款对应的数字资产举例,虽然其余传统债权一样能够在借款人负债中占有相同的位序,但很多情形下,后手对前手的追索、频繁的交易导致的多个交易环节和交易对手,致使最终持有人在破产清算环节有可能并不占有优势地位。

对于有抵质押条款的债权来说,其锚定的第二偿债来源是抵质押品的处置。通过数字网络环境,这种处置能变得更为便捷和高效,如通过网络的法拍处理,使抵质押品能尽快变现。但对于信用类债权来说,债权进行了分割并在数字金融环境中对应成更多的主体,则一般债权被切割为多个部分,涉及的法律环节会增多并导致诉讼成本的增加,也导致清算周期的延长,甚至引起债权被"折扣"的可能。因此,数字资产有限追索权,可能在金融交易中使交易对手对该笔资产信用评估结果降低,传递越多,则被"折扣"越多的现象,使最终的资产追偿能力随之降低。

2. 资产多元化导致的持有人追偿意愿降低

依据风险分散的原则,投资者为了"不把鸡蛋放在一个篮子里",往往会选择不同标的作为投资组合,甚至构建符合自己风险偏好的资产池。对于专业投资机构来说,属下的投研团队能有效处理市场信息并制定相应的应对措施。但对于普通投资者,特别是散户投资人来说,复杂的金融工程往往是其短板,通过投资组合降低金融风险难以实现,一般持有少数几种资产。一旦数字资产进入破产清算环节,若该笔资产在机构投资者资产中所占比重偏小,则其可能由于高的法律诉讼成本（经济上和时间上）主动降低追偿意愿。对其他投资者来说，数字资产的破产清算需要解决如跨越地域、法律成本等方面的问题，也无奈接受不甚理想的处理结果，从而一开始就对数字资产的追偿能力的预期有所降低。

3. 复杂的交易技术有可能降低持有人追偿能力

随着区块链等技术手段投入数字资产的交易中，配套的数字资产创设、登记、确权、支付等手段也发展起来。这些创新在让数字资产的交易变得快速和便捷的同时，又出现了新的问题。例如在区块链环境中，数字资产虽然保存在本地钱包中，但分布式账本的管理权限并不是完全的去中心化。特别是对于一些提供交易场所的机构，这些机构对交易的集中化管理，使交易过程被控制在大部分中心化机构的流程中。一旦这些交易出现问题，如发生纠纷、黑客侵占、系统崩溃等，交易机构并没有能力处理这些事件，甚至这些事件本身就是交易机构自编自演的闹剧。此时，数字资产与底层资产间的映射关系出现紊乱，最终持有人就"自证清白"的成本较高，增加了追索困难。这些问题，有的正在通过技术手段解决，有的可能已经得到了解决。但必须认识到，技术手段也是有局限性的，正如区块链常用的椭圆曲线加密算法，本身就存在很大争议，但系统的经济性又决定了安全性和效率之间只能进行平衡。

● 数字资产信用风险驱动因素

下面我们就依循数字资产的创设→进入数字环境→交易转让→支付结算等环节，具体谈一谈数字资产信用风险取得因素的变化。基于传统金融资产创设的数字资产，如基于企业应收账款债权创设的数字资产，在进入数字环境之前，其原有的属性并未发生改变，仅是表达和存储方式的转变，但是如果其一旦进入数字环境中，承担起融资、交易（在合规情况下）、支付（在合规情况下，作为等价物用作支付）等功能，其风险驱动因素可能产生变化的情况如下所述。

（一）数字资产创设阶段风险驱动因素

对于产生于传统金融资产的数字资产来说，其在创设阶段的风险驱动因素主要来自两个方面，一方面来自资产本身的风险，另一方面是来自创设过程的风险。

1. 来自金融资产本身的风险

这种风险是直接由借款人（下文亦称为"融资人、融资主体"等）本身导致的信用风险。从此意义来说，与借款人在传统领域的信用风险并没有区别。

（1）借款人融资环境变动风险。需要了解的是，在传统领域中，资本市场中那些大中型主体，如中央企业、地方国有企业、规模庞大的私营企业等，由于其企业属性和规模水平受到整个资本市场的青睐，往往是权益市场的发行人，特别是在传统金融体系占优势地位的银行中成为重要的资产来源，它们具有畅通的融资渠道，财务制度规范完整，信息披露较为充分，能够由信用评级机构对其信用质量水平给出较为准确的评价。

在构建多层次资本市场中，处于多层次资本市场中下游的那些中小微企业，它们占到企业数量的绝大多数。它们往往是资本市场发行人的上下游企业，在整个产业链中占据了极其重要的地位。由于财会体制改革滞后、中小微企业金融支持及发展机制滞后、中小微企业自身家族式管理、不注重企业财务制度、不关注企业信用信息记录和留存等种种问题，中小微企业的信用信息数据严重缺乏，甚至在某些维度存在空白状态，如小微企业规范的财务报表和资产负债管理信息。加之中国信用体系建设刚刚起步，中小企业已有的信用数据存储在不同的部门和行业管理机构，形成数据孤岛，导致中小微企业信用数据的生产、加工、处理困难，整个信用市场上与中小微企业相关的信用信息产品严重缺乏。这部分借款人又是数字金融的主要使用者。数字金融的主要风险有很大一部分是中小微企业的信用风险。

（2）借款人偿债能力变动风险。对传统资本市场的发行人来说，由于其雄厚的信用背景（如刚性兑付下的城投公司）、庞大的资产规模（中石油、中石化、国家电网）、稳定的现金流水平（阿里、京东等电商），其偿债能力一般来说覆盖债务本息程度较高。

对于中小微企业来说，由于其信用信息数据缺乏、对应的信用评级技术和机构缺乏，未能有效获得风险定价，不能进行金融交易，因此也往往不能获得低成本资金的支持。特别是中国经济进入下行期、经济结构调整、供给侧改革、金融去杠杆等多种环境变动下，中小微企业的生存压力陡增，大部分中小微企业的现金流水平维持在 1~3 个月，现金流处于负水平的占很大一部分，更有甚者，只能以贷养贷。在此条件下，中小微企业在银行等机构获得信贷配给的可能性极低，由此形成"融资难、融资贵"的窘境，并成为中国构建多层次资本市场的瓶颈。

从根本上看，中小微企业以其灵活的生产和经营方式，能在不同经济状况中具有"船小好掉头"的比较优势。但在外部环境变化的条件下，其盈利能力往往出现大的波动，使得其现金流水平承压。又由于中小微企业属于"浅碟式经营"，存量资产的积累往往不是重点，整体形成了中小微企业自主偿债能力薄弱的局面。在偿债环境负向变动、信用信息数据不全、信用风险定价技术缺乏、自身偿债能力不足的情形下，中小微企业的融资能力极其低下，并导致中小微企业相关的金融资产流动性不足、风险缓释空间狭窄、信用风险释放集中的现象。

2. 资产创设过程导致的其他风险

从底层资产到数字资产，需要经过数字化过程，包括资产登记、资产确权、资产存储等环节。这些环节主要是互联网创新技术与原有技术的结合或延伸，在创设中使用这些技术，本身为资产提高流通效率提供了很好的环境。但从技术层面来说，本身也具有自身的弊端，并成为一定的风险成因。需要注意的是，这些风险，有可能并不是信用原因，而与操作风险、市场风险等挂钩。

（1）数字资产创设过程风险。从底层资产到数字资产，需要将与底层资产相关的身份认证、权属确认、记账对账等所有环节在数字环境中建立完整的映射关系。通过映射过程数字资产将承载底层资产所有的责任和义务，并将这种关系进一步在数字金融坏境中重新演绎。这本身是对底层资产关系的"复刻"。

这种复刻，是否能将所有信息一字不漏地拷贝到数字环境中，还有待考察，且由于实体资料（货物、仓单、证照、人员）等与数字空间身份具有天然的隔离性，为映射关系造假提供了便利，甚至在某些情况下对恶意造假产生正向激励（如基于机器人的消费金融骗贷事件和电信诈骗等）。

（2）资产账本管理安全性问题。由于数字资产的权属关系均记载在承担撮合交易功能的平台，这些账本需要与底层资产保持一致。同时，自有安全性水平在交易过程中显得尤为重要。虽然现有加密手段、灾备手段等基本能满足数字资产安全性要求，但从根本上来说，人为因素（如平台运营方恶意操作；数字货币交易所多次发生资产灭失、资产丢失事件），意外因素，如中心式账本服务器出现崩溃或者黑客入侵等事件，都成为中心化登记平台。对分布式账本来说，发生平台登记风险的可能性也存在，如著名的以太币硬分叉事件，日本交易所比特币丢失事件等。

特别是在中国目前市场环境下，数字资产的创设不仅存在同样问题，而且在制度环境方面还未建立良好的环境，一旦中心化平台出现风险，如平台跑路等现象，投资者往往损失惨重，e租宝及2018—2019年互联网金融平台完整演绎了这种风险。

（3）数字资产创设后，风险的隐藏性问题。由于数字资产从金融资产脱胎而来，其大部分信用属性是由原有的金融资产确定的。但是，数字资产由于在创设过程中使用了大量复杂多变的数字技术和算法，可能使原有资产的风险被有意无意隐藏起来。实际上这样的风险在传统金融领域一样发生。2008年的美国"次贷危机"便是一例。大量基于房屋抵押贷款的ABS产品投放市场后，投资者看到的是房地产市场的价格坚挺，而无法真正"穿透"了解经过复杂数学模型计算后的资产包的风险。因而ABS中真正的风险被通过技术手段"隐藏"起来，这种风险在形成ABS2、ABS3、…、ABSn的时候，投资者对底层资产的风险根本无从考察，导致风险被全面"隐藏"，直到最终一次性爆发。

(二）数字资产交易阶段风险驱动因素

1. 资产交易过程中的信用风险

（1）借款人本身与数字资产化的风险叠加。从借款人来看，将金融资产数字化以后，由于资产形态的变化，是否能被市场易于接受还存在问题。特别是与中小微企业关系较为紧密的部分，由于借款人本身信用质量水平较低，再叠加资产形态创新引起的受众群体变化，有可能导致该资产的流通性降低，这与数字资产创设的本意有违。从长远来看，随着信息化技术的发展，资产数字化可能是一个趋势，但中短期内，数字资产的受众群体问题、数字资产化以后与借款人原有信用质量的钩稽问题等，并不能由于资产形态的改变而发生巨大变化，甚至有可能由于受众对新技术手段的不信任和不熟悉等原因造成风险叠加。

（2）数字资产环境下交易信用问题。数字资产交易，以其可匿名、转移快等特点，能加快资产流程速率，但是，这种匿名性水平越高，对资产受让方来说，并不见得更能规避风险。结合现有资本市场来看，作为交易主体的大部分中小微企业，恰恰由于本身信用信息量较少，进而导致信用风险定价难度增大，如果在交易初始即开始匿名，有可能会由于掩盖部分有用信息而导致进一步加剧交易双方的不信任。

特别是对于数字资产纯信用部分来说，其信用空间完全来源于借款人已有资产对债务本息的保证程度。如果交易对手对这种保证程度的主体尚不明确，则交易完成的可能性会有所降低。由此可知，对于数字资产，可能在匿名性方面，并不是关注重点。

对于有抵质押增信条款的数字资产来说，情况可能稍好些，由于抵质押物权属能在数字环境中更为有效地发生转移，对此类增信条款对应的债务关系能形成更好的保证，从而促进交易发生。但此环节必须注意到，资产受让人作为投资者，其目的是从交易中获得借款利差，并不是要主动进入破产清算环节对抵质押物进行处置，因此，即使是有抵质押物的数字资产，也可能由于交易信用问题（如对抵质押物的处置困难、抵质押物的估值不能达成共识）而导致交易难以发生。

2. 资产传播过程导致的信用风险叠加

（1）多次交易过程中，前后手信用风险叠加。

在数字资产交易中，高频往往成为数字资产优势，并由于资金周转效率的提高进而有效地促进信用扩张，为金融交易各方带来技术红利。与此同时，数字资产在高频交易中，交易对手较传统市场中增加很多，每个环节的信用空间都可能对资产信用状况产生影响。从数字资产本身来说，自创建之时点开始，若外生变量如偿债环境、市场环境等不发生变化的情况下，其信用质量并不发生明显改变。但是在高频交易过程中，交易对手并不是完全匿名的情况下（如票据的每此转手，都必须在粘单中进行背书），该笔资产持有人的信用背景，与资产信用可能产生耦合。

举例来说，二级市场中的债务与股票相比较，股票属于高频交易，对于越高频的交易，其持有人对该笔资产的心理预期特别重要，甚至可能会发生股票价值与实体经济脱节的现象，这说明了随着金融交易频率的升高，投资者心理预期对资产的信用状况产生了"附加影响"。

对于数字资产来说，由于交易频次的提高，也容易在市场预期波动的影响下对资产信用质量产生扰动，这种干扰的方向和程度是复杂且难以度量的。试想，大型投资者偏好的那些数字资产，先不论其真实信用质量如何，可能对中小投资者的投资偏好产生影响，进而通过市场情绪的波动传递给资产本身。

（2）数字资产传递形态改变导致的信用问题。

数字资产以其可方便分割和转让的特点，能有效增加诸如过往不可分割的如应收账款、仓单质押等金融交易过程中所有的优势，但是，随之也产生了一些问题，并进而导致其信用质量产生变化。

以一笔数额为10000元的应收账款数字资产为例，原有条件下，受让人只能接受全部额度的资产，但在数字环境中，以数字资产存在的应收账款甚至可以无限分割。假设该笔资产被分割为1000份，形成10元/份的新资产，并在数字金融环境中不断进行交易，在该笔应收账款兑现前，假设有999人拥有，这些拥有者，有的可能将其归入优质资产买入，有的可能看空其价值进行转让，有的可能将其归入稳定类资产持有。这种不同状态，虽然能在同等份额的情况下对应相同的权益,但由于该笔资产被打包在不同持有人的资产包中,通过资产组合的方式产生风险耦合,并进而反馈至原始资产。

举例来说,如其中一份资产由于某个持有人的破产清算,可能导致其折价出售,这样的情况叠加发生,容易导致该笔资产的信用遭到"挤兑"和"踩踏"而发生明显改变。如果某个大型投资者正好持有多笔该类资产,则在破产清算中,甚至能对该类资产的信用产生影响。

与上述问题所关联的,如果由多笔数字资产形成的组合,其信用风险状况则更为复杂。传统的方式是穿透到每笔底层资产去进行研究,确定其信用风险大小。但对于数字资产来说,可能更依赖于大规模的数据处理技术和更先进的算法模型等,特别是对于庞大的资产池来说,从原始资产变动到资产分割、从原始交易到多次交易。由此导致的计算量巨大,与之配套的算法模型和风险定价技术目前都还不完善,甚至存在空白,因此,数字资产传递形态改变导致的信用风险可能也是需要关注的一个重点。

数字金融呼唤数字征信

● 数字资产的征信尚属空白

从传统金融市场来看,主要针对的是以股权和债权类产品为主的风险定价机制,如针对发行人的信息披露要求、针对债权发行的信用评级体系、针对 ABS 发行的信用评级体系等。数字资产作为创新型金融产品及其衍生物,目前市场上还未有专门性技术和针对性的信用评级技术体系。主要原因如下所述。

1. 信用评级技术在中国发展滞后

由于中国金融市场存在时间短,发育并不成熟,特别是针对金融市场风险控制的机制和技术体系,还处于跟随世界主流、摸索中前进的阶段,其中的信用风险定价技术体系尚未建立,国内的信用评级机构仍以大公国际、中诚信、东方金诚等为主，而这些机构中，基础技术研发一直是短板。与信用评级市场对应的是大量的信用评级技术人员的缺乏，究其原因，该项技术属于金融市场的核心技术，在国际上由穆迪、标普、惠誉为代表的国际评级机构仍然占有垄断地位，对技术核心能力的输出一直是防控重点。从国内来看，信用评级尚未在高等教育中占有应有地位，还未能成为一个独立完整的专业，与之配套的教材也基本处于空白状态，目前市面上涉及信用评级的教材与金融市场的信用评级实务存在脱节现象。

2. 针对互联网、数字化金融创新，传统评级技术乏力

从金融创新现实来看，互联网金融完整演绎传统信用评级技术应对网络化、数字化金融创新时，并没有提供好的解决方案。其根源有下述各点。

（1）信用风险释放不足，金融数据构不成有效时间序列。传统金融市场中，中国经济上升期仍将延续，改革红利依旧发挥作用，刚性兑付隐性，信用风险释放并不充分，违约事件和主体存在"隐藏"。传统信用评级技术领域中，违约率研究一直未能有效开展。从2017年年底开始的信用债市场违约，可能对金融数据时间序列的形成有正面作用。

（2）传统信用评级不匹配数字金融。这也是金融市场发育不充分的问题。近年来形成的金融工程技术的适用性还不够，目前信用评级领域，仍然以案例分析为主。当面对互联网金融领域诸如缺乏完整全面的财务登记制度、信用披露体制机制尚未建立和覆盖等主体时，传统信用评级技术基本无能为力。数字金融可能服务于更多的中小微企业。它们的特点是财务制度不健全、财务记录不透明，如用传统的基于财务分析的技术，与这些主体的信用信息完全不匹配。特别是案例分析的技术，对于需要大量、高频、小额的金融交易，其时间和经济成本完全不能对称。

● 数字资产需要数字征信

针对数字资产，以大数据征信为主要技术手段的数字征信，能通过分布式机器学习模型（需要构建基于异构系统的分布式机器学习系统，实现数字资产的评估评级、基础资产及其波动信息披露、交易规则透明可视等功能）对数字资产的发起人、发起机构、持有人进行有效的评级和画像，是解决数字化资产风险定价的有效途径。

自 2014 年始，中国征信行业迎来爆发式增长，先后出现天眼查、企查查等多个企业征信机构。个人征信发展也突飞猛进，特别是在消费金融反欺诈和信用风险定价、信用信息数据库建立等多个方面取得了突破性进展。但是，随着征信行业的进一步衍生，企业和个人信用信息领域存在的问题也逐渐显现，如企业信用数据归集困难、个人隐私信息被泄露等。产生这些问题的根源有多种，如征信行业法律法规建立滞后，与大数据征信技术对应的隐私保护技术研发投入不足、信息披露制度不健全等。

相较于大数据征信，数字征信以更灵活的数据收集方式（基于联邦学习的交互式数据通道）、更精准的模型算法（分布式机器学习系统）、更可靠的数据传输与安全技术手段（区块链）等，能够解决大数据征信带来的很多问题，并由此成为专有技术。

以数字资产为例，区块链能通过分布式账本让所有节点共享资产动态，所有交易参与方能对资产变动情况做到及时把握，减少信息不对称带来的交易风险。同时，区块链以其自治式、共享式交易特征将不确定性风险最大化到交易价格中，从而熨平数字资产证券化过程资产池波动带来的市场预期的不理性调整，为减少基于数字资产的金融交易市场的系统性风险提供了解决方案。

从现有大数据征信市场实践看，企业涉密信息，个人隐私数据等泄露，成为老大难问题。在中国 2019 年数据市场整治中，政府出重拳整治了 App 恶意获取用户信息、网络爬虫非法数据服务等，也从立法角度进一步规范了数据的生产、使用、交易行为，但治标之策终不能治本。大数据征信带来的问题，依托技术手段仍然是重要选择。数字征信通过区块链能对信用信息实现多层加密（加密算法可插拔）和点对点授权传输机制，从根本上保证数据存储和数据使用的授权问题，在保护隐私和交易信息的前提下，做到数据的"授权使用""按需使用"，为数字金融领域的"数据治理"提供解决途径。

数字征信的基础环境正在形成

自中国发布《社会信用体系建设规划纲要（2014—2020年）》（以下简称《纲要》）以来，基于大数据的征信技术有了长足发展，首先是基础设施逐步建立。信用信息基础设施，包括国家企业信用信息公示系统、各地方政府建设的信用门户网站、基于信用网站建设构建的信用信息库等，为大数据征信提供了适当的硬件基础。其次是制度环境不断健全。近年来征信行业的乱象，最终引致征信领域和信息安全领域法律法规的不断出台和完善，特别是在个人隐私数据方面的专项治理行动下，不合规公司和数据售卖被大大抑制，为数字征信提供了良好的法治环境和外部空间，使数字征信从出现开始，就能沿着合规路径演进，同时能占领不合规数据市场挤出后的商业空间。最后是技术手段不断创新。基于大数据、云计算、区块链等新技术的人工智能发展，为大数据征信提供了助力，如通过 OCR 识别发票信息，在中小企业应收账款转让中提供风险识别、通过图形识别技术判断借款人是否为机器人等，这都为解决互联网环境下如何开展反欺诈和信用评级工作提供了较好的解决方案。大数据征信技术手段为数字征信奠定了基础。

为了解决信用信息数据缺乏问题，国内信用评级市场通过学习国外成熟技术的同时，创新性地将企业基本数据同企业信用质量水平钩稽起来，利用中小微企业的工商数据、公用事业缴费数据、企业用工数据、企业社保缴纳数据、企业税务登记及纳税数据等，作为信用评级主要数据来源，并通过大规模机器学习、交叉验证等方式对信用评级模型进行校准和迭代，获得了较好的效果。

数字征信的概念和路径逐渐清晰。随着征信环境、支撑技术、大数据征信技术的发展，为数字征信概念的提出和技术途径的探索提供了良好的外部环境和底层支撑。与传统的信用评级技术相比，数字征信需要不断拓展信用信息数据的宽度和深度；与大数据征信技术相比，数字征信对资产风险揭示、风险形成和传播分析技术的要求更高。在此前提下，信用评级技术沿着"案例分析→大规模样本分析和推断→分布式机器学习系统模型"的技术路线演进。

数字征信基本观点和框架逐步建立。数字征信，与大数据最基本的不同和优势在于数据的全面性和数据安全的授权使用，特别是在数字资产领域，能通过分布式账本将资产、交易、账户、数据等建立分别映射，每个使用节点都能依据有限的"最小数据集"保证完成本节点工作量，而将信用信息做到最大限度传播的同时，尽可能节约系统资源并保证了数据安全。

从技术路线来看，数字征信与传统的信用评级和大数据征信"符合论"技术并不相同，反而希望通过"最小数据集"达到给数字资产风险定价的目的。详细讲，传统的信用评级和大数据征信是以获得充分信息为前提，通过抽丝剥茧、层层递进获得结论，由因到果、全面论证，是"还原论"技术路线。所谓"大数据风控"，是指通过信用信息的互联互通实现信用数据多维度采集、多模型分析，但事实上恰恰相反。在互联网环境中，大部分信息并不可得，在实际中遭遇"信息孤岛"问题而困难重重。

因此，数字征信采取的是"整体论"技术路线，往往根据多个事件之间的"衡常连接"做出判断，其中的过程和原因并归于"黑箱"而不去探求其内在因果关系，这也是近年来"神经网络、模拟退火"等多种新算法发展起来并成为重要计算技术的哲学基础。

不以规矩，不能成方圆

● 数字金融监管的新变化

数字金融将数字网络与传统金融高度融合，提升了金融效率，降低了金融成本，为普惠金融打开了一条新路径。数字金融将服务和产品带给物理场所无法覆盖、收入较低、受教育程度较低的人群以及中小微企业，实现了传统金融边缘化场景的广覆盖。纵观全球金融领域，利用技术优势发展数字金融已成为势不可当的趋势。数字金融在为金融活动降本增效的同时，伴生了一系列非法金融活动，出现了诸多金融欺诈、非法集资等金融乱象。不少企业打着金融创新、科技创新的旗号，从事非法集资之实，如善林金融等，不胜枚举，严重影响了正常金融秩序和金融稳定，已经侵害了正常的数字金融行为，为数字金融蒙羞。究其原因，在于数字金融的活动并不完全发生在银行体系中，而现有的金融监管主要以银行体系为主，难以全面覆盖数字金融的活动。数字金融在某些方面事实上是缺乏有效监管的。从网络支付、互联网基金、数字货币等金融业务与交易看，可以绕开持牌金融机构，直接在网络平台中完成融资、支付等活动。金融活动脱离了银行账户体系，也就脱离了传统的金融监管体系和渠道，完全游走在监管空白地带。同时，以巴塞尔协议为核心的金融监管逻辑，强调资本充足率，强调宏观审慎和信息披露的监管原则与监管方式，对数字金融以及从事数字金融的技术公司无所适从。监管机构失去有效监管抓手，难以用现有的金融监管逻辑监管数字金融以及从事数字金融的技术公司。因此，为数字金融发展创造良好的环境，也为让金融监管能够跟上数字金融发展的新变化，全球的金融监管者都在思考该如何调整监管模式以满足金融创新带来的新监管需求。我们在数字金融的实践中，总结了三个方面的监管新变化。

1. 金融新管制，监管新范式

数字金融天然地带有混业经营的特征，跨市场、跨业务、跨行业，这些公司多是以金融科技公司的面貌展现在世人面前。而我国的金融监管体制依然是分业监管，侧重传统金融机构监管。在"一行两会"模式下，占数字金融市场份额较大的非持牌互联网金融公司、非传统类金融机构处于监管空白地带。事实上，中国人民银行对金融科技有着明确的定义，认为金融科技是指运用一些现代化的技术成果去改造金融创新产品、经营模式、业务流程等，推动金融发展提质增效。这个定义阐明了金融科技的本质是技术推动的金融创新，是一种技术驱动的金融创新，是一种金融服务。因此，金融管制的模式与机制需要进行相应调整，需要透过炫耀科技外衣，看到业务核心内涵，通过跟踪监测创新业务增量趋势，达到监管的目的。

在此背景下，面对数字金融的"跨界"性，国家建立了多部门联合协作监管机制。2017年的第五次全国金融工作会议提出，在坚持金融管理主要是中央事权的前提下，地方政府要按照中央统一规则，强化属地风险处置责任。随后，成立国务院金融稳定发展委员会（金稳会），由国务院副总理亲自担任委员会主任，统筹协调金融监管重大事项，对金融管理部门和地方政府进行业务监督和履职问责。紧接着，按照中央统一部署，组建地方金融监督管理局，对"7+4"类机构进行监管，承担N项风险处置责任，即"7+4+N"。这才将所有金融创新活动纳入整体监管视野之内。为了最大限度地实现监管条块融合，实现中央金融监管目标与地方较好对接，在金融委办公室统一安排下，各省均建立了金融委办公室地方协调机制。协调机制发挥了中央金融监管部门的专业优势和地方的支持配合，有效缓解了部门之间的利益博弈。在处理特殊、突发金融事件中，协调机制有效地动用了地方多部门行政力量，形成了立体化的地方金融监管协调架构。

虽然监管机制的变革一定程度上解决了监管不足的问题，但是法律的不适应形成了监管滞后的局面。传统金融监管都是基于事后总结立法，防范危机的发生。然而，数字金融是一场革新，引出新的事物、活动或关系，既有金融监管法律就难以明确及适用，或者其所规范的行为因技术发展而被"短路"。以"余额宝"之类的互联网货币基金为例，销售几乎都是捆绑在支付平台上进行。监管曾视其为货币基金与第三方支付平台的创新。由于互联网货币基金利息远高于银行的活期利息，又具备活期存款随用随取的特征，特别是在支付平台的使用上，与活期存款无异，出现了居民的活期银行存款频繁迁移到互联网货币基金上的现象。互联网货币基金已然成为活期存款的一种替代品。对商业银行的活期存款，监管有严格的流动性监管指标，而对互联网基金无此要求。试想，如果大量客户因为某些传闻，在同一时间内大规模赎回，就有可能出现流动性风险，而威胁到金融稳定。随着互联网货币基金的规模和数量的不断膨胀，采用基金监管的思路对互联网基金进行监管，就显现出较大的不太适应性，也约束了它的发展。

属地监管的建立需要赋予地方在金融监管方面的执法权。目前，虽然成立地方金融监督管理局（办）赋有对地方金融机构的监管职责，但是在法律上还面临着执法缺失的依据。依照《中华人民共和国银行业监督管理法》的规定，对非法金融监督与取缔的有关权力划归银行业监督管理机构，地方政府在里面只能扮演配合和协助的角色，并没有真正意义上的金融监管权。眼下可以通过人大或人大常委会建立本省内的地方金融监管条例以及相应的行业监管细则，在行政法规上给予地方金融监管部门足够法律授权。2020 年，中国人民银行金融法制工作电视电话会议上提出，要在加快推进人民银行法、商业银行法和存款保险条例的修改工作之外，还要加快推进地方金融监督管理条例的立法工作。事实上，这项工作已经开始。山东、河北、天津、四川已经制定并生效本地的地方金融条例或地方金融监督管理条例，上海、浙江、广西等也在征集意见中。可以预期，地方金融监督管理条例逐步建立之后，对数字金融的监管将有法可依，执法将更加顺畅。

2. 审慎监管与行为监管并重

行为监管指的是监管部门通过制定公平的市场规则，对金融机构的经营活动及交易行为实施监督管理，包括禁止误导销售及欺诈行为、充分信息披露、个人金融信息保护、实现合同及交易公平、打击操纵市场及内幕交易、规范债务催收等。与审慎监管关注金融机构的稳健经营不同，行为监管致力于降低金融市场交易中的信息不对称，推动金融消费者保护及市场有序竞争目标的实现。从国际经验教训看，行为监管的缺失不仅会产生微观上的风险，而且极可能诱发系统性风险，严重影响金融稳定。2008 年金融海啸后，强化行为监管与金融消费者保护已成为各主要经济体的改革重点，各国金融监管当局普遍意识到除了对金融机构进行审慎监管——关注机构偿付能力和流动性之外，还要增加行为监管，看重机构经营行为，对待消费者行为，保障市场公正、透明。行为监管与宏观审慎管理、微观审慎监管一道，构成了后危机时代金融监管改革的三大核心。

在我国数字金融发展过程中，各种金融创新产品不断涌现在市场上。金融机构与金融消费者之间的信息不对称，地位不对等情况愈演愈烈。一些金融机构的行为甚至成为非法集资、欺诈销售、隐私泄露等严重威胁金融稳定事件的幕后推手。金融机构行为风险隐患愈发突出，已经成为监管的痛点之一。

国家已经明确提出要更加重视行为监管，重塑监管目标的新方向。第五次全国金融工作会议上，习近平提到把握金融监管原则时提出"强化监管，提高防范化解金融风险能力。要以强化金融监管为重点，以防范系统性金融风险为底线，加快相关法律法规建设，完善金融机构法人治理结构，加强宏观审慎管理制度建设，加强功能监管，更加重视行为监管"。"行为监管"被提到了一个新高度，说明了今后在坚持审慎监管之上，也要加强行为监管，寻求两者之间关系的有机平衡，实现双峰的平行发展。

3. 柔性包容监管方式

数字金融的跨界与创新已经超出了传统金融的认知。传统金融监管已经难以凭借既有经验对数字金融进行有效监管评估。以 P2P 网络贷款业务为例，这是一种去"中间人"且"风险"自负的高效金融形式，理论上切合数字金融发展方向。P2P 发展的初期得到了国家的鼓励。然而，P2P 发展早期监管不足，没预见业务创新产生的资金池问题，风险外溢涉众性问题以及技术催化超越现有监管框架的问题，出现了各种各样的金融风险。随着行业发展的降温，风险开始集中释放。之后，各个地方开始投入大量财力、人力进行治理，但为时已晚，行业发展的市场信心基本消失殆尽。为阻止风险进一步发展，各个省份不得不先后颁布实施了终止辖内 P2P 平台的规定。因此，数字金融的稳健发展需要高水平、多层次、系统化治理体系的保障，行业良性发展需要良好的治理。

但是，面对金融创新通常"一管就死，一放就乱"的局面，要打破这样的监管桎梏，就要理清监管核心内容，实现柔性包容监管。金融监管最终的目的是促进行业健康发展，服务实体经济。尝试鼓励试错的监管态度，并不是没有边界地放纵其肆意发展，可以设置一些刚性监管底线，同时建立柔性监管边界。这其中，"监管沙箱"的提出与应用，可视为柔性监管的实践落地。"监管沙箱"的重点和关键操作在于对金融创新产品和机构的运行实现"一定范围的风险缓释可控"，在准入期、观察期、推行期设置一系列灵活指标进行监测。不过这些指标的构建及其范围的科学划定，则需要经过专家组的论证讨论及一定时期的验证，可借助大数据、云计算等方式进行选取和分析。柔性监管的具体实施需要数字化、技术化手段进行支撑。

2019年12月，中国人民银行宣布启动金融科技创新监管试点工作，支持在北京市率先开展金融科技创新监管试点，探索构建符合中国国情、与国际接轨的金融科技创新监管工具。下面会有一节内容专门讨论"监管沙箱"。

● 监管科技将成为数字监管利器

大量的金融活动遍布于数字网络空间，业务形式瞬息万变，每天有百万级的数据处理任务在执行，有近PB级的数据增长，积累了EB级规模的历史数据。海量的数据已经成为一种新的资源，源源不断地涌现出巨大的价值。但是数据量井喷式的增长给数据采集、数据处理、数据管理、数据应用带来极大的考验。金融监管面临新的挑战，一方面，真实的金融行为被掩盖在海量的金融交易数据之下，甚至可能会出现机构数据造假的情况。这些数据的收集、分析、甄别、处理消耗了大量人力以及时间，严重拖延了发现异常、形成预警的时间。即使监管机构发现异常交易，也缺乏必要的技术抓手能直接阻止金融活动，而难以快速处置。另一方面，金融交易的关联性和交互性不断增强，金融活动的实时性和不间断性越发明显，金融风险构成的交叉度和复杂度更加突出，对金融监管的实时性、精准性、穿透性提出了更高的要求。

面对监管挑战，由于监管制度缺陷、监管目标限制、监管技术手段的匮乏以及监管理念滞后等，面对新兴金融监管需求时力不从心。传统的监管方式不足以应对行业快速发展转型和风险的变化。因此，从长远看，监管框架需要随之变化。就目前而言，可以通过技术强化监管科技应用及时监测、防控与化解金融创新带来的风险。寻求新型而有效的监管方式是新时代金融监管的必然选择，然而体制机制、监管理念与目标的调整通常都需要严谨的讨论与验证，需要监管者在熟悉业务模式和技术特点的基础上设计出更加符合切合数字金融发展实际需要的监管框架，实现创新与风险的平衡，真正推行起来还需要有一个时间阶段。目前数字金融的飞速发展，既有风险不允许监管者对此放任自流，需要有一个暂时性技术安排。这也是研究数字金融监管措施的实践。

英国金融行为监管局（Financial Conduct Authority，FCA）最早提出了监管科技的概念，并将监管科技描述为"运用新技术，促进达成监管要求"，即金融机构利用新技术更有效地解决监管合规问题，减少不断上升的合规费用。国际金融协会（IIF）认为监管科技是更加有效和高效地解决监管与合规要求而使用的新技术。从国际上的定义来看，主要是从金融机构内部应用看待监管科技。在我国，政府高度重视监管科技应用，把它和防范系统性金融风险联系起来，运用技术手段丰富金融监管手段，提升跨行业、跨市场交叉性金融风险的甄别、防范和化解能力。

2017年5月，中国人民银行成立了金融科技委员会，着力构建长期有效的金融科技监管框架，防范金融风险，保障金融安全。一个月后，中国人民银行发布了《中国金融业信息技术"十三五"发展规划》，明确了监管科技的发展目标。升级和上线反洗钱监测分析系统、反洗钱监管档案系统、资本市场中央监管信息平台、统计信息系统等重要系统，着力推动监管数据的统一收集、整理和应用，初步构建了涵盖反洗钱、银行业务、资本市场、保险业务的监管体系，有效提高了金融监管效能。中国证监会印发《中国证监会监管科技总体建设方案》，也标志着证监会完成了监管科技建设工作的顶层设计，并进入全面实施阶段。2020年伊始，人行正式发布了《金融分布式账本技术安全规范》，明确要求分布式账本应满足监管监测和提取数据的需要，如支持监管机构接入，提取交易记录，按需查询、分析特定业务数据，支持监管机构访问最底层数据，实现穿透式监管。在地方金融方面，大数据技术在地方金融监管、防控非法金融活动中发挥着越来越大的作用。由此可见，我国政府十分重视监管科技，力求在更高的站位和更宽广的视野重新定义监管科技。未来我们对数字金融的监管力度必将不断加大，机构层面利用监管科技来满足合规的需求也会增强。

政策层面的安排，促进了监管科技在技术层面的发展。面对监管机构与被监管者之间的信息不对称性，以及监管资源匮乏的问题，大数据、人工智能、区块链等数字网络技术开始在数字金融的监管领域发挥着越来越多的作用,成为数字金融监管领域的重要抓手,监管科技从监管角度出发逐渐形成以金融监管数据为基础要素,综合运用各类科技手段,不断优化监管流程,持续提升监管效能,提高监管效率,降低监管成本,为数字场景下的金融监管插上科技的翅膀。

创新监管的试验田——"监管沙箱"

● 监管沙箱在国际和地区范围的应用情况

"监管沙箱"是一项创新监管的试验田,其设立的初衷并不是为了数字金融的监管创新,而是为了维护消费者权益和金融稳定,为地方政府和金融监管部门提供一种支持金融创新的工具。目前,全球设定"监管沙箱"机制的国家和地区有英国、澳大利亚、韩国、新加坡、阿布扎比、中国香港、中国台湾。各地在执行策略和宽容程度上差距较大,造成了"监管沙箱"在理解上的抽象化,在名称上的多样性,甚至还延伸出"安全港""项目催化剂"等概念。因此,出现了不同地域在沙箱工具涵盖测试原则、监管主体、接收测试主体范围、测试产品和服务约束、测试流程监控,出盒管控等全流程管理上要求不尽相同的现象,由此约束了测试过程存在的风险影响和退出机制的一致性。我们对共性部分进行提炼,认为沙箱的核心要素可以归纳为下述三点。

(1)明确申请测试主体的范围。是面向银行和其他金融机构,还是科技公司及相关企业机构都可以申请测试,需要给出明确的指导意见。

(2)明确能够申请测试的产品和服务的具体要求。例如,必须在科技创新领域或者在经营模式上有重大突破。或者只是针对监管空白阶段,对金融行为提供的一种临时性许可。

(3)明确具体的测试流程。对申请测试机构进行指导,在其"申请测试""测试""出盒评估"三个主要阶段给出指导性控制。例如明确其测试周期、测试过程风险控制、消费者权益保护、测试阻断方案以及通过测试后的推广范围等。

（一）英国监管沙箱的应用

英国金融行为监管局（FCA）于 2014 年 10 月制订"创新项目"计划，旨在鼓励金融创新并保护金融消费者权益。该计划由两个机制来分担不同阶段的任务，一是由咨询单位提供政策咨询，金融创新企业通过咨询准备相应的申请材料以获得 FCA 的许可；二是由创新中心与金融创新企业进行沟通，根据企业的创新设想从监管角度提出法律建议。

监管主体。金融行为监管局创设并实施"监管沙箱"机制，负责所有相关流程，包括制定相关规则、设计测试模式、接受项目申请、监管项目运行、提供相关指导等。在"双峰监管"制度下，银行类存款机构和保险机构等部分企业接受金融行为监管局和审慎监管局的双重监管。针对这部分企业，两个监管部门协商制定沙箱测试工具，依据需要签订谅解备忘录，并安排后续测试内容。

参与者范围。英国不限制申请对象的行业和类型，所有金融机构和提供金融服务支持的非金融机构都可申请参与沙箱测试。根据牌照获取情况，金融行为监管局将拟测试企业分为未经授权的企业、限制性授权的企业、经授权的企业、金融机构的技术支持企业，适用不同的测试工具。

产品与服务。测试项目的业务范围不受限制，包括个人银行、个人贷款、一般保险和养老金、养老金和退休收入、个人投资、投资管理、机构金融市场，以及其他类型的金融创新业务等。

测试原则。"创新项目"计划体现了"非正式指导"的原则，即企业不能要求 FCA 按照政策咨询的内容做出政策承诺，FCA 通过"创新项目"掌握企业的商业模式，了解行业发展动态，为后续监管进行政策准备。

测试过程。"沙箱"每年进行两次为期 6 个月的测试。测试之前需要参与的企业必须先递交表明自己符合基本需求的申请表，申请成功的企业将会被提供"沙箱工具"和一名专职工作人员以开始测试，在测试过程中"监管沙箱"提供五类工具，分别是限制性牌子、个别指导、指定豁免与修改、无异议函和非正式引导，客户可以根据自身业务和测试需要进行选择。利用上述测试工具，能够享受到简化授权流程、明确监管要求、灵活豁免、专业指导等优惠，降低行政审批成本，在完成最终测试前需要提交最终报告。

测试特点。参与测试的金融消费者受到一般权利保障措施的保护，只有消费者知悉潜在风险及可获得的补偿并同意参加测试，受测试企业才获准对消费者测试其产品。另外，消费者还可以依据金融申诉服务的内容向企业投诉，在企业发生倒闭、破产等情形时，消费者也可根据金融服务补偿计划获得补偿。相应地，参与测试的企业需在测试前提交相关材料，以证明其有足够资本对消费者可能遭受的损失进行补偿。

（二）新加坡监管沙箱的应用

监管主体。新加坡于2016年5月成立跨部门运作的金融科技办公室（FinTech Office），由总理办公室的创新新加坡CEO和新加坡金融管理局（MAS）代表负责领导。经济发展局、主权投资基金、国家研究基金等部门共同办理事务。

参与者范围。对申请主体类型的限制较少，主要是利用现有或新技术以创新的方式提供金融产品、服务，或优化业务流程的金融机构、科技公司和专业为这些企业提供技术支持或相关服务的企业都可申请。

产品与服务。《指引》明确排除不适用监管沙箱的情形：一是缺乏创新性；二是申请者未充分考虑金融科技创新风险变异后相关解决方案；三是不依赖监管沙箱提供的实验环境或政策支持即可完成；四是成果无意在本国推广。

测试原则。2016年11月6日，MAS发布《金融科技监管沙箱指引》（下称《指引》）。注册企业获准在报备后从事与当前法规冲突的业务，企业退出该机制后，即使最终被官方终止相关业务，现实市场的法规也不具溯及力。

测试过程。新加坡沙箱机制先确定测试目标，从鼓励金融科技创新的角度出发，强调参与测试的企业在明确规定的场景、期间以及MAS提供法规支持的情形中进行试验。新加坡沙箱测试并未规定具体测试时长；不过允许测试合格后的项目在更大范围内得到推广。

测试特点。这项监管制度并不是强制性的，而是支持性的政策。事实上，很多新加坡金融科技企业不会进入沙箱,新加坡金管局也不会强制它们进入沙箱。

(三)韩国监管沙箱的应用

监管主体。韩国的监管沙箱制度不仅应用于金融领域,也应用于信息通信和产业融合等许多新兴领域。韩国现有规制体系是许可制,面对物联网、人工智能、机器人等不断涌现出的新技术,现行的规制体系中找不到相关条款,严重阻碍了科技的应用与发展。为此,韩国政府建立了规制沙箱制度,以促进科技领域的制度创新。

参与者范围。经过韩国金融服务委员会(Financial Services Committee,FSC)允许入选的金融科技公司能够通过监管豁免来测试创新服务。

产品与服务。韩国区块链公司 ICONLOOP 推出其基于区块链的数字身份识别服务"my-ID",可用于银行账户非面对面开户验证。韩国金融服务委员会(FSC)宣布将此服务纳入根据《金融创新支持特别法案》创建的"创新金融服务和监管沙箱"。

测试原则。韩国涉及监管沙箱创新的法律共有 5 部,即《行政规制基本法》(2019 年 3 月 28 日通过修订),《信息通信融合法》和《产业融合促进法》(2019 年 1 月 17 日开始实行),《金融创新法》(2019 年 4 月 1 日开始实行)和《地区特区法》(2019 年 4 月 17 日开始实行)。

测试过程。收到申请后,需要先由相关部门在 30 日内迅速确认是否已有相关规制。如果没有,或相关部门没有在 30 日内答复,即被视为允许。如果有相关规制,则分为以下两种情况。一是临时许可,当规制界定模糊时,可申请临时许可。临时许可产生后相关部门要尽快制定相应法律,在法律通过后获得正式许可。二是实证特例,当规制对申请的内容有所限制时,可申请实证特例,由相关部门进行验证。如果具有安全性和创新性,则可获得临时许可。如果不具备安全性和创新性,则不被授予临时许可。具体内容见图 7-1。

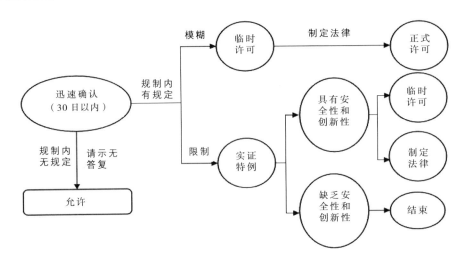

图 7-1 三种规制创新的主要内容

测试特点。韩国监管沙箱由"迅速处理""临时许可""实证特例"等三种规制创新构成，进行测试需要按照相关部门的答复与要求进行。韩国监管沙箱从 2019 年 4 月正式投入市场提供测试服务，在 2019 年 4 月 17 日至 2019 年 7 月 25 日期间，FSC 分别公布了 6 批监管沙箱名单，累计共有 42 家企业和机构入选。

（四）澳大利亚监管沙箱的应用

澳大利亚"监管沙箱"机制是以澳大利亚证券与投资委员会（ASIC）为主导机构，允许金融科技企业在一定的豁免规则下，于 12 个月的期限内测试其具有创新性的金融产品、金融服务、商业模式和营销方式的一种监管机制。

监管主体。ASIC 制定监管框架，同时设立创新中心协助金融科技企业在监管框架下运作，旨在提高 ASIC 对金融科技初创企业提出的监管问题的理解，并帮助这些企业就监管领域的问题与 ASIC 进行沟通，致力于推动金融产品和金融服务创新，确保金融创新的适当性和有效性，并提高投资者和消费者的信任和信心，助力市场以公平有效的方式运作。总体来看，ASIC 创新中心主要有以下三项工作任务：一是为符合资格标准的创新型金融科技商业模式提供 ASIC 许可；二是与金融科技业界公司合作，就金融科技创新发展和相应的监管问题提供咨询，包括股权众筹融资，智能投顾，金融、技术和监管之间的关系等；三是与外部行业咨询小组——数字财务顾问小组（DFAP）合作，共同探寻在金融科技领域的工作重点。

参与者范围。"监管沙箱"主要适用于澳大利亚的金融科技企业，且准入规则相对宽松，金融科技企业均有资格申请进入"监管沙箱"测试，外国公司也可以进入"监管沙箱"测试。

产品与服务。申请进入"监管沙箱"的金融科技企业，其产品和服务可以享受金融科技许可豁免，主要可分为两大类，即金融服务和信贷活动；金融产品和信贷合同产品。

测试原则。澳大利亚"监管沙箱"框架的制定和运行主要依靠《监管指南 257》、《公司法》（2001 年）和《国家消费者信用保护法》（2009 年）。"监管沙箱"测试期为 12 个月，在测试期结束之前，金融科技企业可以提前申请 AFSL 或 ACL。如果通过，该企业即可成为一家拥有金融或者信用牌照的金融公司；如果未通过，在沙箱测试期满后，该企业必须停止运作，不得再提供相关金融服务或从事信贷活动，有特殊情况的企业也可向 ASIC 申请个别豁免，延长其测试期。

测试过程。总体而言，澳大利亚"监管沙箱"的运作模式可以分为四个阶段，即申请进入阶段、沙箱测试阶段、沙箱退出阶段、项目评估阶段。在以上四个阶段运作过程中，ASIC 创新中心可为金融科技企业提供监管框架解读、适用范围审定以及评估意见反馈等支持。图 7-2 展示了澳大利亚"监管沙箱"的具体运作模式。

测试特点。更注重事后评估，ASIC 要求依赖金融科技许可豁免的测试企业在测试期结束后的两个月内向其提供一份报告。报告应详细列出企业在测试期间的经验，并提供以下信息：①测试期间的客户数量；②客户人口统计的一般资料（如年龄、地点等）；③收到和处理的投诉数量和性质；④上报给 EDR 的投诉数量和性质；⑤在测试期间发现或面临的问题以及如何解决这些问题；⑥被认定为生存障碍的监管要求；⑦收入和费用信息（如财务报告信息）。除非有需要或符合 ASIC 的公众利益，否则 ASIC 不会公开"监管沙箱"参与者的报告所提供的资料。所提供的材料将会协助 ASIC 反思金融科技豁免计划的运作和成效，以及识别企业运作状况和消费者面临的主要风险和问题。

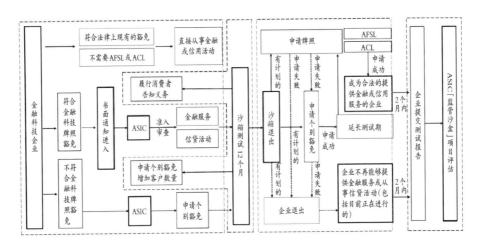

图 7-2 澳大利亚"监管沙箱"运作模式

（五）中国香港监管沙箱的应用

香港"监管沙箱"有三家机构，即香港金融管理局（简称香港金管局）、香港证券及期货事务监察委员会（简称香港证监会）和香港保险业监管局（简称香港保监局）先后推出了"监管沙箱"机制，分别对银行业、证券业、保险业开展监管。

1. 香港金管局"监管沙箱"

监管主体。主要面向银行业"监管沙箱"机制的监管主体是香港金管局。在"监管沙箱"机制下，金管局的主要职能是为参测机构提供一个宽松的监管政策环境，提出各项监管规定和标准，并为拟进入沙箱的跨行业项目提供接通香港证监会及香港保监局"监管沙箱"的政策协调机制。此外，金管局通过设立金融科技监管聊天室与参测企业进行沟通并为之提供相关监管指导。

参与者范围。"监管沙箱"最初仅面向香港本地区的银行。在 2017 年"监管沙箱 2.0"的安排中，金管局将科技公司纳入监管对象的范围。

产品与服务。在沙箱准入标准上，香港金管局为"监管沙箱"设立了较为严格的准入标准，重点体现在对消费者的保护机制要求上。通过设立严格的准入标准能够将一些不合规的机构排除在"监管沙箱"外，可以提高金融监管资源的配置效率，并降低沙箱测试项目对消费者乃至整个金融体系的潜在风险。

此外，这些规定对香港证监会和香港保监局的"监管沙箱"及其监管要求的制定起到了示范作用。

测试原则。测试期内香港金管局按照三大原则运作和监测沙箱项目：一是允许参测机构推出在香港计划推出的金融科技产品或服务；二是在测试期间参测机构无须满足金管局的所有监管要求；三是参测机构不应利用"监管沙箱"规避适用的监管规定。这三个基本原则可以总结为包容准入、局部豁免和自我合规。由于参加测试的项目涉及领域众多，香港金管局并未制定详尽的监管规定和标准，而是将根据参测机构的自身情况制定适当的灵活性监管方案。

测试过程。先获许可使用沙箱的银行的管理层的允许，清楚定明试行范围及阶段(如有)、时间及终止安排；在试行期间保障客户利益的措施，一般包括挑选明白所涉及的风险并自愿参与试行的客户、投诉处理、就客户蒙受的任何财政损失做出赔偿，以及客户退出试行的安排等范畴的措施；推出补充管控措施，以减低因并未完全符合监管规定而引起的风险、对银行的生产系统及其他客户所构成的风险；以及涉及试行的系统及程序应准备就绪，并须密切监察试行的情况。

测试特点。在评估机制上，测试期结束时，香港金管局须对项目进行评估。参测机构应向金管局提交最终的书面报告，并对存在的风险和重大事故发生的可能性等信息进行披露。与弹性的监管方案相对应，香港金管局并未提出明确的评估标准，而是针对金融科技产品的自身情况制定有个性的评估方案。最后，金管局将出具评估报告，根据报告决定项目是否通过测试及是否准予市场推广。在退出机制上，测试期满后项目必须退出"监管沙箱"。若项目通过测试，只要参测机构能够遵守"监管沙箱"之外适用的监管要求，就可以在市场上正式推出自己的服务和产品；若项目未通过测试，退出沙箱后的产品或服务必须停止运行，更不得在香港市场推出。

2. 香港证监会"监管沙箱"及其政策规制

监管主体。香港证券和期货业"监管沙箱"的监管主体是香港证监会。除了必要的监管豁免外，证监会将不会在沙箱中放宽任何监管规定，甚至会施行更严格的监管要求。

参与者范围。主要是合规企业，大致分为持牌机构、拟进行《证券及期货条例》中受规管活动的初创企业、虚拟资产交易平台三类。其中前两类必须持有香港证监会发放的牌照或者为获发牌照的适当人选，而针对第三类主体，香港证监会暂不会向其发放牌照，今后视具体情况而决定是否发放。将虚拟资产交易平台纳入"监管沙箱"测试项目类别，是香港证监会的一个重要的决定，更是金融科技创新和金融风险管控权衡的一个经典案例。由于虚拟资产交易平台处于发展初期且涉及反洗钱等政策要求，如何促进平台合规运行且进行有效规制是一个重要的监管任务。在发牌条件上，为了尽量降低非持牌机构在"监管沙箱"内营运期间给投资者带来的风险，证监会将对其提出一定的发牌条件要求。发牌条件中具体的规定和参数应由香港证监会酌定并与申请人讨论。

产品与服务。在评估机制上，测试结束后，参测机构要向证监会提交总结报告，证监会将根据测试结果予以正式评估。证监会并未就评估设置具体标准，而是根据项目具体情况进行规定。只有通过证监会的评估，参测机构才有机会将产品或服务推向市场。

测试原则。证监会只向符合资格的企业施加发牌条件，包括限制企业可服务的客户类别或每名客户的最高风险承担能力，以便限制该企业的受规管活动的业务范围和界线。在某些情况下，发牌条件可能要求企业制订适当的投资者赔偿计划，或定期接受证监会的监督性审核。

测试过程。香港证监会为监管沙箱设置了较为完整且统一的测试流程（见图7-3），主要包括申请、测试以及评估与退出阶段。在申请阶段，企业首先需对自身资质进行检查，完善其中不合规的部分以提高申请通过率，完成后向证监会提交申请材料，证监会将对每个申请项目进行审核。通过审核的项目，将进入"监管沙箱"开展测试。测试结束后，证监会根据测试结果对参测项目进行评估，之后项目将退出"监管沙箱"。

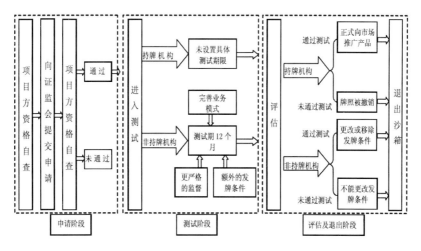

图 7-3 香港证监会"监管沙箱"流程图

测试特点。证监会明确监管沙箱设立的目的，是为符合资格企业在将金融科技全面应用于其业务之前，提供一个受限制的监管环境，进行《证券及期货条例》下的受规管活动。沙箱让符合资格企业在发牌制度下，通过与证监会进行紧密的沟通并受到严谨的监督，能够有效地识别及处理与其受规管活动相关的风险和关注事项。

3. 香港保监局"监管沙箱"及其政策规制

监管主体。保险业"监管沙箱"机制的监管主体是香港保监局。

参与者范围。保监局"监管沙箱"的监管对象明确为持牌保险机构。

产品与服务。"监管沙箱"测试不能被用于任何规避监管的目的，在退出机制上，测试期满后，若保险科技产品通过测试且保险公司能够遵守"监管沙箱"之外适用的监管要求，在退出沙箱后可以在更大范围内正式推出自己的产品或服务。若测试未取得成功，保险公司应当向保监局报告相应的退出策略，参测产品不得向市场推广。

测试原则。保监局就"监管沙箱"制定了明确的运行原则，同时监管当局认为需对参测机构的监管要求提供弹性安排，包括与其他监管机构的协调，据此保监局并未对测试设定具体的参数，也未就可能放松的监管标准制定详细的清单。具体的监管标准需要根据进行测试的保险科技产品的实际情况加以确定。

测试过程。先明确测试的范围，包括时间和期限，或预期正式推出市场的日期；再确定业务的规模和类型，以及目标使用者和相关的实际数据，以达到沙箱的测试目的，再进行测试。

测试特点。测试过程确保足够的管控程序，如客户保障、保障客户利益，在某些情况下，亦要有适当的安排，让客户退出试行计划（如退还保费）或对试行失败所导致的财务损失给予公平的补偿，并给予沙箱测试预备足够的资源，显示出该保险科技项目已做好进行测试的准备。

（六）中国台湾监管沙箱的应用

中国台湾"监管沙箱"主要包括下面所述内容。

监管主体。台"行政院金融监督管理委员会"。

参与者范围。允许各种金融科技企业参与，但是参与的金融企业，在申请进入金融业务实验创新前需要获得主管单位授权。明确金融科技创新实验的申请材料，人员从业禁止，审查会议的召开及会议成员构成，主管机关审查内容及期限，内容公示等程序性规范。

产品和服务。客户创新和经营模式创新均可申请测试，中国台湾《金融科技创新实验管理办法》第6条的规定说明，如有两件以上业务性质相同或相近的创新实验案，同时或先后向本会提出申请，且本会先前均未核准相同或近似的实验案，则基于公平性考量，均将受理渠等之申请，核准亦可能不限于一件，唯一经核准后，即不再核准与其业务性质相同或近似的创新实验申请案。

测试原则。制定"金融科技发展与创新实验条例"（下称该"条例"）草案，并于2018年4月30日正式实行。创新实验申请人与参与人所签合同应秉持公平合理、平等互惠、诚实信用原则，预先免除其对参与人应负责任的条款无效。申请人对参与人负有告知义务，需要在合同中明确告知其创新实验的范围、权利义务及相关风险。双方所产生的民事争议，可向申请人进行申诉或由"财团法人金融消费评议中心"进行调处。

申请人应根据创新实验之范围、期限及规模，配置合理的人员与资源，制定及执行对参与者的保护措施，并预先准备适当的补偿机制，该补偿机制包括交付信托或取得银行的履约保证。申请人应依据参与者的不同专业能力及创新实验可能衍生的各类风险，预先建立管理机制，以避免申请人于实验期间，擅自将风险转嫁于参与者，损及参与者权益。

测试过程。创新实验需在主管机关核准申请之日起 3 个月内开展，申请人应遵守该"条例"规定，按照申请事项与主管机关指示开展创新实验，并在实验过程中采取适当及充足的资讯安全措施。主管机关具有监督职责，对创新实验过程中产生的问题及时进行结果评估；对于需要调整相关金融法规的，应当在创新实验届满后 3 个月内，完成相关金融法律修正草案，并上报台"行政院"审查。

测试特点。中国台湾核准办理创新实验期间，首次核准以 1 年为限，经过延长，最多可进行 3 年期实验，相比其他地区有最长的实验期。

监管沙箱在中国的设计构想

根据目前中央银行版监管沙箱公开披露的信息，结合中国国情，可以对监管沙箱进行如下构想。

在监管沙箱规则设计上，遵循一般性原则，定义明确的申请测试主体的范围、明确能够申请测试的产品和服务的具体要求、明确具体的测试流程。

在测试工具上，给出的定义及功能建议如下所述。

1. 黑箱测试

定义。对监管对象的主体，如金融机构、金融行为、金融创新产品、金融科技创新技术等，通过"黑箱"测试，给出政策制定和修订建议。

实现途径。存量监管对象中有限的目标对象，通过场内外数据基础，结合已有的规则框架进行测试，黑箱的开发可由第三方机构进行，但部署在监管机构平台上运行，由第三方机构提供模型和运维，数据源由监管机构协调，又可细分为虚拟运行与真实沙箱运行两个阶段。

虚拟运行阶段，数据源采用拟真数据，系统运行在无真实用户沙箱中，结合"压力测试"工具，按金融运行增长模型计算其运行规律，此阶段运行结果只作为下一阶段运行结果的参考。

真实沙箱运行阶段，提供真实运行环境，消费者限制在受邀群体范围，并履行告知义务。以确定创新模式具有消费者吸引力和小范围增长潜力，该阶段下监管规则只做适应性考量，不做具体修改。

2. 白箱测试

定义。在更大范围内，通过有限公开的测试手段，通过专家观点针对监管对象或监管政策的制定给出建议，从理论和统计学角度给出因果律解释。

实现途径。该测试阶段，申请测试的产品完全运行在真实环境下，在有限控制范围内，同时消费群体获取了完整风险情况说明后，可以自由选择测试产品，同时构建监管政策专家"智库"，所有智库专家可以获取监管平台账号并享有决策建议权限，根据不同时段收到的"任务"，在规定的时间内完成设定目标，并按劳计酬。该阶段下，监管机构需要采用密切观察模式，跟进项目运行变化，进行监管规则调整设计。

3. 压力测试

定义。主要作为金融创新的监管使用，通过多种场景检验金融创新在不同条件下的风险影响，包括风险大小、传染性水平、可能导致的灾害程度。

实现途径。由第三方机构开发专用"压力容器"，通过模拟测试环境，在给定不同约束条件下，进行仿真金融创新运行，如金信网银"冒烟指数"，就属于该类容器，能够通过其场内场外数据，由运行大数据评估其风险程度，并给出测试结果，同时提出监管政策建议。

4. 边界工具

定义。白箱测试阶段，作为控制监管的外生变量组存在，结合压力测试给出不同的压力测试边界。

实现途径。必须同时考虑金融周期、信用周期、债务周期的"三期叠加"因素，将周期性因素打包成标准化模块，模拟不同周期环境，用以观察周期因素导致的金融创新产品风险波动情况，也可以与"白箱测试"搭配，对监管规则的可行性、运行效果进行测试。建议的方式是，由第三方机构开发，部署在监管平台，但与第三方机构数据导入系统打通。

5. 阻断工具

定义。用于在触发特定条件时，"阻断"金融创新的传播过程。

实现途径。主要是在"白箱测试"阶段，由第三方机构开发并部署于监管平台，但需要一些门户网站等其他第三方机构的配合，一旦监管平台监控到违法违规事件，或者判定风险的"冒烟指数"大幅度提升，由系统提出建议，触发"阻断工具"，引发提醒机制向金融创新对象等发出诸如"此类行为可能涉及非法金融活动"等提示。

同时监管部门可以根据监管规则的调整，将"阻断工具"运用于完成测试的产品，在实际金融运行中，作为风险控制工具。

数字金融是正在进行的金融创新实践,因此,数字账户、数字资产、数字信用评级、数字监管范式等实践案例如雨后春笋般涌现。

这些形似昨天的实践案例,正在形成数字金融的新认知,从底层逻辑改变金融面貌,孕育出新的金融形态。一个新的金融时代正在到来。

第八章
改进记账方式的实践

让底层资产更为透明的传统记账方式

● 从复式记账法发展出来的三式记账法

相对于单式记账，复式记账的账本虚拟了一个交易对手方，让记账的结果可查验。具体来说，复式记账法所记录的资料主要可分为两类，即财产和权益，并保证财产和权益的数值相等。其实质是等式一边是财产的各个具体项目，另一边表明财产所有权的情况。由此将"财产＝权益"这一公式中的构成区分开来，并保证它是等式。因此，复式记账是在记录交易事实的基础之上，进一步对交易进行解释，一定程度上可以认为是对一笔交易的二维画像。显然，观察的角度和维度越多，观察得出的结论越接近事实。但是，复式记账都是一种结果记账法，而非过程记账法。简而言之，复式记账只告知终点，却不能体现抵达路径。资产负债表等财务报表只体现清算日当天时间下公司的财务状况，却不能体现该年内任一时点的公司财务状况。因此，传统的资产负债表是存量的概念，且是一个截面数据。但是，数字资产希望能更真实地反映出底层资产的变动情况，希望获得更多的时间截面数据。

通过观察复式记账法不难发现，复式记账法是为了从两个方面对一笔交易进行检查。那么在这两个记账维度基础上，我们是否还可以加入新的维度？从历史上看，对多式记账的探讨从未停止过。约翰逊（Johnson）1963 年在税务杂志上就发表了"为分录添上第三栏"的建议，用以计算应税收益。美籍日裔会计学家井尻雄士也多次论述过多式簿记制，他指出除了财产和权利两个维度之外，还可以添加诸如资源地点、资源已用年数、管理资源的组织等维度，从而形成多式簿记。但是，涉及完整性问题时，选用的维度很可能就站不住脚了。就理论实用性而言，就没有那么容易流行起来。因此，从理论建设的角度来看，作为第三个维度的备选方案必须具备令人信服的逻辑。经过对复式记账内在逻辑的探究，井尻雄士提出了三式记账法（见图 8-1），其中的微分三式记账在理论与应用方面都具有很有价值的借鉴意义。三式记账法有望成为会计理论的发展方向之一。在此需要指出的是，本节讨论的三式记账法，与电子支付中的三式记账法不是一个概念，不可混淆。

井尻雄士的三式记账法是指对每项经济业务以相等金额记入相互对应的三类账户的一种记账方法。他认为复式记账的核心是"财富＝资本"。由此出发，他推导出以下两种三式记账法，即时间三式和微分三式。这两种记账方式是两个独立的记账体系，互不交叉。

时间三式记账法更倾向于对公司经营的管理，而非对公司资产的管理。微分三式记账方式，更倾向于对公司资产的管理，而非对公司经营的管理，更有利于体现出用于数字资产登记的底层资产的现状与变化情况。

微分三式记账法对会计体系是有所改变的，所加的第三个维度是将账外的差异分析放进了账内，将现代会计中的管理会计并入会计报表，并且使分析更具备完备性与系统性，它同样可以使造假账的难度加大。因为动力表是要解释收益表的，而收益成为资产表的理由。微分三式记账的第三式就是在为理由找理由(需要对收益再做解释)，并且需要披露在表内。总而言之，三式记账法是对底层资产记账的方式。

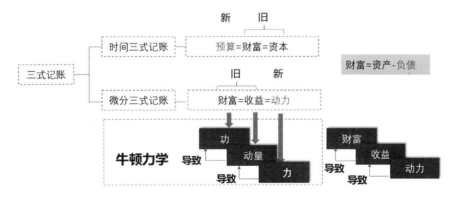

图 8-1　三式记账法速览

数字经济下的数字账户更偏向于是一个储存用户所有信息的空间，不仅有目前传统账户所记录的科目、金额以及凭证等银行账户的信息，还包括更多方面、更宽维度的信息，这些都可以记录在三式记账的动力账户中，使信息更具有穿透性，账户信息颗粒度也更细。因为账户科目维度更宽，各个镜像可以彼此照应。换句话说，就是不同纬度数据可以互相印证，也就是所谓的"自审计"属性。

● 时间三式记账法

时间三式记账从本质上解决了预算与现有财务报表联系的问题，新加入的第三式即未来这一维度，实质上是更直观地将预算放进了财务报表的账内，从而使预算与现有财务各项信息具备了更强的关联性，更能直观地展现企业的经营状况，这就达到了使底层资产更透明的目的。

以时间的维度去二分复式记账的财富和资本，过去的资本理论上等于现在的财富，按照这个逻辑，未来也可以加入等式中，而未来对应的是"预算"。对于未来的预算可以折算到现在的财富，其实是同一事物在时间轴上的移动，而这个时间轴有三个站点——过去、现在和未来，两边的站点向中间推进，而这两个站点并非企业初创之始和企业清算之末。当然这样的追溯是非常困难的。因此缩小时间范围，通常以一年的会计期为限，即上一年度的事实全部汇总记录到"期初资本"，而期初资本便可作为一条纽带把某报表和它的前期报表联结起来。以此推及未来，将下一年度预计会发生的业务记录在报表的第三个维度中，其中的数字是实现预算下的企业年终财务报表的数字。现在是由未来核算出来的，即从目标资本出发，用下一年预算的业务活动回调出企业的现状；现在也是由过去造成的，即从去年资本出发，用上一年的实际业务向前调整出企业现状。

在记账方程式"预算＝财富＝资本"中，财富反映现在，资本说明过去积累的经营成果，而预算则面向未来。在复式记账法基础上增加的预算类账户记录目标资本的增减变化，即未来计算期目标资本要求达到的水平，因此可把预算指标纳入账户体系（见图8-2）。

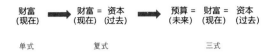

图 8-2　时间三式记账法的基本原理

单式记账：现有财富的一套账户。

复式记账：逼迫人们使用一套合适的资产账户来推算。

三式记账：通过账户形式，对起作用的各种因素提供正规理由。

假设开一个公司，利用时间三式法记账，期初以现金 50 元开业，预计在这一年度里借款 40 元，用 80 元购置一处房产，会有现金 30 元的租金收入，并以现金 10 元支付各种费用。所以该公司期望年终的财富为 70 元，其中包括现金 30 元，土地 80 元和借款 (−)40 元。在预算的一侧，目标资本即公司期望的年终财富，从中减去租金收入的 30 元，加上预计费用 10 元，以得到与期初财富和资本相同的数额（见图 8-3）。

期初试算表					
预算		财富		资本	
目标资本	70	现金	50	股本	50
预计收入	-30				
预计费用	10				
预算合计	50		50		50

图 8-3　期初试算表

期初的预算只是一种预测，随着公司的正式开始运营，真实的财务数据可以通过分录入账。假设该公司实际的租金收入比预算多 10 元，费用比期初的预算多 5 元，其余业务与预算完全相同，那么该年度，每笔经济业务的分录见图 8-4。

	分录					
	预算		财富		资本	
借款			现金	40		
			借款	-40		
购置地产			土地	80		
			现金	-80		
租金收入	预算收入	40	现金	40	收入	40
费用	预算费用	-15	现金	-15	费用	-15

图 8-4　经济业务分录

最后各个科目核算之后，得到期末的试算表（见图 8-5）实现了三式平衡。

期终试算表					
预算		财富		资本	
目标资本	70	现金	35	股本	50
预计收入	10	土地	80	收入	40
预计费用	-5	借款	-40	费用	-15
预算合计	75		75		75

图 8-5　期终试算表

同样地，可以根据各个预算账户编制预算表（见图 8-6），并非单纯罗列之后的计算，而是以更加能说明公司经营情况的项目来列示，类似于管理会计中的差异分析。

预算表				
	实际	预算	差异（实际-预算）	新预算
期初业主权益	50	50	0	75
收入	40	30	10	60
成本	-8	-4	-4	-20
其他费用	-7	-6	-1	-5
净收益	25	20	5	35
期中业主权益	75	70	5	110

图 8-6　预算表

然而时间三式记账的第三个维度并不是创造出来的，而是从原有的一个维度拆离出来的。要创造真正的维度必须把存在于第一个维度和第二个维度之间的根本的逻辑关系挖掘出来，然后应用于第二个维度和第三个维度之间，使逻辑满足一致性。

● 微分三式记账法

微分三式记账法（见图 8-7）其实是将管理会计记账方式标准化和公开化，同时又保证商业秘密不被泄露。三式记账法的关键改进在于资产成本可在财务报表上获得检验，这一点复式记账法难以实现。该记账方式将结果记账变成了过程记账，而记账过程中的复杂性可以交给计算机处理，使我们获得记账的有效性。这种记账方式可使底层资产更加透明地展现在公众面前。

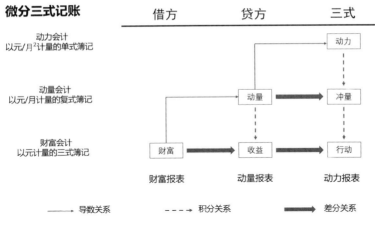

图 8-7 微分三式基本原理图

1. 存货与流转

时间二分法认为，各种财富账户属于存货，可以展现企业的财务现状。资本账户表属于流转，意味着存货价值的变化，财富的存货其实是由资本的流转核算出来的。如果动态地看待存货的价值变化，那么流转其实相当于存货的"导数"，即存货这一变数的变动率。如果按照这个逻辑去继续思考，资本是财富的导数，那么什么是资本的导数呢？换句话说，什么因素导致了资本的变化呢？其实，现有的会计账户也有类似的概念，即管理会计学中损益类账户数值在不同会计周期上的变化及其变化的差异。换言之，动量会计可以理解成不同会计周期的变化，动力会计可以理解成变化的差异。这也是动量会计和动力会计的计量单位的由来。记账方程式为"财富＝资本＝动力"。它把资本解释为财富的微分，即为财富现状提供了理由；而动力则为资本的微分，即为财富现状提供理由的理由。在复式记账法的基础上，添加动力类账户记录收益变动的原因，即差异。

2. 新的试算表

由于各个财富账户的细分科目都放进去不利于展现三式记账的逻辑，所以以下试算表（见表 8-8）假设现金是唯一财富账户。假设 20×2 年年末累计现金 120 元，在财富报表显示了总资产，然后在资本账户（也即动量账户）对这段时间的资产变化过程进行解释，原因来自 20×1 年的 25(20×1 年末 75–

20×0 年末 50) 元的收益与 20×2 年的 45 元的收益 (20×2 年末 120–20×1 年末 75)；而第三个维度的动力账户对收益变化进行解释，假设初始状况为 50 元，每年平均获得 25 元收益，且假设收益动量一旦为一个动力确定，将永久不变 (假设无摩擦概念)，那么两年内可获得 50 元。20×1 年动力产生的本阶段 (20×0 年年末至 20×2 年年末) 作用结果为 50，但是在 20×2 年里，收益动量从 25 增加为 45，意味着 20×2 年动力作用的结果是形成财富在 20×2 年年末 20 元的增加额，因此，动力账户可以展示各个年度流转账户的变化。

以上论述了动力账户的性质，动力的各种账户可以通过比照各类差异来进行讨论并扩展开来，要为每一个因素分别设置动力账户来展现它们各自对营业收入和费用流量的影响。比如公司实施了提高产品价格的决策，那么紧接着可以为该产品设置价格动力账户来体现未来由于该次提价造成的收益，同样的道理，也可以设立耗量动力账户，以及价格与耗量相互作用的动力账户。这些动力账户可以跨期累计，也可以按照资本账户的留存收益账户的方法在期末结转入一个总括账户。

对一家公司的评价，关键是动态，这也是收益账户存在的原因，但是要说明一个正在活动的系统的动态，只靠特定时间的位置 (财富报表) 和速度 (收益报表) 是不完全的，还需要掌握表示速度变化率的加速度信息，对应微分三式记账中的动力账户。

以动力为第三度的试算表					
财富		资本		动力	
现金	120	股本	50	初始余额	50
		20×1年收益	25	20×1年动力	50
		20×2年收益	45	20×2年动力	20
合计	120		120		120

图 8-8　以动力为第三度的试算表

3. 三张报表

井尻雄士称，从概念上推导出动力账户并非难事，然而对可供选择的账户进行实验，以此选出最为有用的几种账户则需要花费很多时间和精力，而要确立各种会计原则用以指导如何结合财富账户和资本账户来登记动力账户并编制出会计报表会花费更多的时间和精力。比如现在的会计水平也已经经历了至少 5 个世纪，所以本书阐述的只是动力账户和报表未来可能成为什么样子的一个推测提纲。

资产负债表中包括了资本账目，在这里，我们将资本账目从资产负债表中剔除，只剩下资产项目和负债项目，最终算出财富的合计（见图 8-9）。

财富表

资产		
流动资产	90	
长期资产	80	
		170
负债		
流动负债	10	
长期负债	40	
		50
财富合计		120

图 8-9　财富表

作为表明一切财富变化的资本账户，除了收益表还应该包括留存收益的其他变化以及其他资本账户中的变化（比如业主权益变化表）。资本表（见图 8-10）虽然可用来概括引起财富变化的一切流转额，但是其确实必须从期初财富的存货开始，就如同微积分里求积分时的常数一样，确定计算期经营开始时的状况。

资本表

期初财富		75
收益		
营业收入	70	
销货成本	20	
其他费用	5	
净收益		45
已宣布分派股利		
新发行股票		
期末财富		120

图 8-10　资本表

关于动力表（见图 8-11），需要从两个项目着手，一个是期初财富，代表期初掌握的存货；另一个是期初收益动量，代表期初的收益率，将两个项目合在一起看，表明如果期内的经营活动没有别的动力，期末财富合计将会是多少。在"动力表"的收益增加这一项可以细分出营业收入增加、销货成本增加、营业费用的增加等。本期的动力可以用收益账户本年与上一年的差额表示。

动力表	
期初财富	75
上年收益 25	
收益增加 20	
本年收益	45
	120

图 8-11 动力表

显然，按收益账户只列示其本年和上一年的差额对于我们去考察公司财务动态上借鉴意义不是很大。这里试着按固定与变动的组成部分对其进行细微划分，变动的部分还可以再分解为价格和耗量两个部分（见图 8-12）。动力表中本年获得的收入为 45 元，未派发股利以及其他资本上的经济业务，因此本年的收益变化是财富变化的唯一原因。在这 45 元的收益动量组成中，期初已存在的收益动量为 25 元，这部分收益为前几年经营活动的成果。按照之前收益动量永远不会衰变的假定，余下 20(45–25) 元则是由于本年的动力导致的。我们把这打包好的 20 元动力解剖来看，销售价格从上一年度额 15 元增加 20 元。按本年销量 10 件来算，使收益增加了 20 元，单位成本增加 1 元。按本年生产 10 件来算，使收益减少 10 元。本年销量 10 件比上一年 8 件增加 2 件，乘以上一年的毛利润 4(5–1) 元，得出因销量变动增加的 8 元收益。固定成本从上一年的 7 元降为本年的 5 元，导致收益增加 2 元。以上所有这些因素一起清楚地揭示了本年与上一年相比收益动量变化的原因。

对于该动力表，我们如果进一步追加概念，还可以增加收益动量的衰变量，类似折旧率，井尻雄士称之为摩擦率 (friction rate)，以此反映企业经营环境的特征。续用本案例，假定用于销售数量的摩擦率为 50%。换句话说，如果本年在销售上不做任何努力，本年销量只能实现之前的一半。如此一来，归功于上一年的收益动量则为 4(8 × 50%) 件乘以上一年的毛利 4 元，减去上一年固定成本 7 元，即为 9 元，而非上列的 25 元，也就是说需要减少 16 元。然而，本年收益动量的变化，归因于销售数量上的动力，将按 16 元增加，记为 24(8+16) 元。

```
           动力表和差异分析
期初财富                              75
期初收益动量                          25
由于各种动力引起的收益动量变化
    销售价格              20
    变动成本             -10
    销售数量               8
    固定成本               2
期末收益动量                          45
期末财富                             120
```

图 8-12　差异分析

4. 经常动力 & 非经常动力

按照收益可分为经常收益与非经常收益的逻辑，动力也可以分为经常动力和非经常动力，或者可以依据衰变率进行更多层级的划分，该分类不会损害动力表，只会提高它的有用性。经常动力指的是不仅在本年使收益增加，在以后年度中也会存在的动力；非经常动力指的是仅仅能使本年度收益增加的动力。非经常动力将收益抬到一个较高的水平，该动作只发生一次，如果没有摩擦力以及其他动力的作用，那么收益则会停留在这一水平，而经常动力则会不断将收益推动到更高的水平。一般动力的性质是非经常性的，但现实中也存在一些经常性的动力，比如和公司签订协议，工资需按物价水平进行调整，则只要通货膨胀持续，该动力的影响就不会停止。

动力的影响可以用冲量 (impulse) 来评价，冲量等于动力乘以动力作用的时间。但为了方便统计，不管动力持续多长时间，每期都必须对该段时间内动力的影响作用进行期末结算。其实图 8-4 中的差异分析存在很大的改进余地，比如销售可以分为对持续客户的销售和对新客户的销售，前者归功于上一年的动力，后者归功于当年所出的动力。

财富和财富间的经济业务，比如存货的购买，因为不影响收益，也不影响动力，所以在第二栏和第三栏均无任何记录。但一笔经济业务一旦使净值发生变化，则不仅需要用收益账户来进行揭示，而且需要在第三栏的动力账户说明变化的原因。逻辑如同复式簿记法中用各种收益账户核算各个财富账户一样，三式簿记法中可用各种动力账户核算各个收益账户摩擦。

财富账目最重要的数字是财富总额（资产减去负债），资本账目最重要的数字是净收益，即当年营销活动产生的财富增加值，同理，动力账目方面最重要的数字是当年的净动力。

在资本市场，对一家公司的分析中广泛引用每股账面值或每股收益值，三式记账法下计算出的每股动力可以作为评价企业未来获利能力的重要指标。

在三式簿记的框架下，我们可以推断，当年收益并非全部是当年经营活动做出的贡献。比如一旦开辟一个新客户，后续订单会接踵而来，后续只需花费一点"维持"费用就能继续得到订单，而"维持"一个客户比开辟一个新客户的费用要小很多，因此本期客户订单产生的收益，理论上不应该全部归功于本年。这种情况下，需要引入引起动量衰变的"摩擦率"这一关键指标。该指标类似余额递减法的折旧率，唯一的区别在于折旧率用于资产，摩擦率用于收益。

零点摩擦率的含义是价格和费用水平不变，客户照原来的数量进行购买，除非动量受到本期所产生的动力影响，一般情况下，摩擦指标一般是一个正数。正像折旧或间接费用的分配，这是需要会计人员具备鉴别能力的重要领域。收益动量有一个估计的持续年限（如同资产具有的使用年限），摩擦额的计算同样可以参照不同折旧方法（比如直线法、余额递减法等）。

三式记账法是现有会计技术的一种延伸，是一种可以让数字资产的底层资产更为透明、清晰的会计技术探索。

数字账户的共识特点

● 一些基本概念的解释

以区块链技术为主题的文章已经把大部分术语概念做了阐述，而且都可以在数字网络空间很方便地找到。这里将一些最基本的术语拿出来，做一个最基础的解释，是为了方便读者的阅读。同时，我们观察到在这些文章中，大部分都在说"是什么""怎么办"，而鲜有提及"为什么"。本书试图从"为什么"的视角入手来解释一下数字账户，并用一些事例说明。

1. 分布式账本

分布式账本技术是密码算法、共识机制、点对点通信协议、分布式存储等多种核心技术高度融合形成的一种分布式基础架构与计算范式。

从计算机技术看，分布式账本是一种依赖特定共识机制实现不同地理位置网络成员之间共享、复制和同步的同一个数据库的技术。每一个网络成员都能获得一个唯一且可通过秘密学技术验证的数据库副本。由计算机系统自动执行的共识算法，实现共识的达成，保证数据库中间的所有数字变化，都会在所有的副本中进行一致的修改。

区块链是分布式账本的一种应用形式，但分布式账本可以不以区块链形式实现。也就是说，区块链一定是分布式账本，但分布式账本不一定是区块链。

需要指出的是，在金融行业的应用需要遵循中国人民银行制定的相关技术规范。目前已经推出的是《金融分布式账本技术安全规范》（JR/T 0184—2020）。这份标准很可能从金融行业上升为国家的技术规范，建议读者自行下载阅读。

2. 区块链

从底层基础看，区块链是一种按照时间顺序将数据区块以顺序相连的方式组合成的一种链式数据结构，并以密码学方式保证不可篡改和不可伪造的分布式数据库。

从再高一层看，区块链技术是利用块链式数据结构来验证与存储数据，利用分布式节点共识算法来生成和添加数据，利用密码学的方式保证数据传输和访问的安全，利用由自动化脚本代码组成的智能合约来编程和操作数据的一种分布式基础架构与计算方式，是分布式账本技术的一种应用方式。由于区块链的共识机制只允许添加数据，不允许更改或删除已有数据，因此区块链技术实现的分布式账本是一种"只添加"的账本模式。

从更高的层面看，区块链技术是一种建立在计算机程序基础上，可以完全脱离纸质账本约束的全新记账方式，多方共同参与记账，完成统一的纯数字化账本。如果用现行的账本来比喻的话，区块链可以看成一个大账本，每个区块相当于一页账簿，区块中记录的信息就是账簿上记载的账目。多方参与记账，维护账本，形成账本的多个副本。共识机制保证记账行为的完全一致，使账本的变动完全可预期。数字签名技术确保了账本修改者的身份，防止冒名和阻止反悔。加密算法校验了历史账本的真实性，阻止了对历史账本的任何篡改。因此，在记账参与者没有互相认知和建立信任关系的条件下，区块链可以通过统一账本，建立起权益可靠传递的机制，实现一套新的信任机制，从而降低了现有信用的成本。

3. 共识机制

从概念上说，共识机制是一种让群体参与者获得一致结果的处理进程（The process of agreeing on one results among a group of participants）。共识机制的概念出现远早于区块链，其本意是为了解决群体参与的分布式系统的一致性问题。

从计算机技术上说，共识机制是分布式账本中事务达成分布式共识的算法。即，用来保证分布式账本中每一个账本与其他账本保持记录相同的一种策略机制。起因是点对点网络下存在较高的网络延迟，各个节点所观察到的事务先后顺序不可能完全一致。因此区块链系统需要设计一种机制，以对在差不多时间内发生的事务的先后顺序进行处理，以获得一致性的处理结果。这种对一个时间窗口内的事务的先后顺序达成共识的算法被称为"共识机制"。

简而言之，共识机制是为了保证网络中的每个账本副本数据一致，且这个一致数据所包含的是通过所有参与记账活动者同意而设计的信息同步方法。

在应用方面，共识机制可分为不同层次的共识。下文将详细阐述共识的分层问题。

4. 智能合约（smart contract）

从计算机的角度看，智能合约（smart contract，智能合同）是一种特殊代码，在区块链内制定合约时使用，其中内含了函数(function)，也能与其他合约进行互动、做决策、储存资料以及包含传送以太币等功能。智能合约主要提供验证及执行合约内所订立的条件，并按照订立的条件执行相关操作。从应用的角度看，智能合约允许在没有第三方参予的情况下进行可信交易。这些交易可追踪且不可逆转。智能合同的目的是提供优于传统合同方法的安全，并减少与合同相关的其他交易成本。在联盟链 fabric 中也被叫作链码（英文：chaincode）。

智能合约定义了共同的业务规则，运行智能合约就是运行公认的业务逻辑。之后，需要由共识机制来保证智能合约运行的结果形成区块，广播区块，用以保证区块链账本数据一致。

在区块链账户实现中，如果将账户的余额视为该账户的一个状态数据，那么转账交易就可以视为相关方的状态数据的更新。如果再进一步抽象的话，可将该过程称为状态转换，转换的过程为该交易的成功执行过程，那么自然而然可以设想，一个账户如果保存了多个状态，通过一笔交易同时对多个状态进行转换也是可行的。这里多个状态即为智能合约中存储的数据，交易即为智能合约代码逻辑执行的过程。交易执行完后，除了记录交易和更新状态到最新的区块上，智能合约的代码还继续存在于其合约账户中，下次还能继续执行智能合约的调用交易。

智能合约可以应用于很多需要中间信用机构参与的业务场景，能够大大节约交易成本。同时需要认识到，智能合约不是万能的，以太坊本身没有魔法来解决"区块链之外的数据"这个问题。鉴于区块链上智能合约的存储资源和计算资源的成本还是高昂的，传统业务逻辑不能全部搬到链上，同时链下数据源和合约触发执行等需要链下服务配合。

● 数字账户中的共识分层

数字金融的记账方式与账户设置一样要遵循共识原则。会计记账的根本业务共识是货币，货币确立之后就是法币了。上一节讲述了一个从现行会计制度演进过来的记账方式。有别于复式记账的结果记账方式，三式记账法，一定程度上体现了过程记账的精髓。我们认为数字经济时代，从单组织记账，演变到多组织记账，不断催生着诸如区块链技术这样的不同落地方案。数字金融的记账方式将是一种更加全面的过程记账，账务处理将极大地依赖于计算机、依赖程序将流程规范化与制度化，形成数字账户体系。

数字账户将涉及两个方面的行为，一是计算机技术层面的，我们称之为"技术",二是交易行为层面的,我们称之为"业务"。不同层级的记账行为生成了不同的记账共识,即业务共识和技术共识。前者验证了记录的完整性与一致性,后者保证了业务的完整性与一致性。在讲述本小节内容之前,我们有必要将数字账户的共识讲述清楚。

1. 技术共识(计算机技术层面)

技术共识指的是将网络中不同的计算机按照约定的规则将数据写入硬盘,用以保证每台计算机写完的结果都是相同的过程,体现在区块链技术中是将生成指定的区块并将区块广播,接收到的计算机按照区块顺序形成区块链。

从计算机科学的角度来讲,是保证分布式计算机中数据的一致性。因为如果不这么做,会造成网络中不同计算机的数据不一致。这是计算机分布式系统设计思路的核心问题。简单的描述是,不同的两台计算机,因为网络等因素,导致一台收到了扣减账户余额的指令而另一台收到了增加账户余额的指令,如何让两台计算机的账户余额保持一致,则是分布式系统技术共识的问题。

传统互联网账户的方式,是以一台核心计算机计算为主,其余所有的计算机均以核心计算机结果为准,这样做的好处是只要核心计算机计算完成即可确认结果,缺点是一切要以核心计算机为准,难以形成多方协作与互信,由此进一步引申出了区块链共识。区块链共识机制是以区块链网络中的随机计算机为共识主体,达成数据共识。

以比特币为例,比特币的 POW 共识[①]中,在比特币网络(由成千上万台计算机组成的网络)中的某一台计算机验证通过交易池(所有等待确认的转账交易)中的部分交易(数据)之后,按照手续费高低、时间先后(约定的规则)将支付数据排序打包,形成区块,然后将区块全网广播;其他区块链服务节点(计算机)在接收到区块(数据)之后按照区块中的顺序存入硬盘。此过程即保持数据一致性的过程。

而在以智能合约为主的业务流程中,在智能合约调用结束后生成的共识

---

① POW 是工作量证明的意思。计算机的计算能力与计算时间可以标准化成投入维护网络的资源,作为证明你为网络做出贡献的证明。

数据中，已经验证了业务规则并生成了指定格式的业务数据，随后由具体的共识算法进行数据打包，形成区块，再将区块进行网络广播；其他区块链服务节点接收区块并按照区块顺序存入硬盘。

不论以太坊现在采用的 POW 共识和未来可能采用的 POS 共识[①]，还是 fabric 采用的联盟链共识，均是将智能合约生成的业务数据按照时间先后等规则，将数据排序打包。

2. 业务共识（商业流程层面）

本质上，计算机依然不具备"智能"，即自我自考、自我学习的能力（如果计算机真的具备智能，那么人类命运真就难说了）。计算机构建的是以计算为基础的有序的虚拟世界，而现实世界是杂乱无章的真实世界，所以如何将无序变有序，如何从真实到虚拟，这个业务规则的制定结果便是"业务共识"。引入计算机之后的业务共识，形成了数字账户，提高了会计计算效率，促进了交易的发展。

这里所说的业务共识指的是就某一业务行为达成一致，或者说商业行为的一致性。从商业流程的角度来讲，此过程是业务一致性。基于业务一致性，相比于未使用数字账户的传统方式，数字账户可以更加高效快捷准确地验证业务流程与计算结果，能更好地保障业务的完整性。

以比特币为例，比特币的业务流程是数字支付，业务流程简单精练，将支付的业务过程进行共识确认，即确认支付过程并记录支付流水。比特币用的 POW 共识（工作量证明机制）是先验证了交易池中的支付信息，达成了支付转账的业务共识，将已确认的支付交易打包成区块。

为满足业务的区块链化改造而提出的智能合约，则将业务规则编写进智能合约中，调用智能合约的过程是按照约定的业务规则检验业务执行过程，并由合约生成执行结果即生成业务共识数据的过程。

综上所述，与传统的分布式系统相比，以区块链技术为基础构成的数字账户系统需要先进行业务共识，再进行技术共识。不同点则是在区块链系统中可以由任意节点或者指定的多个节点（按照共识机制不同，选定的节点也不同）进行业务共识，保证记账的公平性。

---

① POS 是权益证明的意思，是大家一致认可具有的权益。事实上，POS 比较难达成。

数字账户的实现方式

● 比特币：UTXO 账户模型

比特币的 UTXO 账户模型，被称为"区块链 1.0"，实现了多个组织记账同一账本技术，从而实现了点对点去中介经济方式。我们认为之所以称为"1.0"，既有最早发明的原因，又有账户模型相对简单的原因。UTXO 账户模型在一轮又一轮的区块链进化过程中，被保留下来，必然有其设计的精妙之处。我们观察、研究比特币的账户模型，是为了更好地理解 UTXO。这个账户模型有可能在数字账户中长期存在，甚至有可能成为应用最为普遍的数字账户模型。

比特币系统的初衷是为了构建一个去中心化的点对点的高效数字支付体系。该体系中没有发行机构和管理机构，用户对自己持有的比特币拥有完全自主控制权限，不同账户间点对点发生经济关系，账户数量的无穷大，开户过程的"零门槛"，这些都是数字账户的基本特性与优势，是数字金融未来的愿景之一。这个体系本质上是通过密码学特性并结合经济激励机制构建的一个无须信任系统，实现该系统的底层技术通常被称之为区块链 1.0 技术，它无须中介信用机构背书，通过密码算法保证点对点网络中的数据不可篡改，同时交易历史被永久记录在区块链上。而比特币的记账方式，便是依赖了 UTXO。

众所周知，在比特币系统中其实并不存在"账户"，而只有"地址"，理论上用户可以在比特币系统中拥有无限多钱包地址。每个钱包地址代表一个 UTXO，即未消费的交易输出，而你拥有的比特币数量就是你所有 UTXO 中比特币的总和。在比特币中，一笔交易的每一条输入和输出实际上都是 UTXO，输入 UTXO 就是以前交易剩下的，更准确地说是以前交易输出的 UTXO，而该交易需要输入多少个 UTXO 是根据实际交易金额来组合以前交易输出 UTXO 才能完成这一笔交易。

比特币的这种 UTXO 记账模型，使比特币系统的每一笔交易都能够追溯到上一笔交易，即本次交易的付款都可以追溯到上一笔交易的收款，最终能够一直往上追溯到比特币被矿工挖出来的那个 UTXO，保证每个 UTXO 只能被使用一次，防止交易被重放攻击。通过这种机制解决了"双花"问题，保证了比特币不可被伪造，不可以被重复支付。

简单来讲，张三拥有地址 A（可理解为账户 A），当前余额为 25 元；李四拥有地址 B（可理解为账户 B），当前余额为 5 元。张三向李四转账 10 元，则会记录为地址 A 转出 10 元给地址 B，转出 15 元给地址 A。查询地址 A 会发现转入交易只有 15 元，即余额为 15 元；查询地址 B 会发现有之前转入的 5 元与新增加转入的 10 元，即余额为 15 元（余额总数并不会记录在比特币账本上，需要额外的计算机系统进行统计计算，比如使用钱包系统）。

我们从经济学原理看，UTXO 实质上是经参与者一致同意后的未来价值索取权，是债权在区块链上形成的技术共识与业务共识的结合体。以上述交易为例，当交易完成后，所有该区块链网络的参与者（节点），一致同意李四从张三处获得以"元"为计量单位，以"10"为计量结果的记账权益，并且一致同意李四可以用这个记账权益再次进行交易。设想一下，如果张三与李四之间的记账活动是由商品交易驱动的，那么李四获得"10 元"等价于出售的商品。未来李四可以用这个"10 元"再次购买其他等价商品。UTXO 与货币有类似的功用，所以有人将其称为"数字货币"，但这仅仅是一种类比而已。

● 以太坊：余额模型

UTXO 模型能够很好地解决比特币系统的安全性问题，但由于它的属性单一，只能表示为一个金额值，它无法胜任以太坊智能合约账户，因为智能合约账户为固定地址，无法对应任意多个变化的 UTXO，同时合约账户需要永久存储智能合约代码，而 UTXO 被使用一次后将变得无效，成为"已消费交易输入"。以太坊引入了基于余额的账户模型，从概念上来说比 UTXO 更好理解，也具有更好的可编程性。例如一个账户持有一定的余额，与另一个账户进行转账交易时，发起方的余额减去相应的金额，而接受方的余额增加相应的金额。

以太坊创始人 Vitalik Buterin 看到了比特币网络底层实现中的区块链技术除了构建数字货币体系之外，在传统的具有传统中心化机构管理的行业中也有众多应用机会和潜力，他在比特币的链式数据结构基础上提供了对运行图灵完备智能合约的技术扩展，从而使区块链具有无限可编程能力，能够实现任意复杂的商业逻辑，将区块链技术真正呈现在大众视野中。

因此，以太坊也被称为"区块链 2.0"，将比特币只能简单记录转账流水的功能进行升级，提出了"智能合约"，可以实现更为复杂的经济记账逻辑。之所以称为"2.0"，是因为其在 UTXO 账户模型上增加了业务共识的编程能力，让记账共识可以更为简单地代码化，成为共同执行的合约。

以太坊将比特币的资产交易过程进一步扩展为状态转换的过程，可以将智能合约认为一个特殊的账户，和该账户进行交易的过程就是智能合约的执行过程。在智能合约中记录各种数据状态，交易者执行一次和智能合约的交易，就是将智能合约中的数据状态转换为一个新的状态，同时在区块中永久记录该操作和最新的状态。

正是因为以太坊作为区块链加智能合约开发平台的这个突破性创新，激发人们不断探索基于智能合约的新金融应用场景，大量去中心化应用 DApp 涌现，特别是最近两年快速发展的基于以太坊的去中心化金融 DeFi 不断落地，使区块链加智能合约的技术有能力重建传统金融系统。

如果说区块链技术为我们提供的是去中心化可信存储的话，那么智能合约为我们提供的是去中心化可行计算。下面从技术角度对以太坊为支持可信计算的智能合约所做的创新进行分析。

1. 余额模型的技术分析

正因为账户的交易历史没有依赖性，所以存在交易重放的问题，交易发送者确定交易参数：{from、to、value}，然后对其进行签名，将签名结果发送给矿工节点，矿工节点可以执行并打包该交易到区块中，但是同时矿工也将得到该交易的签名，如果此时持有'to'账户的用户和矿工串通，将该签名交易再次执行，那么只要'from'账户拥有足够的余额，该交易将被再次执行成功，即'to'账户发起又一次重放攻击。为了解决这个重放问题，以太坊账户模型引入一个属性nonce，每发送一笔交易，nonce就加1，同时签名数据变为{from、to、value、nonce}，这样每次签名后的数据都不相同，其他人也无法从该签名数据中计算出下一个nonce的交易签名数据。

但是，以太坊采用的nonce机制并不是完美的，它使交易无法快速并行处理，例如一个账户在不同地点发起多笔交易，由于网络原因，交易并不能同时到达所有挖矿节点，那么nonce较高的交易，必须等待nonce值以从小到大的顺序依次被打包后，才能被打包。

另外，如果nonce较低的交易执行失败了，将导致后面的交易也无法被打包，只能使用能够执行成功的交易替换失败的交易，才能继续执行下面的交易。

2. 余额模型的完善

虽然余额模型能够很好地适用于智能合约，并且可以提供足够的交易安全性，但是在实际使用过程中还存在不少可以完善的地方。

首先，nonce值的改进。nonce机制采用最严格的自增方式保证安全，如果采用随机nonce来代替自增nonce，对交易顺序性放宽要求，一定程度上可以提高交易的并发性和用户体验。

其次，交易费用支付优化。ERC20代币的交易必须使用gas来支付交易费用，gas是交易费的单位，其价格表示为eth。但某些只用来保存和交易ERC20代币的账户，如果其本身没有持有足够的eth，将无法转账代币给其他账户。当前以太坊中可以通过间接的办法解决该问题：交易发送者将转账交易签名数据发给第三方代理账户，由其完成转账交易，并支付部分代币作为交易费用给第三方代理账户。如果从以太坊本身的技术改造角度来解决该问题的话，可以增加一个选项，选择让交易接收者还是发送者来支付交易费用，同时对于接收者支付交易费用的场景需要防止恶意攻击的发生。

最后，账户地址的便利性。在余额模型中，账户地址由密钥对公钥转换而来，是一串20字节长度的字符串，非常不容易记忆和识别，在交易中增加了出错的风险。当前以太坊有两种机制可以降低交易风险。一是对账户地址增加校验，交易中如果校验失败，将无法成功交易。但是如果生产校验之前的账户地址是错误的话，交易中是无法是识别出来的。二是通过以太坊域名服务ENS，注册账户地址。该方式是在以太坊智能合约中部署ENS合约，记录账户地址和域名的映射，在交易中只需要填写域名就可以，由交易执行者查询得到对应的账户地址并完成最终交易。对于普通用户而言，支持ENS需要钱包开发商等DApp的支持，如果以太坊客户端原生支持账户地址和名称的映射，将大大提高用户的体验。

3. 以太坊的技术创新与存在的问题

以太坊作为余额模型的代表，进行了一些技术创新，比较有特色的是账户抽象和隐私保护。

账户抽象化是指将用户账户抽象化、合约化，以改变用户离线管理的密钥对的现状，从而实现更复杂的功能与应用。当前以太坊具有两类账户，一类是合约账户，由以太坊客户端创建，并保存智能合约字节码；另一类是普通账户，也叫外部账户，是通过密码学生成一对密钥对，通过私钥生成公钥，再通过公钥生成账户地址。用户离线管理的密钥对在用户侧，需要用户保证其安全性，同时功能单一，对交易进行签名。在上文的介绍中，如果一个账户持有代币，但是没有持有eth，它是无法转发代币给其他用户的，因为它需要用eth作为交易费用。一种办法是通过第三方代理合约完成转账，同时使用代币支付转账费用。另一种办法就是通过账户抽象化的功能实现。该例子中代币转账的功能可以在抽象化账户中直接扣除代币金额和交易费，完成转账动作。

以太坊1.0在隐私保护方面，账户地址和线下用户之间没有直接关联，拥有私钥的用户即代表拥有对应账户的所有权，这种方式有一定的隐私性，但账户地址不会随意更换，一旦被第三方获知用户持有哪一个账户，很容易在以太坊浏览器例如etherscan上跟踪该账户的所有交易历史，并且交易金额和交易相关方都能看到，无法保护用户的隐私。

当前比较成熟的隐私保护方案是零知识证明。通过支持零知识证明的智能合约，可以隐藏交易相关方的账户地址和交易金额。在以太坊 2.0 的规划中将原生支持部署带零知识证明隐私保护的智能合约。

在企业级的区块链应用 quorum 中，也在交易的隐私保护方面提出了自己的解决方案，即通过链下的交易管理器在节点之间建立隐私通道，私有交易通过隐私通道进行传送，只有交易双方可以看到交易的内容，在链上只保存私有交易的存证，实现交易级别的隐私保护。

但是，以太坊并非十全十美，自身也存在不少问题，未必匹配于未来的数字账户应用。以太坊采用公链方式，公链存在的一些问题在以太坊上没有得到根本性改善，表现为下述各点。

（1）资源消耗大。以太坊 1.0 采用和比特币相同的 PoW 共识机制，消耗电力等资源巨大。但正是通过消耗这些资源，使比特币和以太币有了价值基础，它们背后承载的价值便是消耗的资源成本。在比特币和以太币奠定了数字资产中的"基础货币"地位之后，会出现不再需要挖矿的共识机制，将激励机制锚定到比特币或以太币上，例如以太坊 2.0 中的信标链。

（2）性能瓶颈。随着区块链技术的发展和产业应用的需求，在保证区块链去中心化与安全特性的情况下，提升区块链处理交易的性能就显得尤为重要。但是，完全去中心化和高度冗余的安全性机制设计，成为公链性能瓶颈。最明显的表现是每秒处理的交易量难以满足区块链应用需求。

（3）算力垄断。以太坊因为是 PoW 功能机制，挖矿的矿池也越来越大，几大挖矿公司几乎垄断了 50% 以上的挖矿算力，对以太坊本身的安全造成隐患。

（4）交易时间的不确定性。该问题本质上是 PoW 共识机制造成的，无论 UTXO 模型还是余额模型都存在。在用户发送交易之后，该交易将被全网广播，并缓存在节点的交易缓存池中。交易被打包到区块中的时间由矿工决定，矿工根据最大化利益的原则将优先打包出价最高的交易。当网络拥塞或者有大量高交易费的交易出现时，普通用户必须等待未知时间，并且该等待时间不可预测。

综上所述，从以太坊的白皮书发布到如今，已过去 6 年多的时间，以太坊社区开发生态和金融生态得到蓬勃发展，然而随着业务的不断创新、DApp 数量的不断增长，以太坊本身的架构已无法满足需求，特别是"天生"的交易性能问题成为以太坊发展的瓶颈。以太坊 2.0 可以有效缓解上述问题，提出多层区块链。

第一层信标链，是整个系统的协调层，采用权益证明共识机制 PoS。目标是提供性能更好的共识处理。

第二层分片链，在 1000 多条独立的区块链（即分片链）之间分配交易和验证人，每个分片都将管理一个 eWASM 虚拟机进行状态转换，最终这些分片链上的状态都锚定到信标链上。

通过分层设计，在保证去中心化和安全的前提下可以极大地增强以太坊的性能和扩展性。目前以太坊 2.0 技术开发正在稳步推进中。

● 联盟链：用户定制化模型

联盟链的提出，是针对"公有链"而言的技术，去除了公有链中手续费等技术，增加了认证审核，强化了"智能合约"功能，使用联盟链的合作组织可认为是一个经济协作体，而记账或者说账户方式，则按照该经济协作体间的约定来定制化实现，即先有用户账号[1]，再有用户定制化账户模型。联盟链本身是允许授权制，即只允许经过授权的节点加入网络，可根据权限查看信息，往往被用于机构间的区块链。所以，联盟链上的数据不是对所有人都公开的，只有联盟内的成员才可以访问，并且写入链上。联盟链本身不发币，不是以币作为价值衡量的载体。联盟链里没有与以太坊比特币类似的账户地址。

联盟链从技术架构设计上，只针对特定的群体和有限的第三方，内部指定多个预选的节点作为记账人，每个块的生成由所有的预选节点决定，其他接入节点可以参与交易，但不过问记账过程，其他第三方可以通过该区块链开放的 API 进行限定查询。为了获得更好的性能，联盟链对于共识或验证节点的配置和网络环境有一定要求。有了准入机制，可以使交易性能更容易提高，避免

---

[1] 这里我们认为账号是指单位或个人跟银行建立经济关系后，银行在账上给该单位或个人编的号码。账号是数字时代的代表，就是每个人在特定的项目中所代表自己的一些数字等。账号有时可以由中文或英文组成，甚至是一些符号。账户在会计上是指账簿中对各种资金运用、来源和周转过程等设置的分类。

由参差不齐的参与者产生的一些问题。

在联盟链中，比较公认的实现技术是 Fabric 技术，我们以 Fabric 实现为例，描述一下联盟链数字账户的实现。

Fabric 的访问控制、权限控制等，都是使用成员服务，即 MSP（Membership Service Provider）来提供。这套机制依赖于 PKI 证书体系的密钥对来实现，与公链常见的账户模型差别很大。

PKI 是 Public Key Infrastructure 的首字母缩写，翻译过来就是公钥基础设施。PKI 是一种遵循标准的利用公钥加密技术为电子商务的开展提供一套安全基础平台的技术和规范。在 X.509 标准中，将 PKI 定义为支持公开密钥管理并能支持认证、加密、完整性和可追究性服务的基础设施。

PKI 体系用于解决①保密性：保证电子商务中涉及的大量保密信息在公开网络的传输过程中不被窃取；②完整性：保证电子商务中所传输的交易信息不被中途篡改及通过重复发送进行虚假交易；③身份认证与授权：在电子商务的交易过程中，对双方进行认证，用以保证交易双方身份的正确性；④抗抵赖：在电子商务的交易完成后，保证交易的任何一方无法否认已发生的交易。

PKI 的核心是认证中心 CA（Certification Authority，CA）。CA 负责管理 PKI 结构下的所有用户（包括各种应用程序）的数字证书，把用户的公钥和用户的其他信息捆绑在一起，在网上验证用户的身份。

账户的核心体现是成员服务提供者（Membership Service Provider，MSP）。MSP 主要可分为两类，一类是本地 MSP，另一类是通道 MSP。本地 MSP 主要用于交易的签名认证，通道 MSP 作为 Fabric 通道的管理使用。用户在进行业务操作过程中，主要使用本地 MSP 进行签名，将业务数据提交到区块链网络（即 Fabric 网络）中。

● **数字账户的应用实践**

在实际生产应用中，账户主要依赖于智能合约的规范实现。在智能合约中指定的账户类型，以及相关具体的业务场景和账户元素，并按照指定的业务流程进行账户以及账户内相关资产的控制流转。

在资产数字化和数字资产化流程中，可以按照业务需求设计账户模型。例如应收账款场景，用户在进行数字资产初始登记时，将围绕应收账款的账期、金额、发票、合同等细则，定制该账户中应有的数据模型；随后基于数字资产初始登记数据模型，进行数字资产建模，建模完成后，评级单位进行资产评级、权威机构等多机构进行数字资产权属确认，围绕该数字资产进行一系列的操作之后，将会对该资产形成综合评价；基于该综合评价，金融机构可对该数字资产进行交易。

针对应收账款的数字资产，构建了资产原始数据模型，该模型创建的数字资产会归属到某一用户的账户下（见图8-13）。该数字资产的模型建立，首先得到了业务共识，即确定了各项业务属性特征；然后在实际资产信息创建过程中，进行了技术共识，即确定资产的相关信息，并归属到某一个具体账户下。

而从始至终，用户的账户中都可以看到该数字资产的流转过程，账户随业务开展呈现出业务强相关性，而非传统的以会计科目为标准的账户模型。

表单名称	字段名称	字段说明	举例	字段Key	字段类型	是否必填
资产原始数据						
应收账款资产 EnterpriseReceivablesAssetOriginalInfo	应收账款名称			receivablesName	String	Y
	交易货物的名称或者是应收款发生的载体			commodityName	String	
	首次付款日	YYYY-MM-DD		firstPaymentDate	String	
	末次付款日	YYYY-MM-DD		lastPaymentDate	String	
	最晚付款日	YYYY-MM-DD		endPaymentDate	String	
	是否允许逾期	布尔值true/false		overdueFlag	Boolean	
	逾期利率			overdueRate	BigDecimal	
	付款人代码	付款人代码可以采用社会统一信用代码		payerCode	String	
	付款人名称	付款人名称		payerName	String	
	收款人代码	付款人代码可以采用社会统一信用代码		payeeCode	String	
	收款人名称	付款人名称		payeeName	String	
	付款方式	01:现金/现汇 02:商业承兑汇票 03:银行承兑汇票		paymentType	String	
	应收款总额	单位：元		totalAmount	BigDecimal	Y
	币种	币种代码		currency	String	Y
	应收账款摘要	应收账款摘要描述		remark	String	
	标的量			circulation	BigDecimal	Y

图8-13 应收账款数字账户模型示例

第九章
数字资产信用评级与实践案例

信用评级的一般方法

● 一 信用评级概述

前面的章节讨论了数字金融的风险核心在于数字资产的信用风险。本章节将从信用评级的视角，用实践案例阐述数字资产的风险定价问题。信用评级是通过界定借款人偿债能力及偿债意愿来锚定受评主体的信用质量水平，并通过对具体债项的安全度分析，对债项风险状况进行综合评判，以及进行风险定价。就数字金融和数字资产而言，信用评级基本逻辑和基础技术并未发生根本性改变，但具体的应用技术和技术路线可能与传统信用评级有所差异。

借款人通过信贷市场获得流动性支持之前，必须通过市场机制获得定价，才能够进入金融交易环节。从信用评级角度看，就是要从借款人信用基本面出发，对影响其信用质量水平的各个因素做深入分析，对其偿债能力和偿债意愿做出前瞻性判断，并将借款人信用质量水平界定在某一范围内，用规定的符号体系（如三等九级信用等级系统）表达出来，成为借款人获得定价的依据之一。信用级别与借款人在资本市场获得信贷配给的资金成本直接挂钩，从这个意义来看，信用等级等同于其进入信贷市场获得资金融通的另类价格，并最终对其资金成本（融资成功后所承担的利率水平）产生重要影响。

下面将从偿债能力和偿债意愿两个方面进行分析，阐述确定借款人信用质量水平并做出级别判断过程。文中将具体说明信用评级的基本理论、模型与实际评级要素连接起来的方式方法。通过将影响偿债能力和偿债意愿的各种因素进行综合归纳并系统化，形成有实践意义的指引。

偿债能力分析

在债务债权关系中，债务人获得资金融通后，拥有了对于该笔债务资金的使用权，可用于支付生产成本、支付工人薪酬、个人消费、偿还旧债等。而债务人事实上显著降低了对该笔资金的控制力。因此，债权人必须对债务人相关偿还能力有所了解。由于信贷市场的信息不对称问题是客观存在的事实，债权人几乎不可能对债务人的所有信息做到有效把控。为此，债权人将借助第三方机构对债务人的偿还能力做出预测，并在此基础上确定是否与债务人发生债权债务关系，并确定资金利率和契约条款。作为第三方机构，对债务人偿债能力的分析，应该从借款人内部和外部两个方面着手进行考察，评估其资产负债情况，对债务存续期内影响借款人偿债能力变化的各种因素进行综合分析，并对这些因素可能导致的偿债能力变化做出判断，提炼有用信息，为债权人有效判断借款人信用质量水平变化提供参考。下面将从存量资产分析、流量资产分析和借款人可获得的外部支持三个方面叙述具体做法。

1. 存量资产分析

存量资产指的是某个时间段，借款人在提供产品和劳务过程中获取的资产价值，能够为借款人在未来带来收益。简单地看信用评级的原理，主体的资产负债率越低，则主体的信用质量水平越好，但必须注意到资产规模的问题。试想，如果一个拥有 5 万元资产的借款人，即使其拥有较低的资产负债率，如 10%，未必比一个拥有 5000 万元的资产负债率为 40% 的借款人拥有更好的信用质量水平。这是因为拥有较低的资产负债率的借款人存量资产规模较小。资本即使流入该主体，相对于资本边际产量要远远小于后者。而在资本市场中，资本的逐利性决定了资本更倾向于流入更有效率的主体，即资本边际产量高的主体，以产生更多的利润（这里以资本拥有者追求利润最大化为假设，暂不考虑不同行业和社会资本的因素）。

资产规模大小对于信用质量的影响如图 9-1 所示。

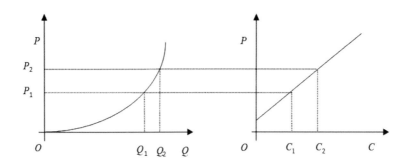

图 9-1　资产规模大小对信用质量的影响

从图 9-1 可知，当资产规模（为了简化起见，只考虑同一借款人资产规模不同时的变化情况）从 Q_1 向 Q_2 变动时，以 P 代表的资本价值不断升高，曲线斜率为资本的边际产量（可用 $\Delta P/\Delta Q$ 表示），不断增大，在图 10-1 的资本价值与信用质量曲线中，明显看到，与 P_2、P_1 对应的信用质量水平 C_2、C_1，相比较，C_2 要高一些。

要理解这一点，我们要注意到随着资产规模的扩大，借款人能够获得更多的债务空间。虽然资产负债率可能上升，但债务的绝对规模要比资产规模较小的情况显著增大，债务人能够支配的资源随之增加（债务作为可使用资源，也受债务人支配），实现资产增值的能力将增强，例如总成本的降低、市场地位的提升、垄断利润的获取等多个方面。这样的主体大概率会被资本市场的投资者判定具备更好的财富创造能力，而具有更高的信用质量水平，从而更容易获得投资者关注。因此，传统资本市场风险偏好的关注重点是大型以及超大型企业。

对于中小微企业的分析，还要关注到财务信息披露的问题。就中国目前状况看，市场管理体制机制仍在建设中，缺乏统一的中小微企业信息披露平台，造成了大部分中小微企业财务报表和档案管理功能并不健全，财务信息严重滞后与失真。分析评估过程直接获取财务数据等信息往往难度很大或存在其他问题，如报表信息不真实等。为此，必须考虑引入间接指标的方法收集中小微企业的存量资产信息。我们一般可考虑的方式如采集相关的注册资本信息、资本变动情况信息、考察企业存续的时间、考察与企业相关的实际控制人或者企业法人、大股东等的资产规模等做出相应的判断。

2. 流量资产分析

流量资产指的是借款人通过提供产品或者服务获取的流动性资产。我们需要关注未来一段时间内，特别是在债务存续期内，借款人通过提供产品或者服务得到的流动性资产和所能够完成的资产积累，以考察借款人获取流量资产的能力。在债务关系中，借款人的流量资产一段时间内的积累构成了其存量资产在这个时间段结束时的增量。在不考虑外部支持可能性的情况下，流量资产是借款人存量资产的唯一源泉，也是借款人偿还债务本息的根本来源。对借款人获取流量资产的能力分析，是界定其偿还能力的最重要的一个环节，也是确定借款人信用质量水平最关键的部分。站在债权人角度看，借款人的第一还款来源无疑是债务本息的最重要保障，而借款人第一还款来源基本都以流动性获取能力为基本源泉。故而，债权人需要信用评级能够深度剖析构成债务人流动性获取能力，并给出前瞻性判断，以便对债务本息的安全度和借款人信用质量水平进行大致评估。因此，流动性获取能力的分析尤为重要。对企业借款人而言，这转换为企业盈利能力分析。对个人借款人来说，这转换为个人收入水平和能力分析。下面将着重介绍企业的分析框架。

一方面，我们确定借款人赖以获得现金流的产品或者服务的供给和需求，并判断其未来的变动趋势。为此，建议从行业和企业两个层面来分析。

行业层面，要对该种产品或者服务供需状况进行总体分析。一般来说，现状数据比较容易得到，在评估中可根据现有资料的对比得出供需的基本情况，从而对产品或服务的行业情况做出大致判断。比如产能过剩严重的钢铁或者水泥行业，要站在行业总体的角度，对行业产能（存量）和产品需求情况进行分析，得出行业供需情况的现有判断。在此基础上，要对行业未来的变动趋势进行研究，建议从行业规划和监管框架着手。规划一般能确定行业的未来产能规模，而监管框架会对未来产能的变动情况产生重要影响。此处监管框架的分析的重点放在对行业供给价格弹性的分析，并进而对产品和服务的行业大类需求价格弹性做出前瞻性判断。针对中国的具体情况，关注中央政府制定的发展规划和地方政府相关配套的规划是个不错的选择。

企业层面，要对借款人产品和服务的行业细分进行明确的界定，明确告知投资人（潜在债权人）、借款人赖以产生现金流的产品和服务在该行业中的地位和作用。同时，要对该产品和服务对应的具体细分门类的供需关系进行深入分析。一般而言，借款人能提供的产品和服务，并不涵盖某个行业大类的所有产品，所以我们必须对这些产品细分的门类供需状况做出客观判断。可以说这是锚定该种产品或服务获取现金流水平的最重要依据！即使一些规模较大的借款人可能涵盖的门类较全，也不妨碍我们用相同的框架分析。例如，化工行业整体进入下行通道运行一段时间后，产能过剩成为普遍情况，化肥中的氮肥行业亦不能幸免，整体产能过剩。但我们必须注意到氮肥作为核心农资，在不同地域的使用量不尽相同。个别企业依靠接近消费市场、先进的工艺流程以及原材料优势，是可以在一定区域内获得相对垄断地位，而在一定程度上改变区域供需的状况。另一个有意思的例子是 R22 的生产企业。作为化工行业内一个细分的小众领域，制冷剂生产全球处于过剩状态。欧盟等发达国家加入了气候保护框架协议，限制了多种损害大气臭氧层的制冷剂制造和使用，如 R22。但由于气候框架协议给予发展中国家可以在 2015—2020 年继续生产和使用该产品的便利（中国确定最迟使用年限是 2025 年）。这就出现所有发达国家生产 R22 工厂 2015 年已全部停产，而使用该产品的制冷设备可顺延至 2020 年的供需矛盾，形成了 R22 中国生产制造企业产销两旺的局面。必须强调的是，我们要看到该产品未来仍然进入最终停产和退出状态的趋势。

另一方面，在借款人流量资产分析中，尤为重要的一点是行业监管框架的变动分析。对于具体的产品和服务来说，影响因素除供需外，最重要的是监管框架。监管框架指的是政府、行业组织、区域性管理机构等对该行业或者相关产品或者服务做出的限制性或鼓励性管理制度。这种制度安排对于产品和服务提供的可能性产生重要影响，并进而影响其市场供需和价格。监管框架有可能为产品和服务提供壁垒性保护而阻止一部分竞争者进入，也可能对生产和销售该产品和服务进行某种程度的规范性限制，在减少竞争者的同时提升了其生产成本。总体来说，监管框架的作用具有方向一致性。作为信用评级的重要内容，既要关注现有监管框架对行业的影响，又要探讨未来一段时间内监管框架变动的可能性及其方向，以及对这种变动可能导致的影响进行分析和判断。特别是突发事件出现的监管框架调整。例如，在2020年年初中国抗击新型冠状病毒肺炎过程中，为了有效防控人员流动、阻断传染途径、减少传播机会，中国政府先后进行了交通、集会、企业生产方面的限制措施，这对很多服务业企业造成直接影响，如餐饮、旅游、线下教育等。这种临时性的监管调整可能持续3~5个月，给这些企业的流量资产获取能力造成致命性打击。诸如此类事件导致的监管框架的影响，甚至在今后行业监管框架变动中成为一个必须考虑的重要因素。

3. 借款人可获得的外部支持分析

外部支持指的是借款人在生产经营过程中或是遇到财务困难时实际已得或者可能获得的来自其主体外部的直接或者间接支持。

外部支持的原因有多种，如借款人提供的产品或者服务的特殊性（如轨道交通等公用事业类）、存在隶属关系（如借款人为集团子公司或者分子公司等）、支持人出于声望等考虑（如地方政府给予一些地方国有企业的支持）、存在关联关系（一些机构给予借款人支持，可能是由于二者在业务或者其他方面有关联，借款人发生违约会导致关联机构的不利局面）。

外部支持的来源呈现多样化的特征，一般来说，外部支持对于借款人的作用和影响并不一致。对如轨道交通类借款人，其构建长期资产的现金流庞大，仅仅依靠经营性现金流在短期内根本无法完成对投资性现金流的覆盖，所以其投资性现金流的来源往往是通过发行债券、获得外部支持解决。特别是针对目前中国的状况，轨道交通行业属于垄断性企业，外资和民营企业进入的门槛高，而且由于民营资本对于国有属性企业的低约束力，导致民营资本进入的积极性也不高，轨道交通行业往往通过大规模举债来购建长期资产，在此过程中，地方政府响应中央政府的号召，并出于发展区域经济和拉动相关配套投资的目的，给予轨道交通企业大力支持，例如北京地铁公司，其债务本息的偿还由北京市政府以政府文件的形式进行明确规定，为北京地铁企业提供了坚强的信用背书，而且北京市政府每年度为其提供的直接的现金支持也是北京地铁外部流动性获取的重要来源之一。

因此，外部支持对于借款人信用质量水平的提升是衡量借款人信用资源情况的重要因素。我们从以下三点来看。

第一，从借款人的偿债能力来说，如果外部支持是经常性的，那么外部支持很可能成为借款人信用质量水平的直接因素进入考察范围；如果外部支持是可能性的，则相关主体对于借款人财务援助成为借款人遭遇财务困境时整合外部资源的重要考量，这种支持，无论采取何种形式，都对借款人信用质量水平有所提升，当然，这种提升的规模和程度，还需要进一步深入分析。

第二，从外部支持来说，为借款人提供支持，无论出于什么目的，对于其流动性会造成一定影响，这种影响的后果是复杂且难以预料的，如经济快速发展期中国大部分城投平台，为地方政府融资发挥了关键作用，地方政府通过资本金、土地出让补贴、优质资产注入等形式为城投平台举债提供了大量直接支持，同时也由于对城投平台管控能力等而承担了数额庞大且并不透明的负有直接偿还或者担保债务，甚至还有大量的或有债务产生的可能性。所以，外部支持对于借款人主体和支持方来说，产生的影响并不具有同向作用，具体情况还需结合主体双方资质、偿债环境变化等因素进行分析。

第三，外部支持作为借款人信用增级的重要通道，为投资人债务违约发生时的资产回收提供可能的来源。从中国目前的债券市场来看，中央国有企业、地方国有企业由于具有集体经济的属性，从而拥有了中央政府或者地方政府的隐性信用背书，其信用质量水平由此获得提升并承担低的资金成本，债权人有理由相信如果债务违约发生，中央或者地方政府会以刚性兑付"兜底"，虽然这种意愿存在一定的不确定性，但由于各级政府出于声誉或者政治稳定等方面的考虑而对借款人形成直接或间接支持，但这并不利于市场化进程，中国政府虽然在该方面希望有所改观，但速度较为迟缓，与信用风险积累程度有可能形成错配而导致一定的困境。

4. 偿债意愿分析

偿债意愿是决定借款人信用质量的基本因素之一，对于债务本息的安全水平有着直接而且重要的作用。遗憾的是，偿债意愿尚未形成明确而统一的表述。偿债意愿受到违约的收益、违约成本、借款人已有的价值观念和诚信道德水平等影响较大。一般认为，偿债意愿是由债务收入成本和违约成本共同决定的主观支付的可能性。

偿债意愿的考察并不容易，特别是企业借款人中的那些中小微个体。在组织、结构方面，中小微个体与传统资本市场上大型的股票和债券发行人存在本质区别，这些企业实际控制人在企业管理中发挥的作用更大，灵活度更高，透明性更差。当面对个人借款人时，偿债意愿受个人意愿控制的成分更大，有时候自由度极大而不可测。在此情况下，我们将探讨可能的途径对借款人的偿债意愿进行质性分析和量化分析。但必须明白的是，现实中并不存在某个固定的"偿债意愿指数"供投资人做出决定，能做的只是根据借款人历史还款情况和其他维度信息近似刻画其可能的偿债意愿。

偿债意愿不能等同于偿付结果。对于具体债务来说，偿债意愿只说明了偿付成功与否，没有多少之分。偿债意愿表达的是一种主观意愿的变动状态，可以用概率等数学工具进行描述。不管借款人是组织还是个人，偿债意愿的本质都是主观意愿，区别只在于是个人还是组织的意愿。偿债意愿最终是损益分析的结果，是债务收入成本与违约成本共同作用形成的，而且二者的变动规律存在差异。

对借款人违约的边际收入分析，我们先假定借款人的初始资本积累不变，且在生产经营中没有获得劳动租金或资本租金用于再生产过程，而将债务收入作为再生产过程唯一的资金来源。也就是说，通过举债来扩大生产或进行消费。当债务成本低于企业息税前利润时，借款人现金流为正，能够完成对债务本息的覆盖，并以保证债务偿付为前提建立偿债意愿，从而持续获得资本市场流动性的支持。

进一步发展，可能的变化并不相同。随着债务规模的上升，资产负债率升高，债务成本的增速可能高于息税前利润的增速，归属于借款人的权益占比不断下降，"债务资金的边际收益"走低。更重要的是，资产负债率的攀升，债务活动占用生产经营（或者个人消费）现金比例越来越高，对现金流造成挤压，表现为借款人的现金流对债务利息的覆盖能力越来越差。当现金流水平与债务利息持平时，借款人债务规模继续扩大对借款人来说只能增加负担而不能带来收益。归属于借款人的权益开始快速"缩水",现金流进入负区间。当资产缩水到一定程度时,对主营业务或核心资产构成的损害超出借款人的修复能力,债权人很可能对借款人现金流获取能力失去信心而要求提前偿还债务,并对借款人造成更大的现金流压力。借款人可能不得不采取变现资产方式,偿还债务或者支付生产成本。当资产负债率下降到安全水平时,借款人会由于向好的现金流产生能力,获得一定信用资源扩大生产,重新建立信心,并保持向上发展的偿债意愿水平。另一种情况是借款人受过高的资产负债率影响,受损过重,无法自我修复。随着债务到期,以及其他费用对现金的需求,借款人的现金流逐渐枯竭,进入破产清算环节。此过程可以用图9-2进行很好的表达。

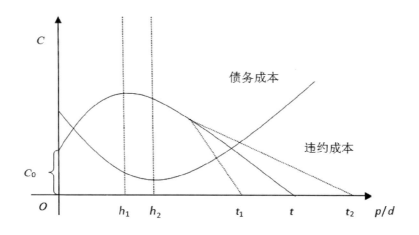

图 9-2 影响偿债意愿的债务成本及违约成本

由图9-2可知,横轴表示资产负债率。当资产负债率发生改变时,债务收入的边际成本(简称"债务成本")呈现为一条先向下然后向上的曲线。最低点 h_2 是借款人债务收入达到行业平均水平时的资产负债水平对应的债务成本,也是借款人最为合理的债务成本点。越过该点后,债务成本升高并逐渐形成对现金流的"挤压效应"。h_2 点出现时机,由借款人所从事行业的不同和在行业内居于不同的层级地位所决定。总体来说,行业的平均安全水平应该是该点对应的位置,超过该点后借款人需要承担的利率水平快速上升,这与实际情况保持一致。即使是个人借款人，情形也类似。t 点为资产负债率 100% 的点。超过该点，借款人即使愿意承担更高的债务成本，仍然不能获得流动性支持。t 点对应的债务成本水平为借款人能在资本市场上索取到的最高财务成本（一般指利率）。因为负债率超过 100%，借款人理论上无法成功举债，实践上依据实际情况有可能不同。

对偿债意愿形成重要影响的，还包括违约成本，即图 10-2 中违约成本曲线。从起始点看，违约成本曲线并不是始于原点，这代表的意义是借款人的社会资本存量[①]。随着资产负债率的升高，借款人管理的资产规模扩大，借款人的社会地位和经济权益不断积累，违约成本开始上升。现实中可观察到，随着收入的提高和产业的增加，人们更注重社会声誉的保护就能说明这个逻辑的正确性。

到达 h_1 点，借款人违约成本达到最大，对应的可能现象是借款人声誉和社会地位包括资产状况达到最优。这是一种综合状态，不一定是资产规模最大状态。越过该点后，资产负债率继续上升，但随着资产负债率接近行业平均水平信息的市场化，借款人最佳的债务成本点 h_2 随之而来。

越过 h_2 点后，违约成本随着资产质量的下降（负债率上升而归属于借款人净资产开始受损）而出现下降的趋势，这是因为随着借款人权益的减少，其能够进入破产清算的资产同步减少，如果短时间内违约，相比较而言，"失去的资产"更少，或者说相对于扩大的债务规模来说，"可失去的资产占比"显得更少了，直至进入破产清算 t 点。

需要了解的是，破产清算也可能出现在 t_1 和 t_2 点。在 t_1 点可能的情况是，借款人由于过高的杠杆导致信用质量水平受损，债权人认为债务本息安全受到威胁而产生"抽贷"行为，引致借款人破产清算环节提前到来，此时，借款人资产负债率并未到达 100%，这在现实中是常见的；对于 t_2 点的情况正好相反，由于借款人具有明显的社会资本效应，例如拥有好的声誉、商誉、技术优势等，虽然已进行估值并进入资产定价部分，但债权人可能相信其仍有一定溢价空间，债权人可能通过展期或其他方式提供救助，使得借款人可以"零头负债"。

---

① 指由其家庭、阶层和个人素质决定的声誉损失部分，假设其为外生给定的数值 C_0。

数字资产配套的信用评级方法

● 数字金融评级概述

在2020年年初的新型冠状病毒肺炎疫情中，国家的货币政策直接指向中小微企业，推出大量有针对性优惠信贷措施。现实情况却是骨感的，能拿到信贷资源的中小微企业寥寥无几。反而是流动性问题自身可控的大型以及超大型企业，获得金融机构的"青睐"，取得了较好的流动性支持。这就是中国构建多层次资本市场的实际情况，占企业数量绝大多数的中小微企业、个体工商户，难以获得信贷资源的支持，资金成本高昂。"融资难、融资贵"的问题一直得不到妥善解决。特别是在中国经济进入长"L"期后，中小微企业融资问题更为突出。从信用风险看，这种问题的出现在于中小微企业难以完成风险定价。

在数字金融环境中，虽然借款人本身的信用质量水平并不会因交易环境的改变产生质的突破，但新的金融环境有可能解决上述问题，或者提供了一种解决路径。这就是我们实践数字金融的初衷所在。为此，我们迈出了数字资产的第一步，也进行了配套的数字资产信用评级实践。这些实践是从现有的金融体系出发，逐步向数字金融过渡形成的范式，也许与未来存在较大不同。这也是我们希望看到的迭代式的前进。例如近年来，大数据征信技术的兴起，给中小微企业风险定价技术提供了条新的路径。由于受评主体财务数据的缺失，大数据征信往往并不关注受评主体的财务报告情况，转而通过企业税务缴纳记录、发票开具记录、公用事业缴费记录（如房、水、电话费用）、企业员工社保缴纳记录、企业高管的个人资信情况等多个维度侧面评定企业的信用质量。从实践结果看，这种用大数据手段评价借款人偿债能力的方法有一定借鉴意义，有一些类金融机构以此类数据为基础开展了消费金融业务，如京东金融的京东白条、京东金条，一方面以自有商城生态数据为基础，用个人在商城购物、物流配送方面的数据作为主要信息，通过构建专有化信用评级模型给出评判结果，京东小白分，并以此为基础开展消费金融业务，支撑了千亿规模的业务发展。这种实践是成功的，具有创新性。

但是，在大数据征信过程中也呈现许多问题，如"同人不同信""数据孤岛"等，各机构只能依托自己的生态数据，并配合中央银行征信记录进行信用评级，给出的结果具有场景局限性，各个机构之间的数据并未打通，行业主管机构在试图打通数据壁垒过程中也未能给出利益均衡的解决方案，因此导致了现在的大数据征信技术仍然处在探索期，如何解决场景局限性问题还没有好的解决方案。同时，在数字金融环境中企业机密、个人隐私不断被重视，更多的活动信息获取遇到法律障碍，不少对评价借款人信用的数据被挡在了信用评级的框架之外。2019年9月6日，第三方数据风控公司魔蝎数据和新颜科技的相关负责人在同一天被警方带走调查，由此拉开了2019年中国大数据行业大整顿的序幕。聚信立、天翼征信、公信宝、同盾科技子公司、51信用卡、考拉征信等诸多公司也被纳入调查行列。如果不谈法律合规问题，这些科技公司的产品，确实推动了数字信用的评价，在对评价借款人偿还能力等方面提供了基础性资料。我们相信这是暂时性的困难，《中共中央国务院关于构建更加完善的要素市场化配置的体制机制的意见》的发布，为数据合法合规使用，划开了一线曙光。

作为创新金融场景来说，数字金融领域的信用评级技术专有化，可能需要传统信用评级技术的延伸和发展，目前市场中针对性技术基本处于缺乏状态，特别是针对数字资产的信用评级技术并没有统一的标准，甚至没有行业通行的做法。

下面就来一起讨论数字资产评级与风险定价的内容。短期内，借款人将现有资产（存量或流量）进行数字化转变，并在数字金融环境中融资。不管这种融资过程与传统金融条件有何差别，对借款人来说，其信用质量水平的关键驱动因素并未发生改变。针对数字金融环境中的信用评级方法，依然以一般信用评级方法为主线展开。但需要注意的是交易环境和交易标的在各种过程的变化，可能导致信用评级的方法在关注点、策略等方面有所变化。对于数字资产来说，数字金融环境是交易的场所。信用评级方法的使用体现在两个方面，一是借款人本身的信用评级，二是数字资产本身的信用评级，本部分内容将从这两方面入手，对数字资产的评级方法进行研究，给出一般性框架和分析路线。

● 借款人信用评级

借款人的信用评级我们依然坚持用借款人偿债能力分析、借款人外部支持分析、借款人偿债意愿分析的框架,并展开论述。

首先,借款人偿债能力分析。就目前来看,通过数字资产融资的借款人,与积极拥抱金融创新的借款人一样,以中小微企业居多;居民中,以中低收入者居多。就企业借款人而言,选择数字资产这种创新模式,动因在于通过新金融手段尽快获得信贷资源的支持。反观在数字金融的金融机构,往往在创新试水阶段,会选择较为稳妥的方式在数字资产选择中尽可能把风险防控做好。数字金融发展初期,借款人的信用质量水平往往不是由资本市场中信用最优的主体构成。因此,在以数字资产作为抵质押条件的数字金融场景中,评价借款人的偿债能力,与评价多层次资本市场中的中小微企业的信用质量水平,产生较大重叠。同样存在着由于数据和对应信用信息产品的缺乏,导致主体信用评级难度增加及结果不准确性提升的问题。

从根本上来说,借款人偿还能力必须以其未来某个时点上现金流水平是否能覆盖债务本息作为标准,衡量其现金流获取能力能直接反映债务本息的安全度。近似地看,可将借款人偿债能力水平的评定转变为对借款人在某个时点的现金流水平的推测。收敛到数字金融中,借款人的偿债能力仍然遵循此逻辑。虽然在传统信用评级方法中已有很多种现金流折现、现金流评价的方法,但是在数字金融场景中,可以有更多的解决方案。如借款人依托区块链等技术手段储备的可交易金融资产作为偿债来源,甚至某些数字资产本身就包括这些数字化的金融资产。

当然,借款人偿债能力评价并不能仅依托金融资产和数字资产进行判断,还应尽可能对借款人在现实中拥有的净资产做出评判,并以此作为借款人"最大偿还能力"的标准。在实际操作中,借款人的净资产评价,需要综合多方面信息,其难度和成本可想而知。我们建议以借款人的企业属性、生产规模等做近似替代,结合行业盈利水平、企业的用工规模、企业拥有的知识产权数量和质量等外围因素,进行评级分析。在采用这些弱的指标(相对于直接的经营和财务数据)进行借款人偿债能力分析时,需要注意的是数据的及时性问题,如有的金融机构依托企业的发票开具数据开发针对中小企业贷款产品，但由于获得的数据均属于上一个经济财年，由此产生时滞性过强问题，导致了在外部经营环境变动下企业数据的波动不能获得很好的估计，企业的信用风险被"隐藏起来"一部分，最终导致较高的逾期率。

其次，借款人外部支持分析。数字金融场景中，借款人及其可能的外部支持方，可能由于区块链、大数据、分布式数据库等技术的应用，对数字金融场景中的融资问题显得更为敏感。试想，对于某个借款人可能的外部支持方来说，由智能合约绑定的契约关系对其具有更高的约束水平，一旦其或有债务需要进入破产清算，债权人追索难度较以往有很大降低，这种由于新技术导致的债权人"追索福利"，有可能对借款人潜在的支持方造成更大的压力，并形成倒逼机制，使其在确定支持和担保等关系中变得更为谨慎，从而导致借款人可获得的外部支持减少，也降低了借款人偿债能力的扩张。

从技术层面讲，有效评价数字金融或者数字资产对应的借款人外部支持的变化并不容易。在传统资本市场中，除明确的担保和保险关系外，即使是母子集团公司，能提供给借款人何种程度的外部支持也存在很多不确定因素，同时潜在支持方的支持意愿也不好界定。我们一般需要综合考虑整个市场、行业基本面、企业现状多种因素。对应于数字资产的发起方，如果其作为借款人，衡量其可获得的外部支持的规模和可能性则显得更加困难。目前，在大数据征信市场流行的做法，是考察借款人的管理方。与传统资本市场不同的是，除考察公司已有的母子集团关系外，还深挖到借款人涉及的所有企业结构。这样处理的内在逻辑是借款人在复杂股权结构中或多或少能获得其投资方可能的支持。中国经济高速扩张带来了中国企业股权结构的复杂化，作为利益链条的一环，投资存在这种支持的规模和意愿。在数字网络发展日臻成熟的今天，我们可以通过数字网络中的信息穿透，考察借款人及其涉及的业务在这种复杂结构中的位序和重要性能得到近似答案。需要考虑的是，考察借款人在复杂权属结构中的位序，不仅仅要关注其在整个系统中的规模，还要关注其所属行业对整个系统的战略意义。一般而言，符合产业发展方向且有可能成为市场热点的借款人获得上层结构支持的可能性会更大一些。纵观互联网行业的发展轨迹，能很好地印证此观点。不少"烧钱"但能获得巨大流量的新兴企业，如优步、滴滴、美团外卖等，往往能得到资本市场的青睐。其母公司，甚至母公司的投资者，有可能对其提供更多的支持。同理，评判这种支持的意愿，也需要从以上数据入手得出结论。

主要注意的是，在评价借款人在整个系统中可获得的支持能力时，有时候也要考虑出于"及时止损"的原因，上层结构有可能放弃借款人从事的业务。此种情况一般出现在借款人所在行业前景有重大不利局面出现、借款人债务缠身且引流功能枯竭的情况下。一旦出现这种局面，那些上层结构中的支持者可能降低支持的意愿和力度，甚至可能出于自身发展的原因，"撇清"与借款人的利益关系，导致借款人外部支持的可获得性降低。

最后，借款人偿债意愿分析。无论在传统金融还是数字金融中，借款人偿债意愿的分析都是困难环节。正如前文所述，传统的信用评级方法往往依托借款人过往的偿债意愿对其偿债意愿进行大致的判断。在大数据征信技术兴起后，利用借款人的社会资本作为框架评价其偿债意愿正在成为主流。但我们必须清醒地认识到，借款人对契约关系的履行意愿，一方面受到法律法规的约束，另一方面也受到其偿债能力的影响。更要关注的是，随着借款人融资环境的变化，其偿债意愿的评估，可能需要考虑加入一些新的因素。

在数字金融场景中，借款人依托自身资产发起的数字资产，在网络环境中一环扣一环地进行传递。那些信用质量水平较高的主体，其偿还意愿并不随着资产传递进行很大改变，即使这种传递有可能导致数字资产的权属关系变得更为复杂。对那些信用质量水平较低的主体来说，随着数字资产的权属关系的转移，而增加破产清算成本，有可能使得其重新考虑债务位序，并使得其对特定债权人的偿还意愿发生较大变化。前文中提到的利用借款人社会资本框架，将借款人（或者借款人的实际控制人）所属行政区划、学历水平等作为偿债意愿的数据基础。这是一种变通方法，随之而来的问题是这些数据的真实性。在信用评级的框架中并不能得到确定，只能通过交叉验证的方式在数据处理过程中进行甄别。一般来说，在大数据数字征信过程中，都需要这种甄别过程，以保证信用数据的真实可用。

事实上，评价上文中提到的债务位序变化和偿还意愿的变化，目前还没有找到很好的解决方案。大体思路是倒推具体的某笔债重要程度的改变，如评价这种改变的数据来自数字资产交易的平台、持有的投资者、交易的频繁程度等。该部分内容将在"数字资产的信用评级"中进行讨论。

● 数字资产的信用评级

数字资产作为信用评级的对象时，首先需要确认其与实物资产的映射关系。这种映射关系产生于数字资产创设过程，但由于这种创设过程往往需要中心化机构和服务器提供保障，现阶段数字资产的创设过程，还不能完全脱离于传统金融交易场景而单独存在。以数字货币为底层资产的可算作例外。

在确认这种映射关系时，其实确定的是真实交易附带的权属关系，也往往需要专业机构提供服务。以投资者本身论，对这种关系的判别能力有限。例如一笔应收账款为债权的数字资产，投资者只能通过网络（或区块链）确定已获得信息的真实性。但对这些信息，如上链前的票据真假、实际的贸易情况等信息，都是依托资产发起人或者交易平台进行信息披露，并同步到数字资产交易环节。作为投资者，不一定有能力去判断提供的这些原始票据的真假。

因此，数字资产的信用风险除去借款人本身的信用外，还应包括数字资产在创设和传递过程中形成的一些特殊的信用风险，如持有人信用风险映射、交易平台或管理机构的信用风险等。在数字资产信用风险框架中，这些信用风险的驱动因素，虽不具有主导地位，但有时候这种风险会呈现集中、突然性释放的状态，并成为某个时点上数字资产信用风险的决定性因素。下面将重点讨论这部分内容。

一是持有人信用风险映射。

数字资产的持有机构，可能也是其信用风险驱动因素的一部分。如果某种数字资产的持有人同时是在市场中占有优势地位的投资者，并经常呈现正面展望，则可能对该种资产的信用空间形成某种"支撑"，使得其看起来更为"可靠"。导致相较于其他种类或同类的资产具有更好的流动性水平和保值能力，并因此受到其他投资者的关注。这种由持有人的信用背景支撑的数字资产信用质量，暂称其为"持有人信用风险映射"。在考察数字资产信用质量时，除考察借款人本身信用质量水平外，还应将持有人信用风险映射纳入分析框架。

从信用评级方法角度讲，评估持有人的风险，并不容易。持有人的信用背景，持有人对该类或者该笔资产的持有态度、持有时间、持有策略，以及这些因素变化情况，都对数字资产的信用水平产生直接或间接影响。在评估这些因素时，由于数据缺乏，特别是有些维度的数据根本不可得，而使得这种评估并不能实现。因此，我们建议是通过对持有人信用背景以及在整个市场中持有该类资产的规模占比的分析，做出这种映射关系的强弱水平及其对数字资产的影响的判断。具体来说，分两步进行。

第一步，统计市场资产总体规模，确定该类资产在所有资产中的占比情况。一般来说，对已存在大量交易的资产容易做到，将一些大的交易所总量加和，可能是一种较为简单的替代方法。如果市场资产总体规模不可得，则只能通过该类资产的大致价格与其他类资产的比较来确定这种资产在市场中的占有水平，对其资产规模进行粗略替代。

第二步，统计该类资产持有人状况并评估其信用背景。如统计该类资产占有量排名前五（或者前十）持有人，并以其信用质量水平加权处理，能得到此类资产在市场中大致的信用空间处于什么位序。与此类似的是在传统的评级方法中，常用受评主体原材料供应或产品销售中占到前五（或者前十）的交易对手来衡量其生产稳定性和销售的稳定性水平，基本逻辑是一致的。

需要说明的是，即使完成了以上两步，要界定持有人信用背景对数字资产的信用映射关系也是困难的。这种评估只是一种大致的判断，颗粒度较粗，对精确判断某笔数字资产的信用风险在此维度的真实情况还远远不够。限于数字资产的研究进程与实践案例，本文给出的是某一种可能的解决方案与路径。

二是交易平台或管理机构风险映射。

目前来看，数字资产在形成、交易、管理、转换以及注销的过程中，大多数需要通过一个统一的"中心"提供相关服务。这样中心化的平台组织，不可避免地影响了数字资产本身的信用风险。虽然可以通过一些技术与制度创新降低风险，如改进共识算法、多中心化降低风险、多层托管增加安全性水平，但不能完全隔离在去中心化的数字金融场景下中心化管理导致的风险。这种风险最终也能通过对数字资产的管理，进而映射到数字资产的信用质量水平中。

评价交易平台或管理机构映射到数字资产的信用风险部分，通常采用机构排名的方式简单处理。由于交易所和数字资产管理机构信息披露较为透明，涉及的主体数量与交易主体不是一个数量级，较评估数字资产持有人风险要容易。一般只需将这些中心化机构做个简单排名即可。但必须知晓的是，每个中心化机构都可能和该类数字资产有所关联。此情况下只能考虑加权的方法进行处理。实际中，针对各个交易机构和数字资产管理机构的排名比较容易获得，但我们非常建议引用那些实力雄厚的研究机构的评估报告。这些研究机构由于在声誉、人力资源、研发投入、产品成熟度方面具有优势，使得它们给出的结果与实际情况更为接近。需要指出的是，这种给中心化机构的排名也是一种近似的替代方法。这些机构对数字资产的风险映射关系的形成、传递的基本逻辑虽然明确，但其内在的因果关系目前没有数据的实证分析，大量研究尚未形成明确的结论，这些都可能是今后数字资产信用评级需要关注的重点内容。

三是突发性事件对数字资产信用风险的映射。

数字网络的信息传递的高速化与便利化，使数字金融每个参与主体都能迅速从市场中获得各种真伪难辨的信息。根据行为金融学的研究成果，这些信息会对投资人造成不同程度的恐慌，导致市场预期对数字资产的信用质量产生外部影响。这种影响暂可认为是改变了借款人偿债环境导致。但是，这与传统金融中经济下行、泡沫过度化等有很大不同，这种改变往往产生于一些突发性事件，甚至产生于一些未经证实的传言。由于数字金融环境中，交易频次与速度大大高于传统金融环境，突发事件形成的非理性预期与行为，会对涉及的借款人、大类资产、持有人、交易机构或管理机构等产生负面影响，甚至有可能由于投资者的"出逃"引起"踩踏"，从而对数字资产持有人等造成毁灭性打击，并因此导致借款人可能出现如兑付困难、需要提前履约等困境出现。这是我们需要考虑的重要影响。

市场舆情在信用风险分析的应用

● 数字金融下的信用分析新变化

数字网络已经融入人们的日常生活,与企业有关的信息可以快速传播到每个利益相关者。一旦形成与企业相关的舆情信息,便可在网络中快速传递、发酵,并形成与网络舆情信息对应的正负反馈环,不断强化信息的作用效果和范围。这也是现代企业关注舆情的原因所在,有的企业为此成立专门部门,处理类似事务。

在数字金融场景中,高频化交易和信息传输便利性条件、市场预期会对数字金融市场的波动和数字资产的估值产生重要影响。以传统资本市场中权益融资和债务融资为例,虽然二级市场中股票和债券交易频率存在较大差别,但是市场预期对二者均存在极大影响,特别是对于更高频的股票,市场预期的变化能及时、快速地反映到价格变动中,并对投资者的资产组合产生直接影响。数字金融中更是如此,信息将更快、更直接地传递到市场的每个参与者大脑中。数字金融交易超越了时空限制,不间断进行。每个受众在接受和传递这些信息的过程中,会进行加工并做出交易决策,不可避免地导致信息作用的放大,例如羊群效应。一旦信息对市场预期产生影响并导致市场波动,必然会对数字金融市场和数字资产的价格产生有利或不利的影响。

本部分内容,将以互联网舆情作为案例,通过对网络舆情信息与企业借款人(受评主体)信用质量水平作用机理的分析入手,以 KMV 模型为基本分析框架,并结合网络舆情类信息作用于受评主体信用质量的特殊性路径分析,给出网络舆情类信息纳入信用风险分析框架的一般性路径。旨在揭示网络舆情类信息影响受评主体信用质量水平的过程及程度,为相关的研究提供一般性参考。

一般来说，网络舆情类信息大致可分为正面和负面两种。其中，正面信息如企业获得荣誉奖励、排名提升等，对企业生产经营外部环境的提升有促进作用，并由此可能带来产品销售的增加，进而在一段时间内有益于企业的经营性现金流增加。负面信息则相反，可能会造成企业外部环境的恶化，并导致生产经营受到影响，有些情况下可能给企业生产经营造成不可逆的负面效应。极端情况下甚至有可能导致企业破产重组，这对企业经营性现金流获取所产生的不利影响是显而易见的，由此导致企业一段时间内偿债能力受损，使得其信用质量水平下降。

● 网络舆情作用于企业的一般性过程与基本假设

网络舆情产生的原因、舆情的类型、传播的范围、传播的方式、反作用的范围、反作用的方式等，都有极大的不同。从网络舆情作用于受评主体来看，其影响的程度也是千差万别的。在构建中国多层次资本市场过程中，占据企业主体绝大多数的中小微企业，由于信用记录不全等原因，在分析其信用质量水平过程中，很难获取到足够的信用信息。由此发展而来的大数据征信的技术，其中很重要的一个部分是利用网络舆情信息作为评估其信用质量水平的补充。

我们认为，网络舆情信息对企业信用质量水平的影响是可以度量的。就目前实际看，诸多网络舆情分析产品，主要侧重于负面信息对企业信用质量水平受损情况的大致界定，或者仅仅提供结构化的负面事件组合，不给出定性或定量的判断，究其原因在于约束条件过少。在一些基本假设的基础上，利用现有定性和定量的方法，可以分析和度量结果已经确定且影响程度已经明确的网络舆情信息对企业信用质量的影响，并形成基本可靠的分析与度量模型。

从实际来看，无论企业规模大小，一旦网络舆情形成后，通过网络传播并作用于企业的闭环必然形成，区别只在于作用是否明显，对企业主体影响大小而已。一般来说，依循如图9-3所示的流程完成闭环。

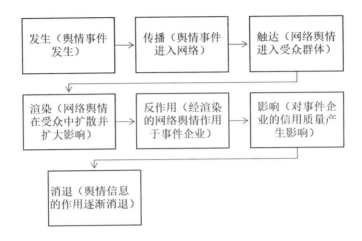

图 9-3 舆情事件影响企业信用质量水平过程

此过程中,不同来源、不同受众、不同反作用范围的网络舆情对企业信用质量水平产生不同的影响。在闭环中的渲染阶段,指的是网络舆情在传播中通过受众的加工和受众群体的扩大。鉴于网络舆情的真实性和可读性等原因,往往加入受众自我修正因素,受众以更容易扩散于相似受众群体的方式对网络舆情进行改造,使得舆情"热度"依舆情信息来源、信息性质等不断在受众群体中发生改变,并由此导致对事件企业的不同程度的影响。

从图 9-3 可知,网络舆情经过发生、传播、渲染后,作用于企业,企业在不同程度的影响中,对其信用质量水平的影响的机理和程度千差万别。在网络舆情影响企业信用质量水平的原理分析过程中,需要用到 3 个关键的基本假设。

基本假设 1:网络舆情传播过程中的渲染环节具有独立性。

基本假设 1 渲染环节的独立性指的是在网络舆情触达受众后,在受众中被渲染和扩散的过程独立于事件企业,并不受到事件企业的干扰。很明显,此假设与实际过程并不一致,渲染环节中,事件企业并不独立于事件之外,而是积极主动参与到渲染过程,往往通过网络媒体与受众进行互动,促进或消除网络舆情信息的影响作用。为了能有效地评估网络舆情对企业信用质量的影响,假设 1 是必要的,否则,容易由于受众和企业通过网络媒体的多轮互动而导致评估过于复杂,甚至陷入不可知论。

基本假设 2：网络舆情信息对企业信用质量的影响具有外生性。

基本假设 2 指的是网络舆情信息对企业信用质量的影响是给定的水平，并不受企业自身因素的影响。与基本假设 1 一样，这个假设与实际也有出入，但考虑到一旦给定一个影响水平，就可以通过定性和定量的方法去评估可行性问题，给出这样的假设具有合理性。需要注意的是，假设 2 的条件在某些情况下可能显得约束性过硬，特别是对于那些互联网企业（开展业务或者产品推销严重依赖网络），假设 2 可能需要放宽松，但本文中不再就此进行讨论。

基本假设 3：企业的资产和债务情况作为外生变量给定。

给出基本假设 3 的基本逻辑是，将网络舆情事件对企业偿债意愿的影响评估与资产和债务波动情况剥离开来。这种现象在实际中也容易观察到，一些企业在网络舆情事件发生后，其生产经营活动并没有发生改变，特别是在前文对偿债环境和偿债能力分别构建模型以后，在增加约束条件的情况下，观察和分析网络舆情事件对企业主体信用质量水平的影响（单纯考察偿债意愿）才能变得可行。

●— KMV 模型分析网络舆情影响企业信用质量水平的基本过程

从网络舆情信息对事件企业的信用质量水平的影响来看，其过程和作用机理是复杂并难以预料的，同一类型事件，对不同行业、不同规模、不同属性企业的影响千差万别，甚至同一事件，在不同的时间段影响事件企业的信用质量水平的原理和程度等也是不一样的。但是，当网络舆情信息在图 9-3 的闭环中进行到反作用阶段时，其对企业的影响基本是确定的，并依循不同的路径对企业的信用质量水平产生促进或降低作用。

利用 KMV 模型的基本原理，通过分析网络舆情对受评主体信用质量水平作用的机理和影响程度，将网络舆情对受评主体信用质量水平的关键因素和子因素建立对应和评估体系，可以成为将网络舆情纳入信用风险分析框架的一般性方法。将 KMV 模型作为基本分析框架，网络舆情信息影响事件企业信用质量水平大致可以分为以下三种较为典型的情况。

1. 对偿债环境产生影响

有些网络舆情信息，如2008年中国奶制品污染事件（或称三聚氰胺事件），对整个乳制品行业产生负面影响。从行业层面来说，影响了大部分乳制品企业的产品销售，并对其整个生产经营环节产生重要影响。这类针对行业的网络舆情类信息，影响的是企业的整体性偿债环境，形成一种强力的外部冲击，导致企业信用质量水平受损。如以 a 表示资产水平，D 表示债务水平，违约距离以 d 表示，则有公式（9-1）、公式（9-2），给定 D，则有公式（9-3）、公式（9-4）。

$$d = a - D \quad (9-1)$$

$$\Delta d = \Delta a - \Delta D \quad (9-2)$$

$$\Delta d = 0 \quad (9-3)$$

$$\Delta d = \Delta a \quad (9-4)$$

$$\Delta d = \Delta a = a_t - a_0 \quad (9-5)$$

由公式（9-1）、公式（9-2）、公式（9-3）、公式（9-4）确定的模型如图9-4所示。

如图9-4所示，以 a_0 代表企业原有资产情况，当企业收到负面信息外部冲击时，资产线向下移动，以 a_1 代表，可以看到，在同一时刻 t，外部事件冲击前的企业违约可能性 p_0 明显小于收到负面事件冲击后的 p_1。

如图9-5所示，在企业资产受到外部负面事件冲击后，资产线整体向下运动，t 时刻对应的违约距离为发生改变，$d_0 > d_1$，明显可知，企业信用质量水平受损。

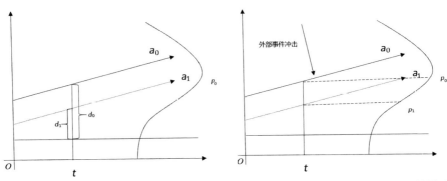

图9-4 负面事件影响企业偿债环境　　图9-5 以违约距离表示的偿债环境影响结果

2. 对偿债能力的影响

企业的偿债能力源于其资产和筹资能力，在 KMV 基本模型中，并没有明确区分资产和筹资能力的界限，一般来讲，基本模型中的资产线是所有资产（已拥有的和可能获得的外部支持进行了加总）。如果以 a_t 表示受网络舆情事件冲击后，企业偿债能力发生改变的资产情况，则结合公式（9-4），可得到公式（9-5），由此可得到图 9-6 表示的结果。需要注意的是，外部事件如果是正面效应，则会有 $a_t > a_0$，图形会稍有不同，如图 9-7 所示。

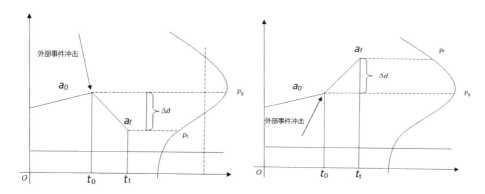

图 9-6　外部事件冲击改变偿债能力的结果　　图 9-7　正面事件冲击改变偿债能力的结果

仍以负面事件为例，企业受到外部网络舆情负面事件的影响，直接作用于偿债能力的，往往是与企业直接关联的事件。如 2008 年三聚氰胺事件中的当事企业，或与当事企业有关联的企业，对这些企业来说，偿债能力受影响的情况往往是 KMV 模型中资产线出现了明显的拐点，如图 9-8 所示。

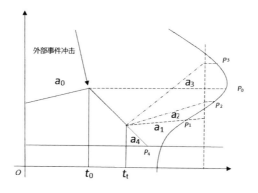

图 9-8　偿债能力受负面事件影响结果

图 9-8 中，t_0 时刻，负面网络舆情事件发生并在网络空间中和受体群内传递并渲染，企业受到负面事件影响，如三聚氰胺事件中的相关企业，其筹资能力、产品销售受损，导致资产线出现拐点，由此导致资产线 a_0 下行，经历一个时间段后（t_0-t_1），从 t_1 点开始，企业偿债能力开始发生四种不同的变化。

第一种情况，企业偿债能力从最低点开始恢复，但由于网络舆情负面事件影响较大，资产质量明显较以往有所下降。从图 9-8 中可知，a_1 代表的资产线斜率明显低于 a_0 资产线，对应的违约概率 $p_1>p_0$。如在三聚氰胺事件中，不直接与该事件相关的乳制品企业可能是这种情况，企业信用质量水平明显受损。

第二种情况，企业偿债能力开始修复，前期受事件影响不大，偿债能力恢复迅速，但短期内，局限于受损程度严重等因素，仍不能恢复到原有水平。从图 9-8 中可知，a_2 代表的资产线斜率明显低于 a_0 资产线，对应的违约概率 $p_2>p_0$。如在三聚氰胺事件中，为乳制品企业提供原材料的乳牛养殖企业可能是这种情况，企业信用质量水平受损，无法恢复到原有水平。

第三种情况，企业偿债能力受损后，由于网络舆情信息与受损企业虽有关联性，一段时间内使得其偿债能力明显下降，但并没有对其生产经营造成不可逆的破坏。其能够在网络舆情热度消退，且监管机构不再关注的情况下迅速修复偿债能力，甚至得益于类似企业恢复速度较慢等原因，资产质量反而得到提升。从图 9-8 中可知，a_3 代表的资产线斜率明显高于 a_0 资产线，对应的违约概率 $p_3<p_0$。如在三聚氰胺事件中，与当事企业存在竞争关系的那些乳制品企业（当时情况是一些外资乳制品企业），经过三聚氰胺事件后，迅速占领了退出企业原有的市场空间，扩大了产品销售，盈利能力得到加强，从而提高了偿债能力，信用质量水平获得了提升。

第四种情况，企业由于与网络舆情事件关联紧密，甚至可能就是网络舆情信息当事企业，其受到负面网络舆情信息的冲击过大，导致企业偿债能力严重受损，并经过一段时间后在 t_1 时刻仍不能产生提升其偿债能力的有效拐点，资产质量一直处于下降通道，并最终触及负债线而导致企业破产。在图 9-8 中，资产线 a_4 属于这种情况，与 a_0 线相比较，其斜率完全相反，并最终与负债线相交。那些在三聚氰胺事件中破产重组的企业属于这种情况。

上述四种情况中，第三种、第四种出现的概率都较低。这与市场实践保持了一致性，也从一个侧面说明了本文理论的正确性。

3. 对偿债意愿的影响

评价企业偿债意愿一直是信用质量水平评估的难点，通用的方法是通过企业对过往债务本息的偿还情况进行间接考察，对于那些规模较大的发行人来说，这是可行的。但是，在中国构建多层次资本市场的过程中，大多数中小微企业的债务情况和偿还情况并不能观察到，也没有对应的记录信息，通过过往债务偿还情况评价其偿债意愿变得不可行。

公式（9-1）中，单纯以资产和债务情况考察企业信用质量水平的变动，并未将偿债意愿变动单独作为变量纳入框架，此处增加约束条件，以偿债意愿变动作为干扰变量加入，以 p 表示，可得公式（9-6）和公式（9-7），结合基本假设3，可得公式（9-8）。

$$d = a - D + p \tag{9-6}$$

$$\Delta d = \Delta a - \Delta D + \Delta p \tag{9-7}$$

$$\Delta d = \Delta p \tag{9-8}$$

由公式（9-6）、公式（9-7）、公式（9-8）可构建如图9-9所示的模型。

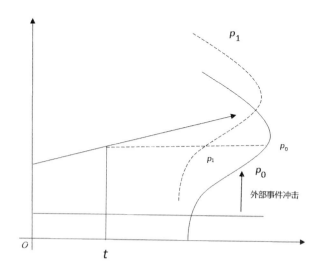

图 9-9 偿债意愿受网络舆情信息影响结果

由图 9-9 可知，外部事件给定冲击后，密度函数曲线整体向上抬升，由此导致违约率降低（$p_0 > p_1$），对应的基本逻辑是：在理性经济人的基本原则下，网络舆情事件发生后，企业有消除负面影响、促进正面影响的激励，由此导致在企业资产负债基本稳定的情况下，企业偿付意愿的提升，这对企业信用质量水平的提升产生有效作用。

第十章
数字金融的监管范式

数字监管技术体系概述

● 数字监管以技术为抓手

在金融技术发展日新月异的时代，传统金融不断向信息化、网络化、数字化的方向转变，金融已经远远突破了资金融通的传统内涵，金融技术已经将金融信息与金融科技高度融合，技术成为驱动金融发展的底层力量，成为一个大趋势。在金融与科技结合更加紧密的背景下，大数据、人工智能、区块链等新数字技术已逐步成为数字金融领域的重要监管抓手，在数字金融的监管领域发挥着越来越重要的作用。针对经济金融风险的新特征、新变化，将科技驱动优势贯穿于金融监管的全链条中，综合运用大数据、人工智能、区块链、应用程序编程接口等新一代数字技术，做到以监管为本、以技术为器、以数据为核心驱动，三者之间相辅相成，逐步实现监管规则的数字化翻译、数据实时化采集、风险智能化分析、结果可视化呈现等功能。

例如，在面对数字金融底层资产不透明的问题时，科技手段将能从层层包装且交易环节嵌套中，分析提取出关键信息，进行横向、纵向比较得出核心风险信息和金融实质，解决数字化时代下金融风险的早期预警、穿透以及全覆盖等问题。面对互联网金融浪潮所带来的数量众多的类金融机构，比如理财咨询、资产管理等公司，监管机构将借用科技手段来提升监管效率。以北京为例，在互联网金融专项整治活动中就排查了近17万家。而这些类金融机构靠传统线下监管根本无法覆盖，也亟须技术手段支撑监管，转变为从线下到线上的新监管方式。由于目前的金融监管体制、机制限制，搭建由技术为主的监管基础设施还无法完全依赖现有的监管机构，比较可行的办法是把金融科技和监管科技企业的市场化机制运用到底层设施建设中，通过引入第三方独立、第三方外包等方式，让科技企业承担建设。

为此，需要不同的技术方共同参与建设数字监管技术体系。我们站在技术满足监管需求的角度，将各参与方的技术归纳为底层、中层、应用层三个技术层次。事实上，这三个层次并不能清晰地分割开来，而是互相交织在一起，形成了一个有机的整体。同时，每一项技术也有可能出现在不同层级中。

● 数字监管的底层技术

大数据分析、人工智能、区块链等技术构成了底层技术。

1. 大数据分析技术

大数据（big data）分析技术在底层技术中运用最为广泛，在我国已经呈现出一种"多点开花、协同共进"的格局，主要得益于我国数据生产量大幅提升、产业规模稳步提升的发展现状。依靠大数据分析技术在一定的时间内可以实现快速收集、分析、处理或转化成为帮助决策者做决策的可用信息。大数据有 4V 特征：第一，数据体量巨大（Volume），从 TB 级别跃升到 PB 级别。第二，变化速度快（Velocity），数据量增长速度快，处理速度也快，时效性要求高。第三，数据种类多（Variety），有格式化和非格式化数据，如图片、文字、视频、数字等多种形式。第四，数据价值密度低，但经过分析与场景结合后，商业价值更高（Value）。

因此，运用大数据分析技术，能很好地帮助我们以动态、实时、互动的方式，消除监管与被监管之间的"信息孤岛"，合理运用先进算法、网络科学等方法侦测全网络中的金融交易与行为，并进行追溯，辅助人类更加高效、快捷地找到可疑的被监管对象，做到主动监测、实时监测，及时发现金融机构的潜在风险。此外，金融监管服务不仅可以促进消费者对供应商的信心，还可以在道德上使用数据来改进服务和更好地满足消费者需求，使其能够被依靠大数据分析技术设计的个性化产品所吸引，能够分享更多的数据以获得更多的个性化。

另外，国际分析研究所的数据表明，到 2020 年，使用数据的企业与未使用数据的竞争对手相比较，前者将在生产力方面取得 4300 亿美元的超额价值。随着数据复杂性呈现指数式的爆发增长，足以证明数据战略的重要性。在未来，数据流通的市场会发展得更加健全。而金融必将是数据驱动型的金融，大数据技术的广泛应用，对我国金融生态和金融格局必然会产生深刻的影响，那么在监管领域，也可以借助大数据分析技术促进监管理念的变革、监管机制的创新、金融科技监管的深化等，助力金融监管实现数字化发展，拥抱大数据时代的金融监管创新与变革。

2. 人工智能监管

人工智能是计算机科学的一个分支，用于研究、开发、模拟、延伸和扩展人的智能理论、方法、技术及应用系统，是类人行为、类人思考的理性思考。它在监管方面的运用存在三个层次：①基础层，作为人工智能技术的技术支持，每个部分的技术必不可少，尤其是大数据的发展；②技术层，最相关的是机器学习和知识图谱，实际上是自然语言处理；③应用层，主要与计算智能领域相关，应用示例包括神经网络、遗传算法等。

人工智能监管作为数字金融监管的核心，其原理主要包括规则推理、案例推理、模糊推理等，主要解决人工的重复性劳动，使其标准化，便于提升效率，使得监管具有更高水平的全局优化计算能力，提升监管的智能化水平。监管系统可以依据监管规则即时、自动地对被监管者进行监督，避免由于人工的重复性劳动导致的监管不力等问题。人工智能监督要求具有更高水平的全局优化计算能力，发现更多人工监管发现不了的监管漏洞和不合规情况，并且能够代替人力做一些需要经验判断和重复劳动的工作，以提高工作效率，比如经侦中的资金流水分析，基于时间序列分析账户进出金额，深度线索挖掘，并综合案情信息及分析结果形成最终犯罪图谱，有效识别核心犯罪人员与犯罪模式、锁定犯罪证据、发现资金走向。

据悉，2020 年绝对是全球人工智能政策的转折点，美国和欧盟已经先后出台监管政策，表明人工智能将正式迎来监管时代。与此同时，这也能带给我们不小的启示。

第一，持续加强基础研发投入和人才培养，不断推进数字金融监管。例如，美国在未来两年将使投资于人工智能和量子计算的研发投入翻倍并打造量子互联网，欧盟也将显著地加强对 AI、量子计算的研发投入。而我国在基础研究、芯片、核心算法、人才培养等方面尚存短板，更需要持续加大对人工智能、量子计算等突破性技术的投入和支持力度。

第二，在全球"技术主权"竞争背景下，需要包容审慎地监管 AI 应用。数字时代，全球"技术主权"竞争趋于激烈，监管政策是重要的工具，需要遵循包容审慎的理念，通过多方参与、风险评估、成本效益分析等机制，确保立法和监管的科学化、精细化、灵活化，并考虑设立"安全港"规则或者监管例外来鼓励 AI 应用，同时依靠监管之外的多元化措施，如标准、指南、试点等。

第三，加强国际合作，积极推动国际 AI 标准设定，加强国际合作，积极输出理念和价值观。

3. 区块链

区块链是互联网技术进一步发展的产物，它不是一项新的技术，而是由一系列的已有技术组成，其关键技术包括 P2P 动态组网、基于密码学的共享账本、共识机制、智能合约等技术，是基于计算机代码构建的分布式记账，是去中心的分布式账本，在区块链上发生的所有交易都会被忠实地记录。当区块链运用到不同场景时，将会给交易各方带来如下影响：一是降低交易成本，去中心化；二是提高交易效率，实现交易结算实时化；三是实现交易流程自动化；四是去中心化存储。

从区块链本身来说，区块链技术从比特币开始就已被研究。从 2015 年产业界就开始充分挖掘区块链技术，已经在很多行业开展应用，包括金融、医疗、娱乐、社交、公益、法律服务等方面，但最主要的应用领域还是金融，因为区块链天然就是从虚拟货币的金融手段出发开展的一项技术。当前，区块链已经在金融领域的多个场景和层面开始应用，包括支付、保险、房地产金融、资管、证券和监管领域等。它有着共享开放、全员共识、公平竞争、真实完整、安全可靠等特点，不仅可以使系统对所有参与者开放，共享区块链信息，还可以将每次记录在监督下被真实、完整地记录，做到有据可查，证据充分，多方拥有，不可篡改。

在数字监管领域加强区块链的运用，能够有效地保证数据的安全性，因为区块链技术使用的非对称加密使得链上数据无法进行篡改。一旦数据发生篡改，区块链上将会产生分叉，监管机构可以第一时间发现问题，进行处理，且经营数据共享存储而非企业独有，另外基于密码签名防止数据伪造和窃听篡改，这些技术手段保证了金融活动信息的安全性和可靠性，为治理虚假交易的金融乱象提供了有力支持。同时，共识机制也会使得更改单一节点的数据变得更加徒劳无功，大大提高了数据完整性、公正性和安全性，做到实时的智能监控。除此之外，监管方面还需要对区块链的应用加以调研，明确区块链技术应用的规则，保证法律法规符合区块链技术在金融监管领域的应用需求，提升区块链技术金融创新机构的监管，采取有效的监管手段和原则，防止部分金融机构以创新的名义躲避金融的监管，比如进行洗钱、非法集资等活动，从而实现对金融服务以及投资者的保护。

在未来，区块链和其他分布式总账可能允许金融机构之间开发有效的交易平台、支付系统和信息共享机制，特别是与生物识别技术结合时，数字身份可以提供及时、低成本和可靠的反欺诈检查，加持商业信用，通过对对方程序的了解与信任，就可以建立互信、创造信用。

● 数字监管的中层技术

自然语言处理（Natural Language Processing，NLP，语义计算）和知识图谱（Knowledge Graph，KG，知识计算）作为认知智能的关键技术，正成为智能金融浪潮中新的热点。这两种技术在金融领域的应用场景有高度的重合，往往是互为依托、互为补充。

1. 自然语言处理

自然语言处理（NLP）是人工智能（AI）中一个重要的子领域，目前比较流行的语言模型包括有限状态机、马尔可夫模型、词义的向量空间建模等。在金融监管领域，自然语言处理可以提供各种分析数据，如热点挖掘、舆情分析等，还可以进行金融风险分析、欺诈识别等。通过自然语言理解里的"实体识别"和"实体关系识别"技术，可以快速明了地找出文本中表达的实体与关系。经过信息可视化处理之后，一段文本所表达的信息一瞬间就了然于胸。

过去，在深度学习技术引入自然语言处理之前，自然语言处理所使用的数学工具与语音、图像、视频处理所使用的数学工具截然不同，这些不同模态之间的信息流动存在巨大的壁垒。深度学习的应用，把自然语言处理与语音、图像、视频处理所使用的数学工具统一起来，从而打破了这些不同模态信息之间的壁垒，使得多模态信息的处理和融合成为可能。但如今基于深层神经网络的深度学习方法从根本上改变了自然语言处理技术的面貌，把自然语言处理问题的定义和求解从离散的符号域搬到了连续的数值域，导致整个问题的定义和所使用的数学工具与以前完全不同，极大地促进了自然语言处理研究的发展。

总之，深度学习的应用，使得自然语言处理达到了前所未有的水平，也使得自然语言处理应用的范围大大扩展。可以说，自然语言处理的春天已经来临。

在金融监管领域，自然语言处理技术也得到了越来越广泛的应用。自然语言处理可以为数字监管提供各种分析数据，如热点挖掘、舆情分析等，便于监管人员对企业情况进行实时的监测预警，还可以进行金融风险分析、欺诈识别、案例搜索、辅助研判等，方便监管机构快速准确地找到各种风险点，加快对存在不良情况的企业进行处理。

2. 知识图谱

知识图谱是一种应用于诸多领域的关键技术，主要应用在数据结构化处理、解析、关联以及后续的分析与推理。数据是数字经济时代的新型生产资料，金融行业因与数据的高度相关性，成为人工智能最先应用的行业之一，而知识图谱作为人工智能技术的重要研究方向与组成部分，正在快速渗透到金融业务应用层面，并日益成为金融科技的重要支撑。

知识图谱本质上是一种大规模语义网络，是一种基于图的数据结构，由节点和边组成。在知识图谱里，每个节点表示现实世界中存在的"实体"，每条边为实体与实体之间的"关系"。通俗地讲，知识图谱就是把所有不同种类的信息连接在一起而得到的一个关系网络。知识图谱提供了从"关系"的角度去分析问题的能力，是关系表示最有效的方式之一。

相对于传统的描述方式，知识图谱有以下三大特点。

① 多维度，需要从大量的信息源中抽取多维度的特征信息，为后续算法拓展深度关联关系提供必要的素材。

② 深加工，在信息素材的基础上，通过智能推理实现从数据到智慧的深加工。

③ 可视化，深加工的结果以可视化的方式展现给用户，并与用户交互，直观易懂。

知识图谱是金融行业语义理解和知识搜索的基础技术，可以为风险评估、预测、反欺诈、精准营销、智能搜索等提供技术支撑。通过将公司、管理层、新闻事件以及使用者个人偏好都表示为实体，发现其相互之间的联系。有了金融知识图谱，工作人员对金融数据的搜索就会更加高效，投资者也能获得更具针对性的投资建议。对公司来说，金融知识图谱有利于提高风控、反欺诈、获客等能力。已经有越来越多的金融机构及企业在探索构建金融领域的知识图谱研究，将海量非结构化信息自动化利用起来，为金融领域应用决策提供更精准、更可靠的依据。

● 数字监管的应用层技术

应用程序编程接口（API）是一些预先定义的函数，当需要使用这些函数时，可以直接调用相关的 API，不用去访问源码，也不用去理解其中内部工作机制的细节，其目的是提供应用程序与开发人员基于某软件或硬件得以访问一组例程的能力。通过 API 接口能够实现计算机软件之间的相互通信，同时作为一种中间件，还可以根据单个或分布式平台上不同软件应用程序间提供数据共享。API 的优点在于，其可以与任何操作系统、机器或移动设备配合使用，使访问标准化，并允许应用程序间彼此轻松通信。

消费者和企业都开始走向首创行为，包括医疗和零售在内的金融机构和其他行业已经能够快速创新和适应 API，因为这些工具可以轻松地将新技术与传统系统联系起来。例如，近年来，以 API 为抓手开展与外部生态的联合创新，在全球范围金融领域迅速成长起来。英国数字银行 Starling Bank 开放了自己的

API，通过这些接口可以获取用户、账户信息以及支付数据；花旗银行 2016 年 11 月推出全球 API 开发中心，全球开发人员可接入包括账户管理、点对点支付、资金转账、投资产品购买等 8 个类别的账户功能；西班牙全球金融集团（Banco Bibao Vizcaya Argentaria，BBVA）2016 年启动开放 API 项目，并于 2018 年开放八项核心银行业务 API；美国金融服务公司 Yodlee，专注于将从银行获得的客户数据以 API 方式输出给外部公司；德国公司 Solaris Bank 推出三大类 180 多个 API，包括数字银行和银行卡类 API、支付类 API 和贷款类 API。与此同时，国内推进 API 创新发展的监管导向也逐渐清晰，从近期监管机构领导表态中可看出政府支持 API 技术应用领域的导向。

几年前，很难想象金融机构向外部组织开放软件。但是今天，这种做法越来越普遍了，而且由于其成效显著，大大地改善了客户体验。最重要的是，由于应用了程序编程接口(API)，银行能够以安全的方式执行此操作。例如，一家保险公司可以实时直接向客户的借记卡支付索赔，从而带动积极的客户体验等。

那么，在数字金融的监管领域，监管部门也可利用科技手段，将各种监督政策、规定和合规性转换为数字化、标准化的"机器可读"程序语言，为金融机构提供各种监管的应用程序接口，实时获取监管数据、规范数据格式，利用云计算、大数据等技术实现对监管数据自动化、集中化的聚合分析，判断监管风险点，监测监管合规性，通过 API 统一的协议自动完成数据交换和报告生成等事项，使用数据为用户提供更有价值的见解。

大数据监测预警非法金融活动的实践

● 国内大数据防控金融风险政策现状

为应对非法集资案件高发频发、涉案领域增多、作案方式花样翻新的现状，有效遏制非法集资高发蔓延势头，加大防范和处置工作力度，切实保护人民群众合法权益，防范系统性、区域性金融风险，国务院在 2015 年发布的《关于进一步做好防范和处置非法集资工作的意见》提出，要全面加强监测预警。各地区要建立立体化、社会化、信息化的监测预警体系，充分发挥网格化管理和基层群众自治的经验和优势，群防群治，贴近一线开展预警防范工作。创新工作方法，充分利用互联网、大数据等技术手段加强对非法集资的监测预警。

此外，运用大数据技术对非法集资活动进行监测预警也已写入地方金融立法。河北、浙江、四川、天津、广西和上海六省（区、市）已经发布或征求意见的地方金融监管条例中已明确应用大数据等现代信息技术手段，建立地方金融风险监测预警系统，来实现对金融风险的监测预警（见表 10-1）。可见，依托大数据技术对非法集资活动进行监测预警，从中央至地方已达成共识。

表 10-1　大数据技术在政策中的相关表述

政策名称	主要内容
国务院《关于进一步做好防范和处置非法集资工作的意见》	创新工作方法，充分利用互联网、大数据等技术手段加强对非法集资的监测预警
《河北省地方金融监督管理条例》	第三十二条　建立全省统一的地方金融监管服务平台，运用大数据、云计算等现代信息技术，加强相关监管信息数据的交换与整合，做好实时监测、统计分析、风险预警、评估处置、信息发布工作，相关信用信息应当按照规定纳入公共信用信息共享平台
《浙江省地方金融条例（征求意见稿）》	第十六条　支持互联网、大数据、云计算、区块链、人工智能等技术在金融服务领域的运用，推动金融科技产品、服务和商业模式创新。 第四十一条　省人民政府应当运用大数据、云计算等现代信息技术建立并完善地方金融风险监测防控系统，加强相关部门监管信息数据的交换、整合和共享，推进与国家金融管理部门派驻机构建立信息和数据共享机制
《四川省地方金融监督管理条例》	第三十四条　省人民政府地方金融主管部门应当运用大数据等现代信息技术手段，统筹建立全省统一的地方金融风险监测预警系统，实现地方金融监管信息共享，维护地方金融安全
《天津市地方金融监督管理条例》	第二十三条　市地方金融监督管理部门应当对地方金融组织的业务活动及其风险状况进行非现场监管，充分运用大数据、云计算等现代信息技术，加强监管信息的汇聚和共享，做好实时监测、统计分析、风险预警和评估处置等工作

(续表)

政策名称	主要内容
《广西壮族自治区地方金融工作条例（草案征求意见稿）》	第三十五条 支持金融机构和地方金融组织运用互联网、大数据、云计算、人工智能等现代信息技术，创新金融产品和服务手段，增强普惠金融服务能力。 第五十三条 自治区地方金融监督管理部门应当组织有关部门建立全自治区统一的地方金融监督管理服务平台，运用大数据、云计算、人工智能等现代信息技术，加强相关监管信息数据的交换与整合，做好实时监测、统计分析、风险预警、评估处置、信息发布等工作
《上海市地方金融监督管理条例（草案）》	第六条 本市建立地方金融监督管理信息平台（以下简称监管平台），参与国家金融基础数据库建设，在国家统一规划下推动地方金融监管标准化建设。监管平台由市地方金融监管部门负责建设和运营。市地方金融监管部门应当推动人工智能、区块链、云计算、大数据等技术在监管平台的运用，通过监管平台归集监管信息、开展行业统计和风险监测预警等，并实现与有关部门监管信息的互联共享

（资料来源：金信网银，综合整理）

● 国内大数据防控金融风险产业现状

在国内，为应对金融科技所带来的挑战，监管机构开始应用以大数据、人工智能和云计算为代表的监管科技手段实现非法金融活动进行日常监管。目前，国内监管科技的入局者主要分为以下三类。

一是以BAT公司等为代表的大型互联网公司及金融科技企业，主要服务于外部监管和内部合规。其在具备相当技术竞争力的同时，既是从业机构又做监管科技，具有双重身份，这也为其服务政府监管带来一定阻碍。

二是以中软、恒生电子等为代表的传统金融信息化服务商，在为金融机构提供金融科技服务的同时，也延伸出监管科技的服务。其主要的业务服务是将地方金融监管的线下报表监管转为线上监管，为地方金融监管机构提供业务申报、数据报送、信息查询、监测预警、统计分析等服务。

三是以金信网银为代表的，以大数据为核心的新兴第三方监管科技公司。其研发的基于人工智能、大数据、云计算的智能监管平台，可实时对接来自金融机构的数据，并采用外部数据进行校验对比，建立多维金融机构评价体系，对金融机构进行主动监管、行为监管，目前已成主流服务。

● 大数据监测预警非法金融活动的实施方案

我国地方金融监管机构对于监管科技的探索起源较早。2013 年，为有效防范和化解以 P2P 为代表的互联网金融风险，原北京市金融工作局提出了基于大数据的金融风险监测预警模型，旨在运用大数据、人工智能等先进技术手段构建现代金融监管框架和模式，为及时有效识别和化解金融风险、整治金融乱象提供支撑。地方金融监管机构也是我国推进监管科技在风险治理领域的最早、最有效的落地应用。最新数据显示，目前我国近 30 个省份已经使用大数据防控本地金融风险。

1. 大数据监测预警非法金融风险指标体系

首先，是数据来源。数据质量的好坏可以决定结果的走向，一个好的分析结果和令人可信服的结论往往更加依赖于数据的获取和准确性。数据是广泛可取的，但重要的是从中提取价值。依据金融风险表现特征的理论基础，进一步递推数据需求，则需要机构的运营数据、相关的舆情、平台的资质实力等情况。这些需求更进一步细化体现在平台网站数据、网络舆情数据、银行数据、工商注册信息及其他数据上。针对不同数据来源，采用不同的采集方式，利用大数据文本挖掘技术对电子报刊、微信等信息的采集；人工收集工商部门公司注册信息；从合作方获取数据形成数据仓库的。通过对以上三方面的数据整合，对数据进行加工萃取，形成整体的数据库，为后续构建大数据监测预警非法金融活动模型集资奠定了数据基础。

其次，是数据管理。起初采集到的数据往往粗糙不规整，不能立即用于模型中进行分析得出结果，需要进行一系列的前期加工处理，得到可用数据后，才能放入模型中。对初期的数据加工包含文本信息处理、缺失值处理、异常值检查、数据一致性处理等方式。

经过调整后的数据分为训练样本和测试样本两部分。训练样本进入模型设定环节，比如机器学习、迁移学习；同时测试样本进入模型验证环节来检验不同模型的准确性，并通过增减原始字段以及多次的数据预处理以不断优化改进模型的准确性。

最后，是大数据监测预警非法金融风险模型构建。具体来说，使用工商数据、招聘数据、舆情数据、法院行为信息数据、投诉举报数据、客户提供风险企业数据、监管机构数据和网络爬虫数据等多源异构数据共 150 个数据项，从中提取 320 个变量，形成非法性指数、收益率偏离指数、投诉举报指数、传播力指数、特征词命中指数等多角度，是综合立体式的指数合成，分多层级多指标量化机构的信息，基本可以将与平台风险相关的活动全部纳入模型考虑范围内。指标层级越细分，监测的维度就越详细。最终通过机器学习模型和专家研判模型共同赋权，综合得到企业的风险评分。大数据监测预警非法金融风险模型是用综合评估的方法评价企业的风险，每一个子模型都从不同的角度预测集资类企业的信用风险状况，克服了传统信用风险评估中单个模型考虑因素的局限性，使预测更为精准。

2. 大数据监测预警非法金融活动平台

大数据监测预警平台包括金融风险大数据管理系统和金融风险大数据分析挖掘系统，分别对数据进行管理和存储，对接其他政府部门的不同数据并对数据进行分析和挖掘；非法集资分析模型子系统主要包含系统所需要的计算模型，具体有主动发现模型、全面排查模型、网贷行业风险分析模型、投资理财风险分析模型、私募模型、预警模型等；非法集资案件统计分析系统主要实现非法集资案件的基本信息、行政处理情况、司法处置情况、结案情况、善后维稳情况和最新情况的管理与综合查询统计；监测预警子系统是应用系统，大数据模型监测预警的结果就通过此应用平台呈现，并且根据地方金融监管机构的日常业务需求，实现功能及作用，如包括主动发现、全面排查、重点监测、高风险预警、介入调查、监测报告等。

大数据监测预警非法集资系统的工作原理如图 10-1 所示。

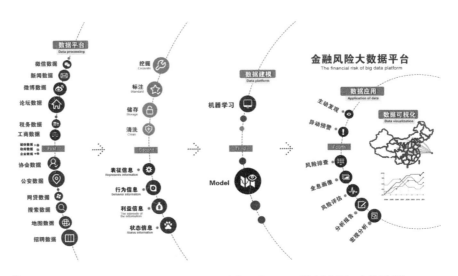

图 10-1　大数据监测预警非法集资系统的工作原理（资料来源：金信网银）

● 大数据监测预警非法金融活动平台在各地应用实践案例

在当前金融及类金融监管尚未全面实现顶层设计、统一权责的情况下，就地方金融局而言，要打好防范化解金融风险攻坚战，就要改变传统的监管思路，探索新的监管方式，运用大数据的技术手段，来打破监管信息不畅、监管割裂、人员有限、跨区域风险处置难的坚冰。

目前，北京、山西、内蒙古、辽宁、吉林、江西、重庆等 20 余个省（区、市）的地方金融局已经使用基于大数据的非法金融风险防控平台辅助日常工作。如"北京打非监测预警云平台""重庆市打击非法集资综合管理平台""江西省非法集资监测预警平台"等。

1. 北京打非监测预警云平台

为有效防范和化解互联网金融风险，2013 年以来，原北京市金融工作局开始筹建以"冒烟指数"为衡量指标的基于大数据的金融风险监测预警系统——"北京打非监测预警云平台"，平台于 2014 年上线，这也是国内第一个金融风险预警平台。项目的主要特点如下。

一是设计和完善监测预警金融风险的大数据模型。原北京市金融工作局早在 2013 年就开始筹建基于大数据、云计算、人工智能等先进技术为支撑的金融风险监测预警系统，并以此开发了"北京打非监测预警云平台"。该平台在"2015 年北京市打击非法集资专项整治行动"和"2016 年互金专项整治"工作中取得了显著成效。

二是形成市区"两级联动"机制。多年来，北京市运用平台防控金融风险，已经形成市区"两级联动"工作机制。市级层面，北京市金融局依托"北京打非监测预警云平台"，对全市金融领域重点风险企业实行"7×24"小时监测、动态预警和常规报告；区级层面，北京各区金融办依据监测预警成果进行重点风险企业的核查处置工作，助力地方政府有效防范和化解金融风险。目前北京工商、证监、经侦部门都在使用大数据监测预警非法金融活动平台的结果进行风险防控工作，北京市的南法信镇、房山基金小镇和互联网金融安全产业园区都在使用大数据防控金融风险，已经形成市、区、街道的纵深联动和从事前监测预警到事后风险研判及处置的横向联动。

项目取得的主要成果有：北京市于 2015 年应用大数据监测预警非法金融活动平台持续对全市累计 20 万家类金融企业动态更新数据，进行实时监测，对高风险企业进行管控、联合核查处置。监测预警体系自运行以来，在"2015 年北京市打击非法集资专项整治行动"和"2016 互金专项整治"工作中取得了显著成效，对市内网贷、ICO 等重点金融领域进行排查，其中成功监测预警"e租宝"等重大非法集资风险，有效解决了企业风险信息分散、发现困难等问题，提升了主动发现、事前监管的能力，从而使北京在全国重点地区中的机构出险率最低，为全国处置风险应对危机赢得了空间，得到国家有关部门的肯定。

2. "重庆市打击非法集资综合管理平台

2017 年，重庆市金融局开发了"重庆市打击非法集资综合管理平台"。该平台集监测预警、投诉举报、核查处理、案件管理、情报信息五大功能于一体，实现了对风险企业事前、事中、事后全流程管理。项目的主要特点如下。

一是"1+4"平台实现对风险企业全流程管理。"重庆市打击非法集资综合管理平台"具有"1+4"中心，1即监测预警中心，4即投诉举报、核查处理、案件管理和情报信息4个中心。平台通过整合工商、法院、舆情等海量互联网公开数据和重庆市政务数据，应用大数据、云计算技术实时监测重庆市类金融企业，平台预警提示风险，并把风险信息及时派发给各区现场核查，实现打非工作市区联动、行刑联动、一体化电子台账，对风险企业事前、事中、事后全流程管理。

二是通过大数据监测预警指标体系实现对风险的量化处置。重庆市根据本地金融的发展重点，针对私募、网贷、投资咨询、融资担保等地方金融监管"7+4"行业分别建设预警模型，应用大数据处理技术实时运算，并加入区域性特征，形成了衡量类金融企业潜在风险的创新指标——"悟空指数"，并设计可视化系统，辅助监管者直观了解重庆市非法集资风险情况和个别企业风险详情，"悟空指数"已成为重庆金融监管新利刃。

项目取得的主要成果有：对互联网金融风险、非法集资风险、私募股权风险等领域的风险进行实时监控，摸清风险底数和日常发现预警风险信号，实现快速精准决策，取得了显著成效，提升了社会综合治理水平，优化了重庆市金融生态环境。

3. 江西省非法集资监测预警平台

2017年，江西省政府金融办开发了"江西省非法集资监测预警平台"（以下简称"赣金鹰眼"）。"赣金鹰眼"是采用大数据、云计算、人工智能等领先技术为江西省打造的地方金融风险防控省级重点项目。项目的主要特点如下。

一是平台提高金融监管的能力和效率。"赣金鹰眼"平台采用大数据、云计算、人工智能等领先技术，实时收集高风险企业信息进行动态监测，利用大数据监测预警模型对金融风险分级预警，分类处置，实现非法集资的防早防小、打早打小，同时实现举报线索、核查任务、案件统计、黑名单数据的信息化管理和上下级处非办之间的协同办公，提高江西省金融监管的能力和效率。

二是"1+4"平台提供全流程管理服务。"赣金鹰眼"平台以大数据非法集资监测预警系统为核心，并辅以举报线索管理、任务交办反馈、案件管理、黑名单管理4个子系统对全省非法集资相关风险监测数据和结果进行分级预警、分级处置、分类管理,实现了举报、预警、打击、处置的一体化全流程管理,是江西省处非管理工作的风险预警中心和指挥中心平台。

项目的主要成果有:江西省通过"赣金鹰眼"监测预警平台,开展涉嫌非法集资全面风险排查和重点领域专项排查,覆盖互联网金融、类金融、养老机构等17类非法集资高风险行业企业,通过行政和刑事手段处置化解风险。平台正式上线运行以来,推动非法集资防早防小、打早打小,为江西省防范区域性金融风险增添利器。

数字金融监管的其他实践方式

● 反欺诈

反欺诈是金融领域里一场集数据、技术和机制于一体的综合防御体系。它的建设以数据为核心和前提,以技术作为整个体系的重要支撑,提升反欺诈能力的重要保障,三者之间相辅相成、相互促进。

反欺诈的方式有很多种,传统的方式主要有黑白名单、规则引擎。黑白名单的优点是简单方便,各行各业各产品都可以使用,但缺点是无法发现新骗子;规则引擎是黑名单的升级版,可以检测到新的欺诈者,却无法检测到新的欺诈模式。

目前,应用最为广泛的反欺诈方法是有监督学习。其通常需要大量的有标签数据来训练模型,以此来预测还未被标注的数据。它的好处十分明显,可以帮助我们分析隐层关系和处理多维数据。我们可以不必知道到底有监督是如何做分析的,每一个子项被赋予了多少权重,我们只需要知道符合某种规则的就是坏人。

例如,机器学习中的渠道行为反欺诈模型,将数据分为训练集和测试集两部分,训练集用于建立分类器,测试集用来评价模型的预测能力。通过得到测试受者工作特征曲线(ROC)和预测中F-Score来评估模型,观测预测效果,得到结果。

虽然效果不错，但是这种有监督学习方式也有一个明显的弊端，每一个模型都需要大量的训练数据，训练一个模型也需要较长的时间，应对复杂多变、诡计多端的欺诈者有一定难度，当我们还处于测试模型阶段时，欺诈者或许已经跳转到别的地方了。

欺诈者不断扩充队伍，欺诈者的手段和技术也在不断地迭代更新，变化攻击方式。作为反欺诈方，也不能一直以传统的手段与之对抗，而是需要采用智能化手段，不断升级技术，不断加强对个人及企业的安全保障，做到"知彼知己"，才能百战不殆。近期的无监督大数据欺诈监测为反欺诈打开了新的大门，很好地弥补了有监督某些方面的缺点。它能够自动挖掘和检测各种已知、未知的欺诈行为；自动产生标签，用于机器训练检测模型；自动产生规则，免除费时的人工规则调试，主要方式有聚类和图形分析。无监督无须任何训练数据和标签，通过发现用户的共性行为以及用户和用户的关系来检测欺诈，主要分为以下三个步骤：①动态特征提取，生成大量用于描述账户/用户的特征；②对所有用户的特征进行相关性分析并识别攻击链；③对攻击链进行分类，并计算信息值。

在金融场景中，洗钱的欺诈团伙一般具有快速转移的特点，那么我们的模型就会基于特殊的时间和事件序列，去提取具有洗钱风险的行为特征和用户数据，并检测账户间的关联性，从而以局部延伸、覆盖整体，对于一些还未进行攻击的账号，通过关联性检测提前截获它们，预防攻击行为的发生。

又如，在电商交易中，有嫌疑人通过刷单参与不正当竞争，影响正品商家销售量；差评师攻击新入驻电商，采用威胁方式骗取钱财。此时，无监督技术通过分析错综复杂的交易行为，便可以找到嫌疑人的欺诈模式，发现不正当竞争行为；通过监控分析历史行为，阻止差评师行骗。

除此之外，无监督算法还有一大优势，那就是可以提前预警。一些情况下，骗子会在潜伏一段时间再发起攻击，以免被轻易发现。而由于其在潜伏期的行为依然符合某种规律，具有某些一致性，所以还是能被无监督算法捕捉到。在攻击发生前就指认骗子，这一点，其他三种方法恐怕是望尘莫及的。这也是无监督算法在反欺诈检测中大放光彩的重要原因之一。

俗话说："不管黑猫白猫，能抓到老鼠的就是好猫。"无论是黑白名单还是规则引擎，无论是有监督还是无监督，都有优有劣，没有所谓的绝对好坏之分，只有合适与否。我们应该建立在深入理解平台业务的基础之上选择适合自身的反欺诈方式。

● 反洗钱

"洗钱"从 laundering 翻译而来，与洗衣服的"洗"有一定的关系。20 世纪 20 年代，美国芝加哥一黑手党金融专家买了一台投币式洗衣机，开了一家洗衣店。他在每晚计算当天洗衣收入时，就把其他非法所得的赃款加入其中，再向税务部门申报纳税。这样，扣去应缴的税款后，剩下的其他非法得来的钱财就成了他的合法收入，此后，把钱"洗白"是一个既形象又动感的词。"赚钱的方式有多少，洗钱的方法就有多少"，有人这样总结。犯罪分子洗钱的基本过程包括放置、离析（不断改变钱的形态，炒股、买理财产品、买房等），再到最后融合，那么反洗钱的基本技术是逆着这一过程而来的，去追溯钱的来源，以及寻找围绕这一笔被怀疑非法钱财上的关系。

过去，金融机构在反洗钱方式上多用"结构化数据"，包括客户关系、会计系统以及相关数据库，现在仍被广泛应用，但越来越多的"非结构化数据"，包括社交媒体、电子邮件、文本、音频、视频、照片、网络日志等开始占据金融生态环境的主要位置。"结构化数据＋非结构化数据"将可疑交易的监测识别范围从二维空间拓展至多维空间，通过对比每笔交易，统筹考虑相关人物、事件、内容、地点、时间、原因等要素，理解相关交易行为的特点，进而协助金融机构更有效地识别可疑交易，帮助其完善反洗钱风险管理体系。

一直以来，业内普遍采取"模型筛查＋名单监控＋人工甄别"的可疑交易分析报告监测模式。从大量数据中甄选出有效数据，通过定性和定量分析，深入挖掘客户的多层次、多元化信息，确定客户洗钱可疑交易行为。但这种尚未引入大数据和人工智能概念的模式，在数据使用和模型更新方面，主要呈现以下 4 个方面的局限性：①数据处理时效性差；②数据信息整合分析困难；③可疑交易监测模型更新滞后；④单一可疑交易监测标准精准度差。由于这些局限性的存在，导致相关资金支付环节存在漏洞，金融机构在履行监管职责时可能会疏于防范，甚至随着经济一体化与互联网技术的发展，资本交易不再受限于地域和时间，这也给反洗钱工作带来了严峻的挑战。因此，如何利用好自身和外部数据信息，提高反洗钱工作的有效性和精准度，成为金融机构新的挑战和机遇。

如今，有了大数据技术的支持，无疑为监管领域插上了隐形的翅膀，可以帮助其积累并引入多渠道的海量客户信息，一旦账户交易情形与可疑交易监测模型匹配，依靠大数据建立起来的智能可疑交易监测系统会自动预警，而人工智能技术将根据客户以往轨迹分析其行为特征，从客户交易行为中找出异常交易，发现背后隐藏的违法犯罪行为，能够很好地弥补"模型筛查+名单监控+人工甄别"监测模式的局限性，急速提高金融机构反洗钱工作的有效性，改善数据处理时效性差以及数据信息整合分析困难等局面。

例如，智能化数据甄别分析工具 Hadoop 在欺诈数据的筛选监测方面就独具优势。在数据管理的框架基础上进行扩展，并增设了反欺诈软件的性能，它的堆栈组件可以引入更相关的预测模型，通过实际的勘测、发现、调查和取证来更好地检测欺诈行为；运用各种计算技术，包括静态规则引擎、状态机、图形算法、自然语言处理和机器学习等来打击洗钱犯罪。

● 反金融诈骗监管

金融诈骗是以非法占有为目的，虚构事实或者隐瞒事实真相，骗取公私财物或者金融机构信用，破坏金融管理秩序的行为。与传统的诈骗犯罪不同，金融诈骗往往手段多样化、复杂化，受害群体广泛，严重危害社会公共安全，极易引发群体性事件，影响社会大局稳定。特别是当前我国金融领域风险点多、面广，非法集资等涉众型、风险型经济犯罪多发，防范化解金融风险的任务艰巨繁重。依法严厉打击金融诈骗具有更强的现实紧迫性。

在日常生活中，常见的金融诈骗主要有非法集资诈骗、假冒公检法机关工作人员诈骗、冒充银行诈骗、金融交易诈骗等，涉及金额大小不等。但金融凭证诈骗罪的案件，往往涉及金额较大，动辄几十万元、几百万元、上千万元，甚至上亿元。全国公安机关经济犯罪侦查部门每年处理的金融票证类金融诈骗犯罪案件高达上千起，涉案金额高达数亿元，数额之大，令人触目惊心。随着互联网技术的发展，使得不法分子的犯罪活动更具有隐蔽性、连续性及破坏性。例如，有不法商家假扮养老机构，以投资养老公寓等养老项目为名，或者以销售保健、医疗等养老产品为幌子，专门向老年人行骗。

面对"魔高一尺"的犯罪行为，监管部门和政法机关要充分发挥职能作用，苦练内功，加强合作，做到"道高一丈"。如果仅依赖传统的监管方式，如人工核查、静态规则，首先是效率低下，容易延误案情；其次是易规避、多误伤，由于移动网络的特性，共享IP很普遍，容易误伤到正常用户。在这种情况下，合理有效地利用大数据智能侦查工具辅助案件的侦查活动已经是一种趋势所在，更是大数据智能侦查的优势所在。通过金融机构掌握直观的资金数据，有时候会缺乏一些线索，引入大数据，可以多源头多渠道地公开数据，为其提供线索。结合内外部数据，再加上知识图谱分析资金、账户的优势，可以高效地提升反诈骗的效率和能力。

首先，将案件的各类情报线索数据（互联网公开线索；司法取证信息；账户资金交易、人员信息等）批量导入，同时自动完成快速清洗及处理工作，节省前期数据整理时间，将各类情报信息碰撞比对及整合，形成个案知识图谱，有效支持深度侦查研判工作；其次，将获取的公开信息进行自动分析，初步了解涉案集团组织架构、股权结构、风险业务模式等情况，初步识别核心涉案主体，完成各维度情报信息的碰撞比对，保障整个情报导侦结果更加全面准确；最后，利用丰富的技战法模型实现智能挖掘情报线索。整个过程，"人工＋智能"的有效结合，自动挖掘犯罪线索并推送结论建议，引导情报导侦的工作，保障案件高速高效快速侦破。

一方面，不断健全金融监管法律体系，拓宽投融资渠道，加强金融消费者权益保护，积极引导公众通过合法渠道投资；另一方面，要始终保持对金融诈骗的严打高压态势，推动对金融领域犯罪和相关风险的预测预警预防，实现对有关风险早发现、早预防、早整治。同时，结合办理金融诈骗典型案件，加强对全社会的法治宣传教育和金融消费教育，为依法严惩金融诈骗犯罪营造良好的社会氛围。

 数字监管漫漫长路

● 一存在的问题及挑战

监管科技在越来越被监管者和市场认可的同时，也存在一些问题，如数据共享有待进一步加强，数据授权收集及存储等安全问题亟待解决。

1. 数据共享

监管科技强调穿透式监管，从业务的本质入手，将资金来源、中间环节和资金最终流向穿透联结起来，按照"实质重于形式"的原则辨别业务本质。金融的核心在于风险控制与信用评估，这两者不论从哪个方面都注重对数据的收集与分析。以数据监管为核心的技术治理方案强调数据的收集与分析，如何保证数据收集的时效性与准确性是决定监管决策有效性的关键因素。但目前数据共享有待进一步加强，政府部门间数据信息不共享、企业信息不提供，就无法挖掘数据中蕴藏的效能。

2. 数据安全

目前，一些企业通过聊天工具、申请资料、认证资料等途径将用户的个人隐私作为战略资源转作他用。比如某互联网公司因擅自将用户信息纳入信用评分系统受到国家互联网信息办公室约谈。因此，如何安全存储并规范使用数据，防止恶意盗用数据事件发生，是需要引起特别重视的。欧盟已经推行的数据保护法对互联网机构使用数据规范产生积极影响。我国对于个人隐私保护也正在加大强执法力度，随着我国法治进程的不断加快，相关问题将会在法律层面得到完善。与此同时，各种侵犯、滥用客户个人资料的软件应用也会受到限制和处理。

监管科技制度的完善方向

1. 从数据研究向大数据研究转变

从国际研究来看,目前数据研究已经转变为大数据研究,英国信息专员办公室发布了大数据研究报告。在未来的金融监管科技的发展中,应当研究下列大数据原则和机制:①数据最小化原则,数据并非越多越好;②大数据的数据准确性原则;③整体目的性原则;④数据可移植性原则;⑤第三方制约机制。

2. 算法的制度研究

在未来的金融监管科技的发展中,应当加强研究下列算法原则和机制:①算法问责机制;②算法创造规则的底线;③禁止算法歧视;④推进算法透明化,保护数据知情权;⑤以算法为基础,针对性研究其在各主要应用领域的规范与责任。

3. 数据权利基础法学研究

新技术领域出现的问题往往要回到法学基础理论的层面找答案。例如,数据的权属问题,自然人拥有的是数据控制权,企业需要的是数据的使用权,可能并没有人需要数据的"所有权";又如,智能合约的本质可能是合同的履行问题,远不能取代合同法体系。新生事物的发展,需要从理论中抽象出道理,从而进行规范。

4. 平台经济和反垄断立法研究

数字经济之所以发生,可能源于平台经济。因为平台经济、社交网络的商业组织结构与传统商业结构不同,所以需要配套新的制度。如果不重视这些新结构的特性,例如平台经济一再强调的场景、生态问题,将其与传统经济体同等看待去适用制度,既不公平,也可能不能正确适用反垄断、不正当竞争等制度,因此,平台经济的制度亟待进一步研究。

5. 完善我国试点机制

各国监管沙箱与产业沙箱与我国试点机制十分相像,但有几点值得我国的试点机制借鉴。以英国沙箱为例,一是沙箱增加合同治理机制,通过合同建立的是责任分明的金融创新试点机制。二是确定了消费者赔偿金制度，确立带有明确的消费者、行业和金融体系保护方案的金融创新试点机制。三是以产业沙箱方式，充分依靠各方面、各层级力量建立金融创新试点体系。

6.进一步发挥行业自律组织作用

做好行业自律是建设金融监管和风险防范长效机制的重要内容。理论和实践表明，行业自律是一种监管协同机制，提供良好的对话机制，有助于降低政府与市场之间的沟通成本，提高沟通效率，能够对行政监管形成有益补充和有力支持。

应进一步发挥行业自律组织作用，落实行业自律组织对于金融业态的分层管理，为监管机构提供标准化、透明化、集中化的行业数据，提供全面的数据统计和风险监测信息，降低行业整体发生风险的概率。积极利用大数据、人工智能、云计算等技术丰富金融监管手段，推动行业基础设施建设，提升跨行业、跨市场交叉性金融风险的甄别、防范和化解能力，探索推动监管科技在行业自律中的应用，提升行业自律管理的质量和水平。

●— 监管科技的技术展望

在大数据时代，各行各业无时无刻不产生着海量的数据，这为人工智能的发展提供了沃土，两者融合将促进技术的进步和社会的发展。人工智能产业在与传统领域积极探索融合的同时，也在不断拓展其核心技术。

伴随着计算机处理能力的提升，业界不断对图像、视频和语音等数据进行分析，算法研究频繁更新、快速迭代。现在不再是单纯的深度学习算法，由此而发展的卷积神经网络、循环神经网络、递归深度神经网络是当前较为前沿的算法。相对于传统算法，这些神经网络算法有助于提升增量与计算精度。另一种处于发展前沿的算法是将现有算法进行交叉组合，例如深度学习算法同强化学习算法综合形成的深度强化学习方法。这些方法将有助于提高系统的性能，减少运营成本，提高工作效率。

监管科学技术发展的另一个前沿领域集中在数据保护的技术研发上。如前文提到的数据安全问题，安全多方计算正是解决数据盗用和传输泄露问题的有效方法。安全多方计算使用密码学工具保证计算过程中没有数据泄露的同时不需增添噪声，使得运算效率更加高效。而通过最近发展起来的全同态加密，人们可以将密文发送到云端，利用云计算资源进行计算，并且不用计算服务器，实现了数据收集、存储和计算的分离。不过这种方案计算性能仍是应用的主要瓶颈，目前技术尚处于研究阶段，距大规模应用还有些时日。

除了安全多方计算框架以外，其他有专门用途的数据保护方案也值得关注，如加密云存储、数据指纹、加密查询、访问身份认证等。此外，数据保护和区块链的结合也是当下一大热点。譬如 Enigma 就使用区块链控制数据访问权限，这样数据持有者便可确保数据访问者按照要求操作数据。

第十一章
区块链在数字金融中将大放异彩

金融科技与区块链

● 金融科技（FinTech）的发展

按照国际权威机构金融稳定理事会（FSB）的定义，金融科技是指技术带来的金融创新。它能创造新的模式、业务、流程与产品，既包括前端产业也包含后台技术。

金融科技是基于 ABCDi（AI、BlockChain、CloudComputing、bigdata、IOT）一系列技术创新，全面应用于支付清算、借贷融资、财富管理、零售银行、保险、交易结算金融领域，是金融业未来的主流趋势。

当前，金融科技以数据和技术为核心驱动力，正在改变金融行业的生态格局。金融服务的自动化与智能化已初见端倪，数据能感知需求，人工智能服务经济活动的智能化、自动化。

从金融业的科技发展上，已经经历了"金融服务信息化""金融服务互联网化"两个时代，目前正处在"金融服务智能化"第三个时代。而所有这些时代的发展，都是来自客户和银行内部的需求所推动的。

客户享受金融服务，要 Any Time（任何时间），Any Where（任何地点），Any How（任何方式）。在最初，客户必须去银行网点接受柜员的服务，地点受限，时间受限。后来出现 ATM 和 24 小时自助银行，发展到地点受限，服务时间不受限。随着互联网和智能手机的发展，网络银行和手机银行的出现，终于打破了时间、地点的双重限制。

此外，基于银行提升经验效率、拓宽服务网络、提高服务质量、降低经验成本的需求，也在持续推动金融科技不断发展。20 世纪 70 年代，中国银行先后实现了储蓄、对公、联行、会计报表等日常业务的自动化处理，解决效率和准确性问题。到 80 年代营业网点日益增长明显的业务量暴露了单纯靠人工处理业务俨然无法解决客户开户、存取款的问题。于是，开始在柜面使用计算机系统实现前台业务自动化处理。再到 90 年代初期，前台营业性数据通过 PC 传输到后台进行账务处理，完成区域互联互通；90 年代后期，为满足旺盛的汇兑业务需求，银行间网络化信息系统逐渐建立，实现了银行各分支机构之间、各家银行之间的联网，支付清算、公司业务等实现电子化，实现"全国互联互通"。进入 21 世纪，为了满足管理和效率需求，各个银行开始统一会计核算，实行全行一本账，做到全国性数据大集中。同时，中国人民银行实施并推动建设了中国现代化支付系统（CNAPS），作为各家银行和货币市场的公共支付清算平台。2013 年中国人民银行推出网上支付跨行清算系统，支持接入机构不限于银行，标志着中国银行业务形成了一个以中国现代支付系统为核心、商业银行行内系统为基础、各地同城票交所并存的中国支付清算体系。

随着互联网和通信技术的发展，联网时代应运而生了一种新型银行运作模式——互联网银行。互联网银行也被称为直销银行或虚拟银行，银行没有营业网点，不发放实体银行卡，客户主要通过计算机、电子邮件、手机等远程渠道获取银行产品和服务。这正是金融科技环境下的一种新型金融产物。

如今的智慧金融时代，不断发展的技术也正不断创造着新的服务场景。在人工智能和大数据的支持下，智能投顾、智能客服、智能风控等创新层出不穷，极大地提升了金融服务的质量和效率。

以客户身份认证为例，最初只能通过持有证件去网点来认证身份，认证过程耗时且费力，效率低下。后来信息技术的不断发展，出现了密码、预设问题，U 盾以及短信验证码等非接触式验证方式，虽提高了认证效率，但客户体验的友好度依然不佳。随着人工智能技术等一系列新兴信息技术的发展，指纹、人脸、声音等方便识别的准确率和安全性得到了有效提高，出现了以生物特指识别为基础的身份认证方式，并在金融领域逐渐推广开来。目前，各种移动支付方式均接受了以指纹为代表生物特征的身份识别手段。事实上，"刷脸"的身份认证方式也悄然地成为我们日常使用的身份认证方式。有银行已经开展了 ATM 刷脸取款业务。

智能投顾，是利用人工智能的优势，结合投资人的风险水平、期望收益以及市场动态，采用多种算法和模型给予投资人综合的资产配置服务。智能投顾作为金融创新的一种，具有低成本、专业化等特点，发展十分迅速。智能投顾具有较好的用户体验，标准化的服务输出，能较大程度地避免投顾和客户之间的利益冲突，防范道德风险。

目前智能投顾处在我国发展的在初期。2016 年，招商银行推出了"摩羯智投"，使其成为国内首家将智能投顾服务于客户资产配置的商业银行。2017 年，嘉实基金、广发证券等证券行业机构，也纷纷推出自己的智能投顾业务。工商银行个人金融部门推出自主研发的智能投顾——"AI 投"，该产品属于"智能投顾产品模式"。客户洞察方面，利用海量客户信息，通过人工智能算法，形成客户标签并识别客户真实风险偏好，自动推荐投资组合；投资组合构建方面，综合利用 Black-Litterman、Hurst 等量化模型进行构建；多元化投资方面，目前以基金投资为主，未来逐步扩展到其他标准化投资品；风险管控方面，由再平衡算法自动触发客户调仓的提醒；客户交互方面，目前采用一键方式实现交易下单和调仓，未来拟引入"智能客服"以实现更佳的客户体验。

金融智能交互是主要面向金融行业，基于语音识别、自然语言理解、知识图谱等 AI 技术，帮助金融企业构建涵盖语音、文字的一站式客户交互平台，从而优化客户体验，提升客服人员工作质效，大幅降低企业运营成本。同时，帮助企业深入洞察客户，挖掘商机和客户价值。基于金山云专业的人工智能基础设施和强大的 AI 能力，智能金融交互可提供客服机器人、智能 IVR 导航、智能外呼、智能知识库、智能质检等功能，满足业务咨询、智能营销、业务办理、贷后管理等各种业务场景需要。客服机器人：基于语音、语义理解和智能知识库，部分替代人工座席，提供标准化的客户服务，有效降低运营成本；智能 IVR 导航：利用语音交互能力替代传统按键操作，实现功能快速触达，提升客户体验；智能外呼：基于外呼机器人、空号检测、预测式外呼等能力，提升座席工作效率，提升营销质量。

风险作为金融行业的固有特性，与金融业务相伴而生，风险防控是传统金融机构面临的核心问题。智能风控主要得益于以人工智能为代表的新兴技术近年来的快速发展，在信贷、反欺诈、异常交易监测等领域得到广泛应用。与传统的风控手段相比，智能风控改变过去以满足合规监管要求的被动式管理模式，转向以依托新技术进行监测预警的主动式管理方式。以信贷业务为例，传统信贷流程中存在欺诈和信用风险、申请流程烦琐、审批时间长等问题，通过运用人工智能相关技术，可以从多维度的海量数据中深度挖掘关键信息，找出借款人与其他实体之间的关联，从贷前、贷中、贷后各个环节提升风险识别的精准程度，使用智能催收技术可以替代 40%～50% 的人力，为金融机构节省人工成本。同时利用 AI 技术可以使得小额贷款的审批时效从过去的几天缩短至 3～5 分钟，进一步提升客户体验。

例如，中国银联通过机器学习、复杂网络、群组分析等智能化模型的构建和应用，大大增强了对套现、洗钱、黄赌毒非法交易等团伙性风险的识别能力，构建了针对规模性套现、线上 APP 套现、洗钱团伙、网络赌博等风险的预警识别功能。2019 年上半年即侦测发行大型套现商户数百家，洗钱团伙数十个，涉嫌赌博商户数百家，实现对重大风险的预警。

云计算技术凭借其快速部署、高扩展的特性，成为金融机构实行业务创新的首选架构。目前银行业主要有两种金融云构建模式：一类是银行集团内部自建，另一类是其他银行或者专业云厂商输出的金融云服务。特别对应中小金融机构，考虑其技术能力不足、资金有限的短板，通过云方式低成本地获取了和大型金融机构的同等先进的基础设施服务，在降低了 IT 成本的同时提高了信息化水平。

例如，新网银行云平台总体设计规划是依据金山公有云平台私有化输出的完整云平台解决方案。通过金山云"银河"云平台的建设，为新网银行提供了与公有云相同的灵活度与扩展能力，同时可以对系统资源的使用实现有效的计费计量，促使新网银行成为科技互联网行业中的中流砥柱。

● 新基建的信息基础设施——区块链平台

区块链技术起源于中本聪设计发明的比特币系统。由于比特币系统在设计之初借鉴了计算机科学、密码学、金融学、组织行为学等多门跨学科领域的专业理论，在具体实现上采用了 Merkle 树、哈希算法、非对称加密算法、共识算法、P2P 传输协议、分布式架构、图灵完备的智能合约体系等多种信息化技术，故区块链概念及原理相对比较复杂，公众理解起来也比较困难。

区块链的命名即是由其数据结构发展而来。在区块链中，根据一定规则，将若干笔交易数据打包成一个区块，将这些区块连接成为一条数据链，即区块链。区块链上的交易数据都是按照统一的时间顺序进行记录，且数据特征会加入区块链的完整性校验中，以此保证区块链数据的完整、可追溯。

区块链在中国信息通信研究院的《区块链白皮书（2018 年）》中被定义为"是一种由多方共同维护，使用密码学保证传输和访问安全，能够实现数据一致存储、难以篡改、防止抵赖的记账技术，也称为分布式账本技术（Distributed Ledger Technology）"。

区块链技术本质上还是一种信息技术，包括了信息传递过程中的各个方面，如产生、存储、传输、控制、加工、利用等。美国科学家诺伯特·维纳在控制论中将信息与物质、能量相提并论，认为"信息是人们在适应外部世界，并使这种适应反作用于外部世界的过程中，同外部世界进行互相交换的内容和名称"。经济管理学家认为"信息是提供决策的有效数据"。但区别于同为信息技术的互联网技术，区块链技术不仅仅解决了信息的传递问题，更解决了价值的传递问题。

传统互联网上传递的信息和区块链上传递的价值，都是以数据作为传递载体，或者说经过数字化转变后以数据的形式存在。在相关理论研究中，无论是信息还是价值，多与"负熵"关联在一起，可见两者存在一定关联性和相通性，但信息不能直接等同于价值。价值是一种"有效"的观念，只有真实的信息才能"有效"，才能产生价值，虚假的信息毫无价值可言，甚至可能会增加不确定性——熵增。

众所周知，在虚拟的互联网世界中，充斥着大量虚假信息。这些信息既有在网络中出现伊始即为伪造信息，也有在互联网传播过程中被篡改的失真信息。由于缺少有效的技术手段，以及严格的监管手段，所以很难保证互联网上传递的信息完全真实可信，也就无法保证互联网上传递的信息具有价值。

区块链本质上是一系列技术的组合，通过技术手段保证真实可信的信息在区块链网络中进行传递且过程中不可篡改，从而实现价值的传递。具体而言，如下所述。

（1）在一个区块链网络中，由若干节点组成，形成分布式网络结构。节点的主要功能在于参与共识和参与记账。

（2）参与共识的节点会参与到交易共识过程中，即通过特定的共识算法，如 PoW、PoS、PBFT、RAFT 等算法，确认每一笔区块链交易的有效性，并保持不同节点上账本的一致性。

（3）参与记账的节点，会通过 P2P 传输协议实时同步经共识确认有效的交易，并记录在分布式账本中。

（4）区块链将若干笔交易打包成一个包含区块头和区块体的数据块。每笔交易都会记录时间戳，然后通过散列算法计算交易的哈希值，并按照一定规则顺序生成 Merkle 树记录在区块头中，而区块体中则记录了每笔交易记录的详细信息。

（5）通过分布式账本的多副本机制、Merkle 树的哈希校验机制，以及交易时间戳的时序性，保证了上链交易的不可篡改和可追溯。

（6）利用非对称加密算法，为参与区块链交易的交易主体确定身份权限，公钥在区块链网络中公开，而私钥由交易主体自己持有，从而在交易中完成数据加解密和签名验签的功能，保证了区块链中数据的访问安全，也实现了交易的不可抵赖性。

（7）智能合约，使得区块链具有可编程性，以适应不同场景的应用实现，当满足一定条件时，区块链可通过预置智能合约自动完成后续交易处理过程。

综上所述，正是由于区块链上传递的信息真实可信，可以验证、可以追溯且具有价值，故可以说区块链技术创造了一种新的信任机制，区块链上的数据可以被充分信任，继而可以传递信用。这一特性对数字金融领域而言尤为重要。数字金融从字面可简单地理解为用数字化、信息化手段开展金融业务，而信用是金融业务的根本。区块链技术正是以数字化、信息化方式实现了信用的传递，为开展数字金融业务提供了技术保障，故可以说区块链是数字金融的基础支撑。以区块链技术构建的信息化平台也具有成为数字经济时代重要基础设施的禀赋条件。

在 2020 年 4 月 20 日国家发改委新闻发布会上，国家发改委创新和高技术发展司副司长伍浩明确表示了，新型基础设施包括信息基础设施、融合基础设施和创新基础设施，其中区块链被列入信息基础设施范围。国家信息中心中经网管理中心研究员朱幼平认为："新基建必然代替旧基建，数字基建是新基建的主体模块。区块链是价值互联网，是互联网的升级版，是基础设施的基础设施，数字基建必然从互联网阶段升级到区块链阶段。"

区块链技术中所包含的分布式、隐私加密算法、智能合约等特性，使得区块链在数据安全、数据共享、数据可信、多方协同、数字资产确权等方面都具有先天优势，而这些优势也是现有信息基础设施亟待提升的重要方面。区块链是多种技术的融合，同时也是一种融合的技术。它可以与 5G、物联网、工业互联网、人工智能、大数据等技术结合，为新型基础设施产生的数据进行确权和保护，使基础设施间可以高效、安全协同，解决设备可信认证、数据安全共享问题，发挥出"1+1>2"的作用。故此，可以说区块链是基础设施的基础设施。

按照区块链的应用范围和准入机制，可以将区块链分为公有链、联盟链和私有链。顾名思义，公有链即完全公开的区块链网络，加入门槛低，应用受众广，也是未来最具有应用前景的类型，早期的比特币、以太坊即为公有链。但公有链面临的最大问题在于，由于交易需要全网共识，故性能和效率较低。联盟链则是由若干机构或者组织协议组织的区块链网络，节点加入需要经过联盟组织的许可授权，故相较于公有链，联盟链的网络规模相对较小，区块链上的数据只有联盟成员可以访问，但性能却有显著的提升。私有链即为组织机构内部搭建的区块链网络，私密性较高，性能也较易提升，但由于私有链的专属特性与区块链分布式、多方协同的属性有所违背，故应用较少。

目前在区块链应用领域，应用最多的是联盟链项目，因为联盟链同时兼顾了性能与开放性，在需要多个组织机构协同参与的行业领域具有较好的应用前景，如供应链金融、政府部门协同等；公有链项目由于其开放性，未来最具发展潜力，尤其是在数字资产交易、数字身份管理等领域，为互联网提供底层基础设施服务，当然现阶段公有链推广和发展所面临的难题也更多一些。私有链虽应用场景较少，但由于其应用实施简单，在区块链技术出现的早期，也为各行业领域认识区块链、尝试区块链提供了很好的切入点。

具体选择哪种类型的区块链作为系统平台搭建的基础，应结合具体应用场景来决定。进一步而言，要根据业务场景参与方的数量、数据的隐私程度、性能效率的要求，甚至组织结构的治理方式来决定。

基于区块链的分布式数字身份，通过多部门协同维护身份数据，发布可验证加密身份凭证，应用于需要进行身份认证的不同业务场景。通过构建分布式的、标准化的数字身份体系，为现实世界中的实体（Entity，表示人、机构、物等）创建唯一的分布式身份标识，并与其现实世界的属性特征进行关联，实现现实世界中实体的数字化，从而完成基于数字身份的主体确认、身份认证、数据治理及数字资产确权等功能，构建数字经济的基础设施。

基于区块链的数据安全共享平台，通过区块链的分布式数据管理，使用分布式身份为数据进行确权，对数据源逻辑汇聚，统一数据协同共享标准，可追溯数据确权，不可篡改数据访问记录。其与大数据平台结合，提供数据隐私保护、安全可信的数据共享能力，对相关数据安全共享进行可信网络组建、身份权限管理、数据水印保护、多方安全计算、数据脱敏落地、共享过程管理及共享记录管理，构建数据要素共享及价值传递的基础设施。

习近平总书记指出，要抓住区块链技术融合、功能拓展、产业细分的契机，发挥区块链在促进数据共享、优化业务流程、降低运营成本、提升协同效率、建设可信体系等方面的作用。区块链平台正是响应习近平总书记指示的新型基础设施中的信息基础设施，是"一站式"区块链服务平台，集成易用的产品工具及服务，为不同行业领域提供业务快速上链、可信数字身份、数据安全共享等功能。

● 区块链在传统金融场景中的应用

基于区块链多中心化、透明、可追溯、智能合约等优势，随着区块链技术的发展，一批金融区块链应用项目开始落地，应用场景也不断丰富。目前常见的区块链金融场景包括以下几种。

区块链供应链金融及债权多级流转方案：解决贸易真实性存证，提升效率，降低成本。金山云、腾讯云及各大银行纷纷推出了相应解决方案。例如金山云数字供应链金融平台，是基于区块链落地的特色产融平台。可助力供应链金融在各细分行业，如医药行业、汽车行业、工农业的数字化供应链的具体落地；可促进企业进行高效清结算、积累数字资产、实现数据驱动决策；可推进产业链上的全部企业——注资方、核心企业与上下游中小微企业快速盘活资产，并在各类业务（如应收账款融资、应付账款融资等）的清结算、账务流转环节减少人力浪费和风险；可展示实时、可靠的交易视图。同时，通过全部数据上链，可确保交易透明度；通过智能合约，可减少金融业务操作失误。平台最终将帮助企业实现降本增收、资产盘活、业务智能化。

福费廷：解决银行间福费廷资产买卖验证、报价、交易问题。2018年10月，中国银行、中信银行、中国民生银行共同设计开发的区块链福费廷交易平台成功上线，并于当月完成首笔跨行资产交易。

信用证：解决银行间信用证交易问题。2018年12月，由中国银行业协会联合国家开发银行等共同发起的"中国贸易金融跨行交易区块链平台"正式上线运行，中国工商银行和招商银行也完成了首笔跨行国内信用证链上验证。

数字身份：建立数字身份，方便顾客，提升KYC能力。2020年3月，在北京市金融监管局、中国人民银行营业管理部、北京银保监局指导下，基于区块链的eKYC系统上线运行。eKYC系统基于分布式账本、数据共享、视频认证、时间戳等技术，旨在建立由可信节点组成的联盟链，推动实现多元数据共享基础上民营、小微、科技企业加快在线申请信贷业务，统一账户信息，简化开户流程，减少企业开户材料重复填报、纸质报送。

数字票据：数字票据各参与方通过区块链的共识机制达成信任。2017年，票据交易所和中国人民银行数字货币研究所牵头，在原型系统上进一步开展工作，积极推动数字票据交易平台实验性生产系统的研发和投产上线。该系统于2018年1月25日投入生产环境并成功运行。

融资租赁：解决信息存证，溯源问题。2019年8月，中交雄安融资租赁有限公司首单"融资租赁+雄安区块链+供应链"业务在雄安新区成功落地，这是雄安新区第一单运用区块链技术支持的中小微企业普惠金融的融资租赁业务。该笔业务采用区块链技术，实现了放款全流程的无纸化操作。

资产证券化：解决信息存证，溯源与穿透监管问题。2018 年 12 月交通银行依托区块链技术打造的国内首个资产证券化系统——"链交融"上线。"链交融"作为国内市场首创、基于分布式理念和区块链技术的证券化系统，利用区块链技术实现 ABS 业务体系的信用穿透，使整个业务过程更加规范化、透明化及标准化。

跨境支付：使用区块链解决跨境支付/转账问题。2017 年 12 月，招商银行联合永隆银行、永隆深圳分行，成功实现了三方间使用区块链技术的跨境人民币汇款。这是全球首笔基于区块链技术的同业间跨境人民币清算业务。

此外，以下金融场景也已经与区块链技术结合落地。资金监管：解决扶贫资金、定向资金流向信息共享与监管问题；仓单融资：解决仓单信息真实性，共享与业务监管问题；数字征信：保证在有效保护数据隐私的基础上实现有限度、可管控的信用数据共享和验证；联合贷款：解决银行间、银行与消费机构间数据共享与对账问题。

区块链在数字金融的探索

● 新基建的创新基础设施——产业数字金融平台

金山云在某省打造的产业数字金融平台通过数字化、智能化的手段，获取产业与金融的协同效应，有效推进产业结构调整和转型升级，增强产业竞争优势，实现改革发展。平台利用金融云和区块链作为新型信息基础设施，在此基础之上创新地结合数字经济与数字金融的方法，打造数字金融的产业技术创新基础设施。

平台是从底层基础设施到上层应用的一体化平台，实现从技术底层云基础设施向金融智能监管、产融应用，最终到业务层各类融资方式的一体化全覆盖。平台将以"债权+股权"融合、产融应用、智能监管作为平台的三大推动引擎。通过"债权+股权"融合引擎，形成合力，实现平台融资方式的全覆盖。通过产融应用引擎，全面实现包括产业金融、消费金融、供应链金融及对应各类金融产品的全融合。通过智能监管引擎，打通各参与方全数据，打造监管智库平台。平台以云基础设施服务为底座，通过大数据、区块链等技术，实现金融数字化，结合AI、边缘计算、存储等技术，充分为平台赋能。

整个基础设施平台构建于高安全等级的金融专区云之上，根据监管机构对金融行业信息安全性、合规性和隔离性的要求标准，提供弹性可靠的云计算服务，满足平台对多参与方业务、多运营实体支撑能力的同时，做到大规模高并发交易稳定，计算资源弹性扩展，信息安全保护可靠。

平台建立了基于DID的分布式数字身份标识，根据统一身份标识确认用户身份、基本信息以及历史金融行为和信用，在跨业务操作和协同中实现信息联动，为监管提供良好支撑。

通过分布式数字身份标识，平台重点打造了两大标准。统一数字资产标识：标识数字资产唯一性和属性的全局信息结构，在数字资产跨域流转交易中实现属性状态信息的实时跟踪和信息联动。统一数字身份标识：在数字金融生态中的分布式数字身份体系，在业务协同和监管支撑中提供信息联动和金融行为的追踪。通过这两个标准的统一标识，有效解决了各主体和资产之间、主体和数据之间的标识问题与关系问题，从而解决归属权、管理权、使用权等相关问题。

平台以金融级分布式BaaS区块链服务平台为支撑，实现资产的数字化，以及金融业务交易的数字化。例如，平台将所有供应链金融和资产管理业务链条中的信息上链存储，针对供应链金融的所有业务流转及对应的资金流、信息流、物流、商流四流信息，以及合同、发票等存证，平台都会以区块链技术将其记录上链，实现真正的信息公开、透明、不可篡改、可追溯。在此基础上，平台创新的提供基于区块链技术的电子债权凭证可拆分、可流转的方案。这样，利用区块链技术，有效提升交易透明度，提供高度可信的环境，解决信息被篡改的问题，减少资金端的风控成本，建立一个更稳定可靠的供应链金融生态系统。

平台从数字资产与实体资产等不同层面采集所需信息，整合工商、税务、诉讼等实体世界中所获取的相关信息，实现信用数据、业务数据的聚合，通过人工智能和大数据技术，结合区块链数据透明、不可篡改、可追溯的特性，实现资产的数字化确权，实现资金、交易、业务模式的穿透，一方面满足监管合规要求，另一方面提高监管效率，打造健康合规的平台金融生态。

平台建立了数字金融 BPaaS 平台，聚合和抽象平台在数字金融领域的核心业务能力，包括生态服务能力、业务服务能力、数据服务能力、资产服务能力。平台将数字金融领域的核心业务流程编排和沉淀，快速灵活构建资产数字化业务流程和配套的数字金融服务场景。

平台是数字金融的一体化平台，一体化不仅体现在从底层云计算技术到上层应用的垂直一体化，也体现在上层多种数字金融服务能力的一体化上。平台通过云计算、区块链打造的技术底座，有力地支撑上层应用的扩展。平台通过基础服务能力（用户中心、产品工厂、权限管理、协议管理等）为依托，以场景化应用接入的模式已经实现了供应链金融，资产管理、债权多级流转、保理业务、商业票据、知识产权金融，设备动产金融，大宗商品金融等一系列金融应用。平台不仅发布自有应用，提供服务能力，同时基于其技术底座提供的标准的数字化金融支撑能力，还可接入不同金融机构不同产融应用，为更多金融机构和融资企业服务。

由此，平台实现一体化和开放性的并存，做到了开放的业务接入、服务接入、数据接入、监管接入，提供了产融撮合、信息聚合、服务聚合的一体化能力。

● 区块链在数字金融应用的发展趋势

资产数字化、数字资产证券化、数字资产货币化或许会成为在区块链加持下数字金融的实现路线。当前，聚合监管机构、金融机构、行业主体、产业上下游企业，以"资产数字化流通 + 数字货币支付结算"的模式，完整呈现数字资产从产生、认证、确权到流通、转让，并以数字货币进行交易、结算的全过程，可有效解决信息不对称、资产标准化难的问题，打通金融服务产业的"最后一米"。

数字金融的核心要义是数字资产要素的流通交易。资产的数字化使得之前无法流通交易的实体资产权益确权上链，并以数字资产的形式进行价值转移与交换，盘活资金资产权益，使各种权益达到了前所未有的流通度。因此，资产数字化不仅仅是将现实世界中的资产通过数字化存储，更是要盘活数字化后的资产，从资产所有权确权、交易记录可追溯、建立可信任的链上生态体系。其首要原则是将现实世界的资产与数字世界建立起有效的联系，在数字世界中进行资产生命周期的体现、价值的创造和价格的发现。数字金融要求数字资产的信息是原生的，可以被穿透与追溯，可以被自证并他证，资产的持有主体也要在数字世界中具备可审计、可追溯的唯一身份，标识与记录其在数字世界中的金融行为和信用，资产在数字世界中才能实现可信流动，形成资产自金融生态。

资产数字化的过程是将所有围绕实物资产权益信息的内容形成电子化权证的过程，包含权益认证、资产确权、物联网接入、资产上链等资产数字化环节。通过对物理世界非标准化资产和标准化资产的梳理，根据其不同的权益属性，综合考虑其现实内在价值，未来收益和主观价值，最终形成数字资产划分的标准框架。通过数字资产标准化技术，推动传统产业的信息化升级，为业务创新和新金融服务创新开辟广阔空间。

另外，对于知识产权、数据等资产，只有通过数据资产化、资产数字化，才能便于开展各项金融活动。习近平总书记也指出数据要作为要素流通，各个行业对于数据流通共享的需求和建设已经展开。比如，通过区块链进行医疗数据共享实现医联体、影像调阅等；进行政务数据共享实现一网通办；进行行业数据共享；等等。

只有将数据共享赋予金融属性才能真正激活共享的动力，例如金山云协同某知识产权平台，以专利为典型场景，进行知识产权证券化的课题研究和业务场景落地，通过权威行政机构背书，推进知识产权资产数字化。此举将有效解决创新型企业将专利转换为价值的诉求，促进金融资本和科技成果有效融通，"盘活"知识产权资源，鼓励创新创业。例如某能源行业大型集团数据资产化的解决方案，基于区块链技术实现数据共享的激励机制，包含数据所有权、数据管理权、数据使用权、数据监督权的划分，通过数据确权和流转，将数据资产数字化，依托区块链进行数字资产交易，所得收益作为数据管理方激励来源，以交易价值和效率（价值密度和偏离度）兑现激励，实现行业数据共享的正向循环，充分挖掘该集团公司海量数据资产的价值潜力。

通过资产数字化的标准体系，将非标准的各种经济资产实现标准化，增强其流通性、强交易性和金融属性，这个平台成为数字金融的最重要的抓手；同时数字资产交易平台通过登记、确权服务，将实体资产转化为数字化权证，通过区块链技术承载相关资产权益的详细信息，并随着资产融资交易，实时在数字化权证上记录确认权属变化。

基于以上正在探索的场景，也将诞生新型的数字银行，这类银行的标志就是对数字资产的经营，以及对数字货币的全面拥抱。这个银行基于公链建立数字货币账户，通过公链构建了银行、客户（个人/企业、投资者/融资人）、监管的传递的生态。在这个平台上流转的数字货币，将是进行数字资产投资和交易的货币。银行将和融资人建立资产数字化的平台，这个平台通过联盟链技术建立，确保相关方的商业秘密及信任的建立，并且在平台上完成资产的数字化权证。银行将资产数字化平台上的数字资产（数字化权证），进行筛选、组合、打包，通过自己的专业服务形成投资项目，并在前述公链上发行资产的数字证券，从而完成资产的一级市场融资。接下来数字证券可以在相应的数字证券/货币交易所上，进行相应的二级交易，这样相关资产的转换为交易的流程被标准化，效率大大提升，交易的门槛也大为降低，有效地提升了资产活性。

图 11-1 引用了 Gartner 做的"技术循环曲线"（The Hype Cycle）模型。这是一个 Gartner 在 20 世纪 90 年代给出的分析技术发展趋势的模型，用以总结一项全新科技如何在各种热炒冷贬和人们的希望与失望之中，成熟演变的过程。曲线引用至 Gartner 在 2019 年 6 月发布的关于区块链商业应用的技术趋势图。从这张图中，我们可以看到数字（加密）货币和数字（加密）资产是区块链商业应用中比较成熟的部分，也是引领未来的主要发展方向。

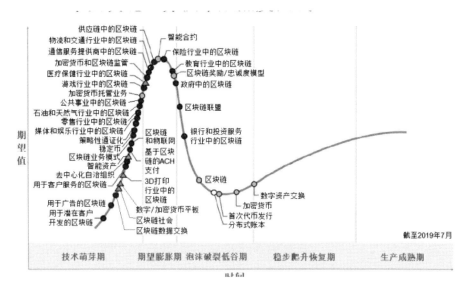

图 11-1　区块链技术成熟度曲线图（资料来源：Gartner）

第十二章
数字金融的新认知

金融科技只是阶段性认识

● **金融科技认知形成于数字产业化阶段**

在此章节之前，我们一直没有定义"数字金融"的概念。这是因为"这是一门学科中极大的问题：一门学科，其最高理论成就往往就凝结在对本学科的核心范畴如何界定、定义之中"[①]。定义是反映客观事实本质属性的思维形式。新生事物的概念，基本上形成于实践的认知之中。数字金融的定义也不例外。从数字经济中的数字产业化发展历程看，我们不难发现数字金融概念的形成过程。

数字经济发端于数字产业化，概括地说是政府与企业的信息化需求。经历了一波快速扩张后，遇到了发展瓶颈，于是数字产业化的方向转向满足个人用户的信息化需求。得益于信息基础设施建设的初步完成，信息服务费用的不断下降，个人互联网用户逐年增加，出现了个人活动的数字化浪潮。在此浪潮中，以互联网企业为代表的信息产业中的企业以一种近乎"野蛮"生长的方式，将经营业务从满足个人的信息需求延伸到了满足个人的各个方面需求上。个人的金融活动灵活性好，但长期被商业银行忽视，给了信息产业中的企业依托自身的信息技术优势，开展类金融服务的活动空间。国家对此宽松监管，使得非金融机构企业有了进行类金融服务的机会。于是，信息产业中的企业运用科技创新手段，降低了数字网络金融服务的安全风险，从而打破了传统金融柜台服务的条框限制，使得个人金融服务的体验更好、服务更灵活。从最初的担保电商交易的第三方支付服务开始推动个人金融的数字化服务。在"烧钱"培养用户习惯的推广方式加持下，数字化金融服务很快从个人端的支付服务延伸到了

---

① 黄达.金融词义、学科、形势、方法及其他[M].北京：中国金融出版社，2001.

"存、贷、付"的全面个人金融场景。在此过程中，为了解决后端"柜台"带来的账期较长、服务时间有断点、小额金融服务成本高等问题，创生了网络账户体系，提升了个人金融服务的灵活性与便利性。网络账户体系是对银行账户体系的突破与创新。不难理解，信息产业与金融分属不同的监管部门。数字产业初涉准金融服务时，其定义与属性尚不清晰，国家监管存在客观上的盲点。由此引发了各种金融乱象，动摇了金融稳定基础，使国家监管逐渐收紧金融管制，遂以金融管制的方式，加强了对信息产业中的金融业态监管。与此同时，信息产业也开始积极拥抱商业银行，以金融科技赋能金融服务的面貌呈现在世人面前。于是，数字化的金融服务成为数字金融的基本定义。

金融科技认知的主要缺陷

目前市场上主流认知有两个方向。一个方向是从数字金融字面意思出发，将"数字金融"拆成"数字"和"金融"两个词来定义。"数字"代表新兴科技，"金融"代表传统业务。将数字金融定义为"泛指传统金融机构与互联网公司利用数字技术实现融资、支付、投资和其他新型金融业务模式"[①]。这个定义接近中国人民银行等十部委定义的"互联网金融"（传统金融机构与互联网企业利用互联网技术和信息通信技术实现资金融通、支付、投资和信息中介服务的新型金融业务模式）。从此定义出发，将中国的数字金融元年定义在2013年余额宝上线。互联网金融的乱象，让"互联网金融"一词蒙羞。遂将提法改为"金融科技"或"科技金融"。起初是互联网公司用此定义，随着金融科技向传统金融机构渗透，商业银行等传统金融机构也逐渐接受了这个定义，这个定义侧重于科技对金融业务模式的革新。

另一个方向是从金融的愿景出发，认为科技能让金融服务的成本降低，而覆盖更多的人群，形成普惠金融，将数字金融等同于数字普惠金融，普惠金融的概念源于2005年联合国推动的小额信贷年，旨在提供公平的金融服务环境，让金融服务的弱势群体、小微企业和低收入人群，能获得相对平等的金融

---

① 黄益平，黄卓.中国的数字金融发展：现在与未来[J].经济学（季刊），2018，17(4).

服务①。简而言之，就是为金融弱势群体提供相对利息成本低廉的信贷支持。但是，金融弱势群体一般信息不透明，缺乏有效的财产或者传统信用保证，造成向金融弱势群体提供金融服务的成本高、风险大。金融机构依据商业逻辑难以提供金融服务。惠普金融的愿景只能通过降低向它们提供金融服务的成本来实现，而实现的途径之一就是依靠数字技术。由此引出了通过一系列数字技术在金融领域的应用，有效降低了交易成本和金融服务门槛的数字惠普金融概念。数字惠普金融的定义依然侧重于信息科技对金融业务的有利影响。

两个定义方向殊途同归，"数字金融是通过互联网及信息技术手段与传统金融服务业态相结合的新一代金融服务，本质上是一场关于金融信息的传输、接收、分析、处理技术的革命"②。

然而这两个定义看似清晰，实际上却是意思相同反复定义。不仅掩盖了数字金融的自身特性，使之失去了作为独立范畴存在的逻辑基础，而且存在两个明显问题。一是"数字金融"中的"数字"指向不明。其是为数字经济发展的金融服务，还是存在于数字网络空间的金融服务，并没有做出定义。金融是服务业中较早与数字网络结合的行业。大部分金融机构都有金融科技部门，都有与"数字"沾边的金融服务。似乎大部分金融服务都可以纳入数字金融范畴。如此一来，数字金融便失去了单独定义研究的意义。

二是对"金融"理解流于外部形式。"金融"字面解释是"货币的发行、流通和回笼，贷款的发放和收回，存款的存入和提取，汇兑的往来等经济活动"③。以此解释为出发点，定义"金融即货币资金的融通"④，概括了金融活动的外部特征，隐藏了实质的形式化定义。这个定义没有深刻认识到"金融的实质其实并不是资金的借贷"，而是"财产（Property）的借贷或财产的跨时（Intertemporal）交易活动"⑤，"'金融'就是信用转让"⑥的金融本质属性。

---

① 黄益平.数字惠普金融的机会与风险[J].现代商业银行，2017(11).
② "报告行长大人"银行与金融科技行业创新实践文字竞演第三季——"元年与接续 梦想与现实".中国电子银行网、《银行家》杂志、今日头条联合主办，2019.
③ 夏征农，陈至立.辞海（经济卷）[M].上海：上海辞书出版社，2010.
④ 曾康霖.金融经济学[M].成都：西南财经大学出版社，2002.
⑤ 江春.论金融的实质及制度前提[J].经济研究，1990(7).
⑥ 汪丁丁.回顾"金融革命"[J].经济研究，1997(12).

这样的数字金融定义是科技创新形成的实践认知，是阶段性产物。从这个基本概念中不难发现，研究和认识数字金融的始终没有跳出纸质账本下的金融范式的禁锢。难以透视数字金融的出现发展的本质，也难以揭示数字金融可持续发展的动因，更无助于解决数字经济发展过程中出现的金融活动与数字经济的不匹配问题。

数字金融的概念重构

● 从数字经济发展的视角理解数字金融

"数字金融"的本质深藏于数字经济的产生与发展的过程中，深藏于人们在数字网络空间的金融活动的实践认知中。数字经济概念的形成本身也是一个不断深化与抽象的过程。目前基本形成了"数字产业化、产业数字化和数字化治理"的统一认识。数字经济的起点是数字产业化。在此阶段中，数字产业化的金融的实践主要是在互联网展开，以科技为手段，面向个人用户开展金融活动。揭开科技的面纱，我们可以清晰地看到数字产业中的企业涉足类金融业务的初衷并非为了涉足金融行业盈利，而是为了推进数字的产业化。这些在数字网络空间开展的金融服务，确实有效地促进了数字产业化发展，出现了一个又一个与数字产业相关的新兴行业，实现了经济的增长与繁荣。

数字产业化达到一定程度之后，数字经济发展进入了产业数字化阶段。由产业数字化推动数字经济的发展。产业数字化的主要推动力是数字红利，数字红利的形成源于分工与协作水平的提升。"新基建"的提出与实施，加速了新型基础设施的建设与完善，为产业中的各个部分广泛地接入数字网络，提供了技术基础，加速了企业生产经营活动的上线。企业生产经营活动上线，必然带来企业生产要素在数字网络空间的可信映射的需求。由区块链技术支撑，大数据技术、人工智能技术、物联网技术和云计算技术融合，构建价值传递链，将为生产要素的可信"数字孪生"提供技术支持。在国家明确支持与鼓励下，生产要素的市场化流动需求将逐步打开。由于要素的流动受到各个要素的确权与流通方式不尽相同的限制，催生出了在可信数字空间构筑统一的要素流通形式的需求。由此，运用不同模型在统一监管下对不同要素进行登记、认证和确权，形成具有普遍共识且协作授信的数字资产。数字资产通过更为清晰地呈现要素信息的基本特征，促进要素交易的规模扩张，将在更大范围内促成分工与协作，企业生产方式将发生革命性的变革，生产力水平将大幅度提升，形成更大的数字红利。数字经济发展带来的数字红利效应和产业主体对数字红利的追求，是产业数字化的内在动力。数字金融将是激活这个内在动力的主要经济手段。

产业数字化之后，大量的经济活动在数字网络空间进行，必然出现新的金融风险。现有的治理方式将难以覆盖数字网络空间，也难以适应数字金融的全时段高频交易的需求。治理供给的不平衡，有可能在数字金融领域形成新的金融风险，影响整个金融系统的稳定，进而滞后了数字经济的发展。因此，数字金融活动一定是拥抱监管的金融活动。但监管的范式将出现根本性变化，应时而生出数字化治理。未来的数字化治理也许是嵌入式治理范式。监管当局的监管也许以可编程的"智能合约"、可编程的数字法币等形式，直接嵌入数字金融的交易之中，形成有效的监管。

因此，数字金融是为匹配数字经济发展而萌生出的新金融形态，以满足数字产业化、产业数字化和数字化治理的发展需求为主要发展方向。

● 重构数字金融概念的思考框架

在数字金融的实践中，我们逐渐形成了对数字金融概念的思考框架。

（1）数字金融是一种交易，是市场化分工与协同的产物。资源要素控制权利的分散与经济活动的统一协同之间存在天然矛盾，出现了资源要素需求匹配在时间和空间上分布的不对称性。通过市场化的机制构建资源要素的流通环境，是解决这个问题的有效手段。

（2）数字金融的关键在于降低交易成本，基础是数字权益。交易是达到供需均衡，实现资源需求匹配在时间和空间对称分布的主要手段。金融交易的基本原则是权衡交易成本，实现收益最大化。交易的主体通过对交易对象的"合理性"分析，获得交易双方合作的预期收益与风险损失的判断，选择自身认为最低的交易成本进行交易。金融交易规模的扩张，并不必然带来交易成本的下降。金融交易具有显著的规模经济效应，其原因在于金融交易的基本风险是信用风险，主要的成本是违约成本，当然还有机会成本问题。扩张交易规模，可以获得重复交易和反复博弈形成的信誉，从而逐步降低金融交易的违约成本，形成长期稳定的博弈协作。显然，这样长期稳定的博弈协作建立难度较大、成本较高。提高交易双方的信息对称性和丰富信息披露一样可以降低金融交易的成本。但对"陌生人"的天生不信任，不可能向陌生人开放自身信息，必然造成"第一次"交易的信息披露有限，将权益的相关信息以加密且不可篡改的方式记入权益本身，形成数字权益。通过数字网络的公开算法对数字权益的可信验证计算，可以达到交易双方信息对称与可控充分披露的目的，极大地降低了交易成本，推动了数字金融信用交易的扩张。用货币计量单位计量数字权益，得到的是数字资产。所以，我们认为数字资产是数字金融的基础。

（3）数字金融的内在特征是高效的金融交易。可信数字网络进行数字资产交易只是数字金融的外在表现，其内在特征是通过数字资产的交易实现高效的金融交易。信息在数字网络的可信记录方式，创新了记账方式。数字资产的信息不再依赖纸质账本的记录留存，信息披露更为丰富且及时。数字资产通过共识机制和数字化的账户进行确权，而不再依赖一个中心化的机构。数字资产的控制权更为清晰，转移更为便利。通过数字资产的金融交易，可以实现点对点的金融活动，极大提升了金融活动的效率，同时也降低了金融交易"中间人"的作用。共识将成为维系金融活动的主要纽带。多个中心节点组成的平等网络将构建出"去传统金融中介"的金融活动数字空间。但我们依然认为金融机构是专业化的数字金融服务供给主体，只是由金融交易的"中间人"转向"中介人"。数字金融机构依靠其专业化的知识、能力和信誉，提供"专家"式的中介服务。这将是金融形式变化之后金融行业新的分工协作方式。

（4）数字金融需要重构的是金融基础设施。数字金融作为"数字的""金融"在功能范式的认知框架下，不能被等同于"科技"标签的金融活动，更不能简单地等同于用信息科技手段提供的信贷业务，而是指与数字经济发展的金融需求相对应，具有促进数字经济发展的金融活动。数字金融的有效性在于其功能的发挥程度。只有那些为适应数字经济发展的金融交易需求，在数字网络空间逐渐形成和发展起来的金融基础设施，才能促进其功能的发挥。在此基础设施上开展的金融交易活动才能匹配于数字经济的发展。数字金融的交易需求决定了数字金融的基础设施，而不是一味地让数字金融活动去适应现有的金融基础设施。数字金融显然不是无源水、无根木，数字金融是数字经济与整体金融的交叉系统，数字金融从属于数字经济系统，又是整体金融的组成部分。数字金融基础设施的重构不等于推倒重来，而是在现有的金融基础设施上的继承发展，渐进式变化。对于能够发挥数字金融功能的部分予以继承，对于阻碍的部分进行创新。

● 数字金融的基本内涵

综上所述，我们认为数字金融是运行在数字金融基础设施之上，以促进数字经济发展为核心目的，满足数字产业化、产业数字化和数字化治理的发展需求，以数字资产为底层基础资产、"去传统金融中介"的多中心化方式运转的一系列金融活动集合。

参考文献

中文部分

[1] 科林·伦福儒，保罗·G. 巴恩. 考古学：理论、方法与实践 [M].3 版. 中国社会科学院考古研究所，译. 北京：文物出版社，2004：176.

[2] 张天. 澳洲史 [M]. 北京：社会科学文献出版社，1996：8–16.

[3] 谭光万. 中国古代农业商品化研究 [D]. 西北农林科技大学硕士学位论文，2013.

[4] 李伯重. 火枪与账簿 [M]. 上海：生活·读书·新知三联书店，2017:49.

[5] M.M. 波斯坦. 剑桥欧洲经济史（第四卷）[M]. 王春法，译. 北京：经济科学出版社，1967:249.

[6] 周子衡. 蒙元货币统一与世界经济的诞生 [J]. 金融评论，2016，8(5):81–105，125–126.

[7] M.M. 波斯坦. 剑桥欧洲史（第六卷）[M]. 王春法，译. 北京：经济科学出版社，1965:307.

[8] 奇波拉. 欧洲经济史 (第二卷)[M]. 北京：商务印书馆，1989:102–103.

[9] 马克·格林格拉斯. 基督教欧洲的巨变（1517—1648）企鹅欧洲史 5[M]. 李书瑞，译. 北京：中信出版社，2019.

[10] 蒂莫西·布莱宁. 追逐荣耀（1648—1815）企鹅欧洲史 6[M]. 吴畋，译. 北京：中信出版社，2019.

[11] 理查德·埃文斯. 竞逐权力（1815—1914）企鹅欧洲史 7[M]. 胡利平，译. 北京：中信出版社，2019.

[12] 励跃. 中国支付体系 [M]. 北京：中国金融出版社，2017:15.

[13] 中国互联网络信息中心 CNNIC. 第 44 次中国互联网络发展状况统计报告 [R].2019.

[14] 凯瑟琳. 钱的历史 [M]. 北京：中央编译出版社，2011.

[15] 霍默. 利率史 [M]. 北京：中信出版社，2010.

[16] 黄锡全. 先秦货币通论 [M]. 北京：紫禁城出版社，2001:39.

[17] 张嘉璈. 通胀螺旋 [M]. 北京：中信出版集团，2018.

[18] 张宇燕. 美元化：现实、理论及政策含义 [J]. 世界经济，1999（9）.

[19] 孙国峰. 对"现代货币理论"的批判 [J]. 中国金融，2019（15）.

[20] 中国人民银行. 货币当局资产负债表 [R]. 中国人民银行，2020.

[21] 凯恩斯. 货币论 [M]. 何瑞英，译. 北京：商务印书馆，2011.

[22] 凯恩斯. 就业、利息和货币通论(重译本)[M]. 北京：商务印书馆，1999.

[23] 中国人民银行. 2019年支付体系运行总体情况 [R]. 中国人民银行，2020.3

[24] 邱崇明. 现代西方货币理论与政策 [M]. 北京：清华大学出版社，2005.

[25] 易纲. 货币银行学 [M]. 上海：上海人民出版社，1991.

[26] 焦成焕. 新货币经济学理论 [D]. 吉林大学博士学位论文，2005.

[27] 中华人民共和国财政部. 企业会计准则——基本准则 [Z]. 中华人民共和国财政部令第76号.2014.7.23

[28] 周子衡. 账户 [M]. 北京：社科文献出版社，2017:33-57.

[29] 伯利，米恩斯. 现代公司与私有财产 [M]. 甘华鸣，等译. 北京：商务印书馆，2005-8.

[30] 张驰. 数据资产价值分析模型与交易体系研究 [D]. 北京交通大学学位论文，2018.

[31] 张曙光等. 价值与次序的重建 [M]. 北京：人民出版社，2016.

[32] 中国信息通信研究院. 区块链白皮书（2018年）[R]，北京，2018.

[33] 黄达. 金融词义、学科、形势、方法及其他 [M]. 北京：中国金融出版社，2001.

[34] 黄益平，黄卓. 中国的数字金融发展：现在与未来 [J]. 经济学(季刊)，2018，17(4):1489-1502.

[35] 黄益平. 数字惠普金融的机会与风险 [J]. 现代商业银行，2017(11):67-71.

[36] 夏征农, 陈至立. 辞海（经济卷）[M]. 上海：上海辞书出版社，2010.

[37] 曾康霖. 金融经济学 [M]. 成都：西南财经大学出版社，2002.

[38] 江春. 论金融的实质及制度前提 [J]. 经济研究，1990(7).

[39] 汪丁丁. 回顾"金融革命"[J]. 经济研究，1997(12).

[40] 中国信息通信研究院. 可信区块链推进计划. 区块链白皮书 (2019) [R].2019（10）.

英文部分

[1] Black. Fischer. Banking and Interest Rate in a World Without Money[J]. Journal of Bank Research 1.1970(Autumn):9–20.

[2] Black. Fischer. Moise. Journal of Finance 41.1986(July):529–543.

[3] Bryant J. A Model of Reserves,Bank Runs,and Deposit Insurance[J]. Journal of Banking and Finance 4.1980 (December):335–344.

[4] Bryant J. N. Wallace. The Inefficiency of Interest–Bearing National Debt[J]. Journal of Political Economy 87.1979 (April):365–382.

[5] Bryant J. N. Wallace. Open–Market Operations in a Model of Regulated Insured Intermediaries. Journal of Political Economy 88.1980(February):146–173.

[6] Bryant J. N. Wallace. A Suggestion for Further Simplifying the Theory of Money[R]. Staff Report 62 of Federal Reserve Bank of Minneapolis. 1980(August).

[7] Bryant J. N. Wallace. A Price Discrimination Analysis of Monetary Policy[J]. Review of Economic Studies 511984 (April):279–288.

[8] Fama E. F. Banking in the Theory of Finance[J]. Journal of Monetary Economics 6.1980:39–57.

[9] Fama E. F. Financial Intermediation and Price Level Control[J]. Journal of Monetary Economics 12.1983:7–28.

[10] Fama E. F. What's Different about Banks[J]. Journal of Monetary Economics 15.1985:29–39.

[11] Hall R. E. Explorations in the Gold Standard and Related Policies for Stabilizing the Dollar? in Inflation Causes and Effects[M]. Chicago: University of Chicago Press.1982a.

[12] Hall R. E. Monetary Trends in the United States and the United Kingdom: a Review from the Perspective of New Developments in Monetary Economics[J]. Journal of Economic Literature 20.1982b:1552–1556.

[13] Nakamoto S. Bitcoin: A Peer-to-Peer Electronic Cash System[R]. Consulted,2008.

[14] Peter Mathias. The Transformation of England: Essays in the Economic and Social History of England in the Eighteenth-century[M]. New York.1979:99–162.

[15] Yeager L. B. Stable Money and Free Market Currencies[C]. the Conference of the Cato Institute. 21–22 Jan.1983

[16] Yeager L. B. Deregulation and Monetary Reform[J]. American Economic Review. 75.1985(May):103–107.

[17] Ethereum. A Next-Generation Smart Contract and Decentralized Application Platform[E]. https://ethereum.org/whitepaper/. Jun 05.2020